John-Roger
Peter McWilliams
LEBE OHNE SORGE!

John-Roger
Peter McWilliams

LEBE OHNE SORGE!

Die Macht des Optimismus

Ullstein

Die Deutsche Bibliothek – CIP-Einheitsaufnahme

MacWilliams, John-Roger:
Leben ohne Sorge : Die Macht des Optimismus / John-Roger ;
Peter MacWilliams. [Aus dem Amerikan. von Hedda Pänke]. –
Berlin ; Frankfurt/Main : Ullstein, 1993
  Einheitssacht.: You can't afford the luxury of negative thought
  ⟨dt.⟩
  ISBN 3-550-06820-4
NE: MacWilliams, Peter:

Titel der amerikanischen Originalausgabe:
You can't afford the luxury of a negative thought
Aus dem Amerikanischen von Hedda Pänke
© 1988, 1989, 1990 by Prelude Press, Inc.
© der deutschen Erstausgabe 1993 by Verlag Ullstein GmbH,
Berlin · Frankfurt/Main
Alle Rechte vorbehalten
Satz: Dörlemann-Satz, Lemförde
Druck und Verarbeitung: Wiener Verlag, Himberg bei Wien
Printed in Austria 1993
ISBN 3 550 06820 4

Gedruckt auf alterungsbeständigem Papier mit chlorfrei gebleichtem Zellstoff

Gewinner ist, wer bis zum Schluß durchhält

Dieses Buch ist
John Morton
in Liebe gewidmet

Danksagung

Sobald wir unsere Absicht veröffentlichten, dieses Buch zu schreiben, boten uns Menschen von überall her ihre Kenntnisse, Fähigkeiten, Unterstützung und Ermutigung an. Ein so »ernsthaftes« Thema wie lebensgefährliche Krankheiten scheint in den Menschen das Schlimmste – Angst, Schuldgefühle, Panik –, aber auch das Beste – Großzügigkeit, Mitgefühl, Liebe – hervorzubringen. Diese Menschen – und all die anderen, die uns ihre Unterstützung angeboten haben – haben unsere ganze Hochachtung.

Unser Dank gilt John Morton für die eigentliche Idee zu diesem Buch, Laurie Lerner für ihre umfangreichen Recherchen in den John-Roger-Archiven, Paul LeBus für das brillante Design des Buches, Sandy Barnert sowie Marsha Winborn für ihre unschätzbare redaktionelle Mitarbeit, John Ward, John Forrister und Margalit Finger von FingerPrint für ihr überaus großzügiges Geschenk des Schriftsetzens, Ron Wodaski und Susan Wylie für ihre verlegerische Erfahrung. Unser besonderer Dank gilt Mark Katz, M. D., für seinen medizinischen Durchblick.

Inhalt

11

Zitate, die sich dem Gedächtnis einprägen, regen zum Nachdenken an. Sie bringen einen auch dazu, die Autoren zu lesen und nach weiteren Ausschau zu halten.

Winston Churchill

Einleitung

Wir sind vermutlich einzigartig auf der Erde: das sich sorgende Lebewesen. Wir fürchten unablässig um unser Leben, sind unzufrieden mit der Gegenwart, können uns mit der Vorstellung des Todes nicht abfinden, sind unfähig, stillzusitzen.

Lewis Thomas

Dies ist nicht nur ein Buch für Menschen mit lebensgefährlichen Krankheiten. Es ist ein Buch für alle, die von einem Grundübel unserer Zeit befallen sind: dem negativen Denken.

Pessimismus ist immer »teuer« - er zermürbt uns mental, emotional und physisch -, daher bezeichnen wir jedes Schwelgen in negativem Denken als *Luxus*. Und falls Sie die Symptome einer lebensgefährlichen Krankheit haben sollten - beispielsweise AIDS, Herzbeschwerden, Krebs, Bluthochdruck oder ähnlichem -, ist Pessimismus ein *Luxus*, den Sie sich einfach nicht mehr leisten können.

Uns fällt dazu ein Autoaufkleber aus den sechziger Jahren ein: »Der Tod ist eine Mahnung der Natur, es langsamer anzugehen.« Nun, mit den Anzeichen einer lebensgefährlichen Krankheit ermahnt Sie die Natur, es endlich »leichter zu nehmen«.

Machen Sie es sich nicht so schwer. Schätzen Sie sich mehr als bisher.

Lernen Sie es, sich selbst und anderen die vielen Fehler und Unzulänglichkeiten zu verzeihen, die nun einmal menschlich sind.

JOHN-ROGER:* Nachdem ich mich mit einer Patientin ein paar

---

* Das ganze Buch hindurch wird der eine oder andere von uns immer wieder einmal einen persönlichen Kommentar abgeben, eine Bemerkung machen oder von einer Erfahrung berichten. In diesen Fällen benennen wir ganz einfach die Person und lassen sie loslegen. Das erspart es uns, »wir« zu sagen, wenn es offensichtlich doch nur um einen von uns geht, und auch das fast noch peinlichere »Der ältere Autor dieses Buches ist der Ansicht . . .«.

Monate lang bemüht hatte, deren Gewohnheit zu überwinden, in allem nur das Negative zu sehen, kam sie zu mir und meinte in gespielter Empörung: »Ich fange an, meine Sorgen weit hinter mir zu lassen!«

In diesem Buch geht es darum, wie Sie Ihre Sorgen hinter sich lassen können. Weit, weit hinter sich. Je weiter Sie Ihre Sorgen hinter sich lassen, desto weiter werden Sie persönlich vorankommen.

PETER: Mein Lieblingszitat zum Thema Ängste: »Sich sorgen ist eine Form von Atheismus.« Mein zweitliebstes: »Sorgen sind die Zinsen für eine Schuld, die Sie vielleicht gar nicht haben.«

Dies ist weniger ein Buch zum Lesen als vielmehr eins zum *Benutzen*. Sie brauchen es nicht durchgehend von der ersten bis zur letzten Seite zu lesen. Wir stellen uns vor, daß Sie es irgendwann auf irgendeiner Seite aufschlagen, um daraus Nutzen zu ziehen. Das gilt besonders für den zweiten – und umfangreichsten – Teil des Buches.

Das Buch verfügt über zwei Teile: *Das Leiden* und *Die Heilung*. Das Leiden ist keine bestimmte Krankheit, sondern das, was wir für den Vorläufer aller lebensgefährlichen Krankheiten halten: negatives Denken.

Die Heilung ist keine Wunderdroge, kein Impfstoff, auch keine Zauberkugel. Die Heilung ist sehr einfach: (1) Verwenden Sie mehr Zeit darauf, sich auf die positiven Dinge in Ihrem Leben zu konzentrieren (betonen Sie das Positive); (2) verwenden Sie weniger Zeit darauf, pessimistisch zu denken (ignorieren Sie das Negative); und (3) genießen Sie jeden Augenblick (halten Sie sich an das Bejahende).

Das wär's. Simpel. Aber keineswegs leicht.

Es ist Ziel dieses Buches, den Prozeß einfach zu machen, und wenn auch vielleicht nicht leicht, so doch wenigstens leichter.

Vor allem möchten wir, daß es Ihnen Spaß macht.

Bitte wenden Sie nichts aus diesem Buch *gegen* sich an. Interpretieren Sie nichts von dem, was wir in *Das Leiden* sagen als Schuld oder Versagen. Wenn wir beispielsweise das Wort Verantwortlichkeit benutzen, meinen wir lediglich, daß Sie die Fähigkeiten zum Reagieren haben. (Und Sie reagieren, sonst würden Sie dieses Buch gar nicht lesen.)

Und halten Sie keinen unserer Vorschläge in *Die Heilung* für Anweisungen, Pflichtübungen. Verstehen Sie sie einfach als erfreuliche, amüsante Aktivität, ein kreatives Spiel – nicht als zusätzliche Last in einem ohnehin schon belasteten Leben.

Dieses Buch (oder irgendeine darin geäußerte Vorstellung) ist keineswegs dazu angetan, eine medizinische Behandlung zu ersetzen. Bitte benutzen Sie dieses Buch *in Verbindung* mit einer möglichen Therapie, die Ihnen der Arzt oder medizinische Fachmann empfohlen hat. Falls Sie eine lebensgefährliche Krankheit haben, werden Sie ein paar lebenserhaltende Maßnahmen einleiten müssen, und die schließen eine medizinische Behandlung selbstverständlich ein.

Sie sind bei weitem stärker, als Sie es sich in Ihren kühnsten Träumen vorstellen. Wenn Sie diese Kraft erkennen und lernen, sie einzusetzen, dann nutzen Sie sie ausschließlich für Ihren Aufschwung und den Aufschwung anderer.

Sie sind ein wundervoller, wertvoller Mensch – schon durch Ihr Dasein. Das ist unsere Sichtweise. Bitte gesellen Sie sich eine Weile – eine Stunde, eine Woche, ein Leben lang – zu uns, und schließen Sie sich unserer Sichtweise an.

> Sich selbst zu lieben ist der Beginn
> einer lebenslangen Romanze.
> *Oscar Wilde*

I
DAS LEIDEN

Die Macht
der Gedanken (Teil 1)

> Denken ist experimenteller Umgang mit
> kleinen Mengen Energie – so, als würde ein
> General Miniaturfiguren über eine Landkarte
> bewegen, bevor er seine Truppen
> in Marsch setzt.
>
> *Sigmund Freud*

Ein schlichter, kleiner Gedanke. Wenige Mikromilliwatt Energie durchzucken Ihr Gehirn. Eine scheinbar harmlose, fast flüchtige Angelegenheit. Und doch hat ein Gedanke – oder genauer gesagt, eine sorgsam inszenierte Folge von Gedanken – entscheidenden Einfluß auf Ihren Geist, Ihren Körper und Ihre Gefühle.

Gedanken verursachen körperliche Reaktionen. Denken Sie an eine Zitrone. Stellen Sie sich vor, sie schneiden sie durch. Stellen Sie sich vor, daß Sie die Kerne einer Hälfte mit einer Messerspitze entfernen. Riechen Sie an der Zitrone. Und nun stellen Sie sich vor, wie Sie den Saft der Zitrone in Ihren Mund träufeln. Dann stellen Sie sich weiter vor, daß Sie in die Zitrone beißen. Kauen Sie das Fruchtfleisch. Spüren Sie, wie diese kleinen Dinger (wie die auch immer heißen mögen) in Ihrem Mund auseinanderplatzen? Beim bloßen Gedanken an eine Zitrone werden die Speicheldrüsen der meisten Menschen aktiv.

Andere Menschen finden schon die Vorstellung von quietschender Kreide auf einer Schiefertafel körperlich unerträglich. Probieren Sie es einmal – denken Sie an eine Papiernagelfeile oder an Sandpapier. Stellen Sie sich vor, wie Sie das in den Mund stecken. Beißen Sie zu. Und nun bewegen Sie Ihren Kiefer von einer Seite zur anderen. Na? Haben Sie Gänsehaut?

Gedanken und Vorstellungen beeinflussen unsere Emotionen. Denken Sie an einen Menschen, den Sie lieben. Was empfinden Sie? Und nun denken Sie an jemanden, den Sie verabscheuen. Was fühlen Sie jetzt? Und nun wieder an jemanden, den Sie lieben.

Wir brauchen Ihre Emotionen gar nicht bewußt anzusprechen, wenn wir Sie verändern wollen. Ändern Sie nur Ihre Gedanken – und Ihre Gefühle werden sich sehr schnell entsprechend verändern.

Jetzt stellen Sie sich Ihren Lieblingsplatz in der Natur vor. Wo liegt der? Ist es ein Strand? Eine Wiese? Ein Berggipfel? Lassen Sie sich Zeit. Stellen Sie sich vor, wie Sie mit geschlossenen Augen auf dem Rücken liegen. Spüren Sie die Sonne auf Ihrem Gesicht. Atmen Sie die Luft ein. Lauschen Sie den Geräuschen der Schöpfung. Werden Sie ein Teil von ihr. Spüren Sie, wie Sie sich entspannen?

Die meisten Menschen, die sich die Zeit für diese kleinen Experimente nehmen, wissen, wovon wir reden.

Diejenigen, die denken: »Das ist doch lächerlich. Ich werde mich doch nicht mit solchem Unsinn abgeben!«, haben die emotionalen und physiologischen Folgen *ihrer* Gedanken zu tragen. Das kann ein Gefühl von Verspanntheit sein, Gereiztheit, Ungeduld, vielleicht sogar unverhohlene Feindseligkeit. Doch diese Menschen (gelobt sei ihre Unabhängigkeit!) beweisen unsere Theorie genauso wie jene, die unsere vorgeschlagenen Experimente gemacht haben. Und unsere Theorie lautet: Gedanken haben großen Einfluß auf Ihren Geist, Ihren Körper und Ihre Gefühle.

Positive Gedanken (Freude, Glück, Erfüllung, Leistung, Verdienst) haben positive Resultate (Begeisterung, Gelassenheit, Wohlbefinden, Energie, Liebe).

Negative Gedanken (Vorurteile, Mißtrauen, Unmut, Angst) produzieren negative Ergebnisse (Verspanntheit, Unruhe, Entfremdung, Groll, Erschöpfung).

Um zu verstehen, warum etwas so Winziges wie ein Gedanke eine so dramatische Wirkung auf Ihren Geist, Ihren Körper und

Ihre Emotionen haben kann, sollte man die automatische Reaktion besser begreifen, die Menschen immer dann zeigen, wenn sie Gefahr spüren: den Kampf-oder-Flucht-Reflex.

> Jeder gute Gedanke, den Sie denken,
> trägt seinen Teil zum Endergebnis
> Ihres Lebens bei.
> *Grenville Kleiser*

Der Kampf-
oder-Flucht-Reflex

Und wir sind hier wie auf der sich verdunkelnden Ebene,
überwältigt von wirren Gedanken
an Kampf und Flucht,
wo in der Nacht unwissende Armeen aufeinanderprallen.
Matthew Arnold

Menschen gibt es schon eine geraume Zeit. Einer der Hauptgründe dafür, daß das Lebewesen Mensch so lange und so erfolgreich überlebt hat, liegt in seiner hochentwickelten, ver-
innerlichten, unmittelbaren Reaktion auf Gefahr – bekannt als
Kampf-oder-Flucht-Reflex.

Der Kampf-oder-Flucht-Reflex funktioniert in etwa so:

Wir wollen uns einen unserer Urahnen, Zugg, vorstellen. Zugg
ist schon wesentlich weiterentwickelt als ein einfacher Höhlen-
mensch. Er hat bereits gelernt, Werkzeuge zu benutzen, seine
Felder zu bestellen und sich eine Unterkunft aus Lehm, Zweigen,
Blättern und ähnlichem zu bauen. Eines Tages geht Zugg auf die
Jagd (oder macht sich daran, sein Feld zu bebauen, wenn Ihnen
das lieber ist). Plötzlich hört er im Unterholz einen Zweig knacken.

Da er schon einen ziemlich gut entwickelten Verstand besitzt,
erinnert sich Zugg daran, daß einmal nach dem Knacken eines
Zweiges ein wildes Tier aus dem Unterholz brach und seine
Schwester Zuggrina gefressen hat. Sofort verbindet er Zweig-
knacken mit gefährlichen wilden Tieren. Und ohne groß darüber
nachzudenken, bereitet er sich vor.

Er richtet seine Aufmerksamkeit auf die Umgebung des Knack-
geräusches. Sein Hirn konzentriert sich auf die Eingaben seiner
Sinne, und gleichzeitig erwägt er diverse Verteidigungsstrategien
und Fluchtmöglichkeiten. Seine Gefühle sind erregt, eine berau-
schende Mischung aus Furcht und Wut. Adrenalin, Zucker und
andere Stimulanzien fluten durch seine Organe. Der Körper

24

unterbricht vergleichsweise unbedeutende Funktionen – beispielsweise die Verdauung, die Infektionsabwehr, die Heilung von Wunden und andere »innere« Prozesse –, und das Blut strömt in die Muskeln, besonders die der Arme und Beine. Die Augen werden schmal, die Muskeln spannen sich.

Er ist bereit.

Bereit wofür? Er hat nur zwei Möglichkeiten: den Kampf zu wagen oder davonzulaufen, sich zu wehren oder zu fliehen, »seinen Mann zu stehen oder die Kurve zu kratzen«.

Daher also Kampf-oder-Flucht-Reflex. Er ist eine automatische, physiologische Reaktion auf Gefahr, sei sie nun eingebildet oder real.

Der Kampf-oder-Flucht-Reflex ist ein unabdingbares Werkzeug für das Überleben unserer Art gewesen. Damals, zu Zuggs Zeiten, wurden die eher unentschlossenen Gemüter gefressen. Diese sanfteren Leute haben beim Knacken eines Zweigs vielleicht gesagt: »Horch, es knackt da im Geäst. Was für ein liebliches Geräusch . . .« Und schon waren sie eine Mahlzeit. Diese Gruppe war nicht, äh, beständig.

Aber Zugg und seine Art? Siegreich. Sie haben die Kämpfe mit den Tieren überlebt und dann, da sie offenbar nichts Besseres zu tun hatten, die letzten fünftausend Jahre damit verbracht, sich in Kriegen gegenseitig zu bekämpfen. Die mit einem besonders ausgeprägten Kampf-oder-Flucht-Reflex überlebten, um am nächsten Tag wieder zu kämpfen und – in genetischer Hinsicht noch wichtiger – um sich in der nächsten Nacht fortzupflanzen.

Natürlich spielten auch die Zuggrinas bei all dem eine wichtige Rolle. Die Sprößlinge der Frauen, die ihre Jungen am leidenschaftlichsten verteidigen und/oder ihre Jungen am schnellsten schnappen und davonrennen konnten, überlebten. Die am besten geschützten Kinder waren die mit dem genetisch stärksten Kampf-oder-Flucht-Reflex.

In den letzten paar hundert Jahren ist die Notwendigkeit für den Kampf-oder-Flucht-Reflex – zumindest in der westlichen Welt – mehr oder weniger verschwunden.

Wann mußten Sie zum letzten Mal körperlich kämpfen oder um Ihr Leben rennen? Dabei meinen wir Sie, nicht etwa Menschen, von denen Sie in den Zeitungen lesen oder die Sie im Fernsehen sehen.* Die meisten Menschen – selbst die, die in New York City leben – können solche Vorkommnisse an einer Hand abzählen.

Der Kampf-oder-Flucht-Reflex ist ironischerweise zum Überleben in dieser neumodischen zivilisierten Zeit kontraproduktiv geworden. Die Tünche der Zivilisation ist dünn – ein paar hundert Jahre über Millionen Jahre biologischer Evolution gekleistert. Das »Tier« in uns ist immer noch mächtig. Der Kampf-oder-Flucht-Reflex ist lebendig und lebhaft.

Und er bringt uns um.

Wenn uns beim Autofahren die Vorfahrt genommen wird, man uns anschreit, wenn wir um unseren Job fürchten, wenn uns eine Mieterhöhung droht, wenn wir von Nostradamus' Kassandrarufe über ein verheerendes Erdbeben hören (und selbst wenn Sie nicht in Kalifornien leben – haben Sie nicht fest vor, irgendwann dorthin zu ziehen?), wenn man Ihnen mitteilt, daß Ihre Tischreservierung vom Restaurant vergessen wurde, wenn Sie einen Platten haben – setzt der Kampf-oder-Flucht-Reflex mit

---

* Eine sehr einfache Möglichkeit, neue Erkenntnisse zu negieren, besteht darin, sie auf andere anzuwenden – bevorzugt auf jemanden, den man nicht kennt, noch bevorzugter, auf eine fiktive Person. »Und was ist mit James Bond (oder Rambo oder Road Runner)? Der muß doch pausenlos um sein Leben kämpfen.« Sicher, aber Sie sind nicht James Bond (oder einer der anderen). Kein menschliches Wesen ist es. Beziehen Sie bitte alles in diesem Buch auf *Ihr* Leben, nicht auf das fiktiver Personen aus Fernsehen, Filmen und Romanen oder die fastfiktiven Leben von »echten Menschen«, über die in den Medien (Print- ebenso wie den elektronischen) berichtet wird. Widerstehen Sie bitte auch der Versuchung, diese Informationen auf den »Durchschnittsmenschen« zu übertragen. Einen solchen Menschen gibt es nicht, und selbst wenn es ihn gäbe, wäre er oder sie nicht Sie. Sie sind ein einmaliges Individuum. Nutzen Sie dieses Buch, um einen aufrichtigen, forschenden Blick auf sich selbst zu werfen – auf das Gute, das Schlechte, das Häßliche und das Schöne an Ihnen –, und lernen Sie, das alles zu lieben.

voller Macht ein, als hinge unser Leben davon ab, sofort und auf der Stelle in die Schlacht zu ziehen oder davonzulaufen.

Aber noch schlimmer: Der Kampf-oder-Flucht-Reflex wird auch dann ausgelöst, wenn wir uns *ausmalen*, die Vorfahrt könnte uns genommen werden, wir könnten vielleicht den Job verlieren, eine Mieterhöhung bekommen, wenn wir an Nostradamus' Vorhersagen *denken* oder daran, nach Kalifornien zu ziehen, wenn wir uns *vorstellen*, im Restaurant könnte unsere Tischreservierung verbummelt worden sein oder unser Auto einen Platten bekommen.

Selbst wenn keine dieser »Katastrophen« wirklich eintritt (von denen tatsächlich nur eine lebensgefährlich ist), reicht schon die Vorstellung aus, um den Kampf-oder-Flucht-Reflex auszulösen.

Und nun wollen wir überlegen, wie derartiger Pessimismus den Geist, den Körper und die Emotionen beeinflußt, wenn er den Kampf-oder-Flucht-Reflex aktiviert.

> Gib ihnen große Mengen an Fleisch, Eisen und Stahl –
> sie werden essen wie Wölfe und kämpfen wie Teufel.
> *Shakespeare*

Negatives
Denken und der Verstand

Der Geist ist höchst eigenständig –
er kann den Himmel zur Hölle und
die Hölle zum Himmel machen.
John Milton

Wird der Kampf-oder-Flucht-Reflex ausgelöst, konzentriert sich der Verstand augenblicklich auf die wahrgenommene Gefahr. Er ist ganz begierig darauf, weitere Hinweise darauf zu finden, daß irgend etwas nicht stimmt. Er sucht geradezu nach Gefahr, Unheil, Aufregung, Ungeheuern.

Wir dürfen mit Fug und Recht davon ausgehen, daß unser Freund Zugg nicht allzuviel Zeit darauf verwandte, die Farbe des Himmels oder den Duft der Blumen zu bewundern, als er in die Richtung des knackenden Zweiges blinzelte. Ganz und gar nicht. Er war auf Unheil aus. Sein Hirn sonderte ganz automatisch alles aus, was nicht zu der angenommenen Gefahr paßte. Gab es keine Bestätigung für das Unheil, dann war das nicht gut.

Das Hirn ist ein ganz hervorragender Filtermechanismus. Es beschützt uns vor vielen Informationen. Wäre das nicht so, würden wir vermutlich durchdrehen. Es ist uns einfach nicht möglich, jedem einzelnen Detail, das von unseren fünf Sinnen aufgenommen wird, bewußte Aufmerksamkeit zu widmen.

Versuchen Sie sich einmal Ihre Zunge bewußt zu machen, ohne sie zu bewegen. Hatten Sie sie registriert, bevor wir Sie dazu aufgefordert haben? Wahrscheinlich nicht. Das Gefühl war zwar da, doch Ihr Hirn filterte es heraus – Sie brauchten diese Information im Moment nicht.

Und nun betrachten Sie das Papier dieser Buchseite. Wie ist seine Beschaffenheit? Haben Sie sie zuvor schon bemerkt? Wenn Sie nicht gerade in der Druck- oder Papierbranche tätig sind, vermutlich nicht. Sind irgendwelche Gerüche im Raum wahrnehmbar? Wie ist es mit Geräuschen? Vielleicht eine tickende Uhr? Das Schnurren einer Katze? Registrieren Sie das Gefühl Ihres Körpers, gleich, auf was Sie gerade sitzen (oder liegen)? Haben Sie Ihre Zunge inzwischen schon wieder »vergessen«?

Wenn der Kampf-oder-Flucht-Reflex ausgelöst ist, fangen wir an, nach allem zu fahnden, was an der momentanen Situation, an einem Menschen, einem Ort oder einer Sache »nicht stimmt«. Und wir finden etwas! Irgend etwas ist immer nicht ganz in Ordnung. Wir leben in einer materiellen Welt. Materielle Dinge sind fast schon per Definition unvollkommen.

Aber es kommt noch schlimmer.

Wie Sie sich erinnern, sondierte Zuggs Hirn auch vergangene Momente in seinem Leben, in denen knackende Zweige eine Rolle spielten. Ihm fiel das schreckliche Schicksal Zuggrinas ein. Die arme Zuggrina. Und dann war da ja auch noch die Sache mit OggaBooga. Der arme OggaBooga.

Jetzt forscht Zugg nicht nur nach Erinnerungen, die mit knackenden Zweigen zusammenhängen, sondern nach Erinnerungen an *alle* wilden Tiere, die *alles* verschlingen, einschließlich seines Fußes. Er fahndet in seinem Gedächtnis nach wirklichen und eingebildeten Verstümmelungen – und auf diesem Gebiet ist reiche Beute zu machen.

Wir reagieren oft genug ganz ähnlich. Wenn uns jemand die Vorfahrt nimmt, spult unser Hirn zurück zu Begebenheiten mit all den unhöflichen und rücksichtslosen Menschen, die wir in unserem Leben hinter dem Steuer eines Autos gesehen haben, dann zu allen unhöflichen und rücksichtslosen Menschen, die wir in irgendwelchen anderen Situationen erlebt haben (und natürlich denken wir darüber nach, wie unangenehm und wirklich unerträglich die doch sind).

Verspätet sich jemand bei einer Verabredung um fünf Minuten, verbringen wir häufig vier Minuten und neunundfünfzig Sekunden mit der Erinnerung an all die anderen Anlässe, bei denen dieser Mensch nicht ganz pünktlich war, an alle anderen Menschen, die irgendwann einmal nicht auf die Minute kamen, und schließlich an jede andere – tatsächliche oder eingebildete – Gelegenheit, bei der wir uns enttäuscht oder ungeliebt vorgekommen sind.

Das Gehirn ist ein unglaublich scharfsinniges und genaues Instrument. Mit unvorstellbarer Pingeligkeit sucht es um und in uns nach Negativem. Es wird mit Sicherheit fündig. Und dieses Ergebnis löst einen höheren Grad des Kampf-oder-Flucht-Reflexes aus, was wiederum eine noch intensivere (negative) mentale Nachforschung nach sich zieht, die dann weitere furchtbare Beweise erbringt, was wiederum einen noch heftigeren Kampf-oder-Flucht-Reflex aktiviert . . .

Begriffen? Es wird für gewöhnlich als Wutanfall bezeichnet, Verlust der Beherrschung, Angstzustand, Dampfablassen – oder Leben, wie wir es in diesem Jahrhundert gewohnt sind.

> Weisheit hat keinen Zugang zu
> einem boshaften Geist.
> *François Rabelais*

Negatives Denken
und der Körper

Wenn wir glauben, krank zu sein,
ist das meistens nur Einbildung.

Thomas Wolfe

Der Kampf-oder-Flucht-Reflex bringt den Körper auf Hochtouren. Alle Ressourcen werden unverzüglich für die physisch anstrengende Aktion mobilisiert: Kampf oder Flucht.

Alle anderen Körperfunktionen haben Pause: Verdauung, Produktion von Blutkörperchen, Blutzirkulation (außer in bestimmten wichtigen Muskeln), heilende und immunologische Reaktionen.

Darüber hinaus pumpt der Körper Chemikalien – natürliche Drogen, wenn Sie so wollen – in das Organsystem. Die Muskeln brauchen Energien – und das möglichst schnell.

In dieser Hinsicht hatte Zugg Glück. In den meisten Fällen nutzte er diese Chemikalien dazu, davonzurennen, auf den nächsten Baum zu klettern oder sie im Kampf abzuarbeiten. In unserer zivilisierten Welt ist das häufig genug nicht möglich. Wir können höchstens mit der Faust auf den Tisch schlagen oder mit Gegenständen werfen. (Und das hinterläßt meist nur eine schmerzende Hand oder zerbrochene Dinge.)

Gelegentlich schreien wir auch, aber das verbraucht nicht genug Energien. Unser Körper hat sich perfekt darauf vorbereitet, so zu kämpfen oder davonzurennen, als ginge es um sein Leben, doch für gewöhnlich sitzen wir nur da und kochen innerlich vor uns hin.

Das wiederholte und überflüssige (und wie wir bereits ausführten, ist es fast ausnahmslos überflüssig) Auslösen des Kampf-oder-Flucht-Reflexes setzt den Körper einem immensen physiologischen Streß aus.

Es macht uns empfänglicher für Krankheiten (dem Immunsystem wird bedeutet: »Hör auf, diese Bakterien und Viren zu bekämpfen, wir haben uns gegen wilde Tiere zu wehren!«), Verdauungsbeschwerden (Magengeschwüre und, im schlimmsten Fall, Krebs), verschlechterten Stoffwechsel (notwendige Proteine, Vitamine und Mineralien gelangen nicht in die Organe), langsamere Genesung von Krankheiten (ein wildes Tier zu besiegen ist immerhin wichtiger als mit einer Krankheit fertig zu werden), reduzierte Produktion von Blutkörperchen und anderen notwendigen Zellen, verspannte Muskeln, Erschöpfung und ein ganz allgemeines Gefühl von »Ach« und »Weh«.

Das hört sich nicht gut an? Es kommt noch schlimmer.

Ungenutzt zerfallen die Notfallchemikalien schließlich in andere, noch toxischere Stoffe. Und dann muß unser Körper erneut mobil machen, um diese Gifte loszuwerden.

Die Muskeln bleiben noch lange nach der eigentlichen Reaktion angespannt; besonders in der Magengegend, im Brustkorb, im unteren Rückenbereich, in Hals und Schultern. (Die meisten Menschen leiden unter chronischen Verspannungen in mindestens einem dieser Körperbereiche. Wir fühlen uns nervös, zappelig, gereizt.)

Unser Hirn ist immer bemüht, den Dingen auf den Grund zu gehen. Wenn wir gereizt und nervös sind, fragt es sich: »Was ist denn nur los, daß ich mich so zappelig fühle?« Nur selten kommen wir zum (richtigen) Schluß: »Oh, das sind nur die üblichen Nachwirkungen des Kampf-oder-Flucht-Reflexes. Das ist absolut nichts Besorgniserregendes.« Üblicherweise fangen wir an, unser Inneres und die äußere Umgebung nach Ungewöhnlichkeiten abzusuchen. Und, wie bereits betont, da findet sich immer irgend etwas.

Das Hirn ist ein bemerkenswerter Mechanismus. Wird ihm eine Aufgabe gestellt, erfüllt es die mit verblüffender Schnelligkeit und Präzision. Fragt man: »Was stimmt da nicht?«, stellt es flink eine ganze Liste von Leiden und Kümmernissen zusammen. All das, was jemand (auch wir) hätte tun sollen, aber nicht getan hat, was jemand nicht hätte tun sollen, jedoch getan hat, wird kritisiert, beleuchtet, verzeichnet und bewertet. Und einziger Auslöser für das Ganze war ein kleines körperliches Gefühl.

Selbstverständlich leitet diese mentale Überprüfung negativer Ereignisse eine Runde des Kampf-oder-Flucht-Reflexes ein, die erneut Anspannung im Körper auslöst, was wiederum neue geistige Nachforschungen nach dem »Was stimmt da nicht?« nach sich zieht.

> Ich mache nichts, was schlecht für mich ist.
> Ich mag es nicht, nervös oder wütend gemacht
> zu werden.
> Wenn man sich aufregt, zehrt das entscheidend am
> Nervensystem.
>
> *Mae West*

Negatives Denken
und die Emotionen

> Herz und Verstand beeinflussen bei jedem Menschen,
> der solches besitzt,
> die Leiden des Körpers.
>
> *Nathaniel Hawthorne*

Ist Ihnen klar, daß sich diese negative Spirale des Zusammenwirkens zwischen Verstand und Körper ins Unendliche ausdehnen kann? Läuft es eine Weile so, wird es im allgemeinen Depression genannt. Weil Depressionen aber, wie wir hören, eine Art geistiger Erkrankung sind und weil Geisteserkrankungen in unserem Kulturbereich einen negativen Anklang haben, sind wir nun deprimiert darüber, daß wir deprimiert sind, und prompt setzt sich ein neuer Kreislauf von Kampf-oder-Flucht-Reflexen in Gang.

In Anbetracht all dessen kann es kaum überraschen, daß manche Menschen in ihrem tiefsten Innern zu der Überzeugung gelangen, das Leben sei einfach nicht mehr lebenswert. Die entscheidenden Gefühle, die durch den Kampf-oder-Flucht-Reflex hervorgerufen werden, sind Wut (die emotionale Energie zu kämpfen) und Angst (die emotionale Energie zu fliehen).

In diesen beiden Emotionen sind die meisten Empfindungen enthalten, die wir im allgemeinen mit dem Wort *negativ* assoziieren.

Hier eine Liste:

Wut	*Angst*
Feindseligkeit	Schrecken
Ablehnung	Furcht
Schuldgefühle (Zorn auf sich selbst)	Scheu (eine diffuse Angst vor anderen Menschen)
Zorn	Isolation
Empörung	Zurückhaltung
Depression	Beklemmung

Verletztsein (für gewöhnlich sind Sie verstört über einen anderen Menschen, sich selbst oder beides)	Schmerz (Angst, vielleicht nie wieder zu lieben oder geliebt zu werden)

Alle anderen Empfindungen, die Sie aus Ihrem eigenen Erfahrungsschatz hinzufügen können, sind vermutlich eine Variante von Wut oder Angst – vielleicht auch eine Mischung aus beidem.

Während Zugg überlegte, was am besten zu tun sei, empfand er wahrscheinlich eine gesunde Portion von beidem. Wut (»Rache für Zuggrina!«) und Angst (»Was Zuggrina zugestoßen ist, wird mir auf keinen Fall passieren!«).

Das Problem bei beiden Emotionen liegt darin, daß sie – über die offensichtliche Unerfreulichkeit hinaus – dazu neigen, logische, rationale, lebensfördernde Entscheidungen zu behindern.

In seinem glühenden Zorn, in seinem brüderlichen Rachedurst könnte Zugg mit dem Speer in der Hand blindwütig durchs hohe Gras stapfen und dabei tatsächlich eine stattliche Anzahl wilder Tiere entdecken. Aber vielleicht wußten die lieben Tierchen gar nicht, daß Zugg in der Nähe war. Vielleicht haben sie ganz einfach nur ein paar Zweige abgebrochen, um sich Würstchen zu grillen. Doch als Zugg auf der Bildfläche erscheint, entscheiden sie sich spontan zu einer Veränderung ihrer Speisekarte.

Wie oft haben Sie sich eigentlich schon zu einer Konfrontation entschlossen, um dann festzustellen, daß Sie in ein Wespennest gestochen haben?

PETER: Bei einem Urlaubsaufenthalt hat mir einmal ein besonders unangenehmer Polizist einen Strafzettel verpaßt. Garniert mit üblen Beschimpfungen. Das war zuviel! Ich stürmte ins örtliche Polizeirevier und beschwerte mich über den unverschämten Polizisten bei dessen Vorgesetzten. Während der sich meine Geschichte anhörte, tippte er auf seinem Computer herum. Ich nahm an, daß er einen Bericht aufnahm. Ich jubelte schon innerlich. Der widerliche Polizist steckte wirklich in Schwierigkeiten. Doch weit gefehlt. In Wirklichkeit überprüfte der Vorgesetzte, ob mein Fahrverhalten Anlaß zu irgendwelchen polizeilichen Maßnahmen gewesen war. Dabei stieß er auf einen unbezahlten Strafzettel aus einem Urlaub vor sieben Jahren. Ich wurde kurzerhand eingebuchtet. Meine Wut verwandelte sich in Angst. Meine Wut brachte mir eine Strafe von hundertundzehn Dollar und etliche Stunden im Kittchen ein.

Andererseits hätte Zugg beim ersten Knacken der Zweige auch das Weite suchen können. (Haben Sie den Film *Monty Python und der Heilige Gral* gesehen? Immer, wenn König Arthurs Mannen auch nur die leiseste Gefahr witterten, hieß es: »Weg! Nichts wie weg!«)

Aber dann müßte Zugg jedesmal, wenn ein Karnickel einen Zweig knacken läßt oder zwei Frettchen im Unterholz zur Sache kommen, seinen Pflug Pflug sein lassen und das Weite suchen. Sehr schnell würde er Abschied von seinem kleinen Feld nehmen und schwören, nie und nimmer an einen so wilden und gefährlichen Ort zurückzukehren.

Wie viele Felder haben Sie eigentlich schon in Ihrem Leben aufgegeben? Beispielsweise das Feld einer neuen, anspruchsvollen beruflichen Aufgabe? Das Feld eines neuen, möglicherweise angenehmeren Wohnortes? Das Feld menschlicher Beziehungen? (»Beziehungen« wie in »Die Liebe ist eine Himmelsmacht« . . .)

Weil die Menschen sich vor der Angst fürchten, geben sie Quadratmeter für Quadratmeter ihres Lebens einfach auf. Manche finden das Knacken von Zweigen so furchterregend, daß sie sogar das Leben insgesamt aufgeben.

> Sobald der Mensch in Zorn gerät,
> gerät er in Irrtum.
> *Talmud*

> Alle gewalttätigen Gefühle bewirken in uns
> eine gewisse Verfälschung bei der Wahrnehmung
> aller äußeren Dinge, die ich ganz all-
> gemein »tragische Irrtümer« nennen würde.
> *John Ruskin*

Die suchterzeugende Eigenschaft des negativen Denkens

Gewohnheiten sind zuerst Spinnweben,
dann Drähte.

Spanisches Sprichwort

Für viele Menschen wird es zur Gewohnheit, negativ zu denken, zu einer schlechten Angewohnheit, die mit der Zeit zu einer Art Abhängigkeit degeneriert. Das ist eine Krankheit wie Alkoholismus, Eßsucht oder Drogenabhängigkeit.

An dieser Krankheit leiden sehr viele Menschen, weil pessimistisches Denken auf die großen Drei – Körper, Geist und Gefühle – suchterzeugend wirkt. Sollte einer der Drei ausfallen, warten die anderen beiden in den Kulissen.

Der Körper wird abhängig vom Zustrom der chemischen Stoffe, die infolge des Kampf-oder-Flucht-Reflexes ausgeschüttet werden. Erregung und Belebung durch eine anständige Portion negativen Denkens ist eine Art Rauschzustand. Manche Menschen werden durch den Zustrom von Adrenalin »high«.

Der Geist wird abhängig davon »recht zu haben«. In unserer ganz und gar nicht vollkommenen Welt besteht eine der einfachsten Möglichkeiten, recht zu haben, in einer Vorhersage des Scheiterns – vor allem für einen selbst. Bei der Antwort auf die Frage »Hätten Sie lieber recht, oder wären Sie lieber glücklich?« geraten manche Menschen, wenn sie sich die Zeit nehmen, über die Folgen des »Nicht-recht-Habens« nachzudenken, in echte Entscheidungsschwierigkeiten.

Die Emotionen werden abhängig von der Aufregung bei der ganzen Sache. Sicher, es sind durchaus keine angenehmen Empfindungen, aber immerhin sind sie ganz und gar nicht langweilig. Da die Gefühle einen gewissen Grad von Anregung brauchen, verlangen sie mit der Zeit nach immer stärkeren Dosen. Es ist ungefähr so wie in den Action-Filmen – irgendwann reicht auch ein Zuviel nicht mehr aus. Erinnern Sie sich noch daran, daß die Duschszene aus *Psycho* einmal als Maximum des Schreckens und Grauens betrachtet wurde? Und heute?

Negatives Denken muß wie jede andere Abhängigkeit behandelt werden – mit Lebensbejahung, Geduld, Disziplin und dem Willen, es besser zu machen, zu verzeihen, sowie dem Wissen, daß eine Heilung nicht nur möglich, sondern unter Beachtung bestimmter Richtlinien schlicht unumgänglich ist.

Die Gewohnheit ist ein Tyrann.
Horaz

Die Macht
der Gedanken (Teil 2)

Wenn der Mensch sich etwas vornimmt, so ist
ihm mehr möglich, als man glaubt.
Johann Heinrich Pestalozzi

Bisher haben wir allgemein anerkannte medizinische Fakten
angesprochen. Am umstrittensten war bislang unsere These, daß
negatives Denken zur Abhängigkeit führt, also eine Krankheit ist.
Die Ärzte, die sich näher mit diesem Phänomen befaßten, stellten fest, daß pessimistisches Denken im Extremfall alle Kriterien
einer Sucht im medizinischen Sinn erfüllt. Leider haben sich
viele Ärzte noch nicht näher damit befaßt.

Es ist jedoch durchaus vorstellbar, daß Ihr Hausarzt, wenn Sie
mit diesem Buch zu ihm gehen, es liest, nickt und einräumt, daß
der Inhalt zutreffend ist. (Noch vor dreißig Jahren hätten sich die
meisten Vertreter der Schulmedizin natürlich gehütet, auch nur
ansatzweise zuzugeben, daß Gedanken irgendwelche Auslöser
für organische Erkrankungen sein können. Hätten Sie als Patient
etwas Entsprechendes geäußert, hätte man vermutlich gedacht,
Sie wären plemplem. Oder aus Kalifornien. Wir lernen eben nie
aus.)

Jetzt werden wir ein paar Vorstellungen über das Denken
beleuchten, die nicht gerade zum Lehrangebot der Medizinischen Fakultät von Harvard gehören.

Sie können sich die nächsten Seiten durchaus mit Vorbehalten
zu Gemüte führen. Die inzwischen anerkannte medizinische
Theorie – daß Einstellungen ein verstärkender Faktor bei der
Entstehung von Krankheiten sind und daß eine »Verbesserung«
der Einstellung zur Verbesserung des Gesundheitszustandes beiträgt – ist alles, was wir brauchen, um die Grundlage dieses
Buches zu erkennen.

Der Rest ist, nun ja, interessant, witzig, provokant, töricht, bereichernd – nennen Sie es, wie Sie wollen. Auch wenn es sich nur um das Schwadronieren zweier Kalifornier handelt, ist doch die Tatsache keineswegs von der Hand zu weisen, daß man sich in keinem Buch, das sich – vom medizinischen oder metaphysischen Standpunkt aus – mit lebensgefährlichen Erkrankungen befaßt, den Luxus des negativen Denkens leisten kann.

Nichts liebe ich mehr als einen guten Kampf.
Franklin D. Roosevelt

Die kreative Macht
der Gedanken

Kläre die Menschen umfassend auf,
dann werden Tyrannei und Unterdrückung
von Körper und Geist verschwinden wie
böse Geister in der Morgendämmerung.

Thomas Jefferson

Die Gedanken haben eine große Macht. Alle wundervollen und schrecklichen Erfindungen der Menschheit haben als Gedanken begonnen – mit einer Idee, wenn Sie so wollen. Aus der Idee wurde ein Plan, aus dem Plan die Tat und aus der Tat das Objekt, der Gegenstand. Auch das, worauf Sie gerade sitzen oder sich rekeln, begann als Gedanke. Der Raum, in dem Sie sich aufhalten – und fast alles darin – hatte seinen Anfang in einer Idee.

Alle Kriege, all das Streiten und Hadern in der Welt haben als Gedanke begonnen. (Üblicherweise mit der Feststellung: »Du hast da etwas, das ich haben möchte«, »Du machst da etwas, das ich machen möchte« oder »Ich kann dich nun mal nicht leiden.«)

Alle guten, hervorragenden, edlen und kreativen Errungenschaften der Menschheit entstanden als Gedankenblitz im Bewußtsein eines einzelnen Menschen. Der Eiffelturm, die Mona Lisa, die Magna Charta, die Unabhängigkeitserklärung der Vereinigten Staaten, Filme, Bücher, Fernsehen und alles, was darin enthalten ist, nahmen ihren Anfang im menschlichen Geist. (Zugegeben, ein paar von ihnen hätten lieber da bleiben sollen. »In jedem Journalisten steckt ein Roman, und in den meisten Fällen sollte der dort auch bleiben«, hat mal jemand gesagt.)

Selbst das Entstehen eines Menschen beginnt als Gedanke. Wie geht doch die altbekannte Redewendung: »Ich kannte dich schon, als du noch ein Gedanke im Hirn deines Vaters warst.«

Und Victor Hugo hat es so beschrieben: »Einer Invasion von Armeen kann widerstanden werden, doch nicht einer Idee, deren

Zeit gekommen ist.« Oft falsch auch so zitiert: »Nichts ist so mächtig wie eine Idee, deren Zeit reif ist«, ist diese Erkenntnis so häufig bemüht worden, daß daraus fast ein Klischee geworden ist. (Nichts ist ohnmächtiger als ein Klischee, dessen Zeit abgelaufen ist.)

Auch wenn wir vermutlich nicht groß darüber nachdenken, ist doch leicht einzusehen, daß fast alles vom Menschen Geschaffene – sowohl das Gute als auch das Schlechte – als Gedanke begann. (Die Unterscheidung in »gut« und »schlecht« ist selbstverständlich auch nur so ein Gedanke.) Der einzige Unterschied zwischen einem Gedanken und der Realisierung ist ein bestimmtes Maß an Zeit und körperlicher Aktivität.

Das Maß an Zeit und körperlicher Aktivität variiert von Projekt zu Projekt. Manchmal sind es Sekunden, manchmal Jahre, und manchmal muß der Gedanke von einer Generation zur anderen weitergegeben werden. Einige der großartigen Kathedralen brauchten ein Jahrhundert und drei Generationen von Steinmetzen, bis sie vollendet waren. Auf der anderen Seite gab es da auch den Hundertjährigen Krieg.

Leonardo da Vinci erfand den Hubschrauber vierhundert Jahre, bevor der erste sich tatsächlich in die Lüfte erhob. Vor zweihundert Jahren stellte sich Thomas Jefferson eine von religiöser Verfolgung freie Nation vor, mit Menschen »mit bestimmten unveräußerlichen Rechten, zu denen das Leben, die Freiheit und das Streben nach Glück gehören«. Heute arbeiten wir noch immer daran.

Zum besseren Verständnis: Stellen Sie sich vor, daß diese Buchseite ein Eselsohr hat. Machen Sie das zu einer Idee in Ihrem Kopf. Und nun strecken Sie die Hand aus und knicken Sie die Seite um. Ein Gedanke wurde von unseren Hirnen an Ihr Hirn vermittelt, und Sie haben diesen Gedanken in die Wirklichkeit umgesetzt. (Falls Sie nicht der erste Leser dieses Buches sind, könnten Sie sich unter Umständen fragen: »Warum ist eigentlich die Ecke dieses Buches umgeknickt?« Jetzt wissen Sie es.)

Manche Menschen können Ideen besonders gut in die Tat umsetzen. Einer von ihnen war Edison. Denken Sie nur: das Grammophon, Filme, ein verbessertes Telefon, die elektrische Glühbirne – alles von einem einzigen Menschen. Henry Ford wollte ein billiges, zuverlässiges Automobil auf den Markt bringen und erfand dazu das Fließband. Donald Trump wollte echt reich werden und auf die Titelseite von *People* kommen. Er schaffte es.

Ohne Gedanken kämen die Dinge einfach nicht in Fluß. Unsere Lebenssituation ist das Ergebnis lebenslangen Denkens – sowohl positiv wie negativ. Wenn Sie sich fragen, wie *Sie* gedacht haben, überlegen Sie, wo Sie im Leben stehen. Merken Sie sich die Antwort.

Wenn Sie mit Teilbereichen Ihres Lebens zufrieden sind, dann war Ihr Denken in diesen Bereichen so, daß Sie es im allgemeinen mit »positiv« bezeichnen würden. Wenn Sie mit anderen Teilen Ihres Lebens nicht so zufrieden sind, dann waren Ihre Gedanken dazu nicht so positiv, wie sie hätten sein können. Doch das Gute daran ist, daß diese Gedanken, diese Einstellung veränderbar sind. Und mit diesen Veränderungen der Einstellung kommen (positive) Veränderungen in Ihrem Leben.

Wenn Gedanken beharrlich genug verfolgt werden, können sie Bewußtseinszustände schaffen, die – beharrlich genug bestätigt – wiederum körperlichen Ausdruck finden.

Wenn Sie beispielsweise beharrlich vom Reichsein träumen, so bewirkt das ein Wohlstandsbewußtsein – einen Gesamtzustand von Offenheit, Lebensbejahung, Fülle und Großzügigkeit –, und dieses Wohlstandsbewußtsein hat die Eigenschaft, den physischen Ausdruck von Reichtum zu schaffen – zu dessen Ausstattung, wenn Sie so wollen, Häuser, Autos, Bares und eine Sonderausgabe von *So leben die Reichen und Berühmten* gehört.

»Aber«, hat jemand einmal protestiert, »ich habe absolut kein Geld, und darüber mache ich mir unablässig Sorgen.« Damit hatte er genau unsere These bewiesen – allerdings in der Umkehrung. Sorgen sind eine Form von Angst, in diesem Fall der Angst vor Armut. Dieser Mensch schuf durch seine ständigen Sorgen ein Bewußtsein von Armut, das wiederum einen Mangel an allem herbeiführte – bis auf immer neue Rechnungen, die dann erneute Sorgen bewirkten, die für weitere Angst sorgten . . .

Positive Gedanken schaffen positive Ergebnisse: Liebe, Mitgefühl, Gesundheit, Wohlergehen und Glück, Wohlstand, Fülle und Reichtum.

Negative Gedanken erbringen negative Ergebnisse: Abneigung, Gleichgültigkeit, Zurückhaltung, Krankheit, Armut und Elend, Angst, Mangel und Entfremdung.

Mit anderen Worten: Unsere Gedanken erschaffen unsere körperliche Wirklichkeit – nicht unbedingt sofort, nicht wie »Rumms! Da ist es!«, aber langfristig. Worauf und wohin wir unseren Blick richten – unseren inneren Blick –, das ist die Richtung, in die wir gemeinhin gehen. Das ist unser Wunsch, unser Verlangen. Der Weg, auf dem wir dahin gelangen – nun, da gibt es viele Methoden.

> Wie oft verwechselt man Einfälle
> mit Ideen!
>
> *Friedrich Hebbel*

> Ich verstehe aber unter Geist die
> Kraft der Seele, welche denkt und die
> Vorstellungen bildet.
>
> *Aristoteles*

Verlangen
und Methoden

Folge deinem Verlangen dein Leben lang.
Schmälere nicht die Zeit, deinen Wünschen zu folgen,
denn diese Zeitverschwendung ist ein Frevel
wider den Geist.

Ptahhotpe, 2350 v. Chr.

Angenommen, wir wären in New York und wollten nach Cincinnati (der Himmel mag wissen, warum. Mitunter müssen Autoren die Logik ein wenig strapazieren, um glaubhafte Bilder vorzuweisen), wie kämen wir wohl am besten dorthin?

Mit dem Flugzeug? Auto? Zug? Bus? Fahrrad? Zu Fuß? Per Anhalter? Stabhochsprung? Sollen wir kraulen? Kobolzschießen? Schlittern? Hüpfen? Mit Sicherheit fallen Ihnen noch mehr Möglichkeiten ein, auf die wir noch gar nicht gekommen sind.

In unserem Beispiel ist Cincinnati das Ziel unseres *Verlangens*. Die vielfältigen Reisemöglichkeiten sind die *Methoden*.

Jedes Verlangen, das wir im Leben haben, kann auf die unterschiedlichste Art und Weise befriedigt werden. Es geht vor allem darum, Ihr Verlangen fest im Blick zu behalten und offen zu bleiben für die Methoden, die sich zur Befriedigung anbieten, selbst für die ausgefallenen.

Welche grundsätzliche Richtung sollten wir beispielsweise einschlagen, um nach Cincinnati zu kommen? Die westliche, stimmt's? Das wäre doch die allgemein akzeptierte Methode – sozusagen richtungweisend. Einige könnten sogar behaupten, das wäre die einzig erfolgversprechende. Doch was, wenn Sie sich nach Osten wenden und sich daran auch halten? Würden Sie dann auch irgendwann in Cincinnati ankommen? Aber sicher.

»Das Gegenteil einer zutreffenden Feststellung ist eine falsche Feststellung. Doch das Gegenteil einer grundsätzlichen Wahrheit könnte durchaus eine andere grundsätzliche Wahrheit sein«, hat Niels Bohr gesagt. Manche Menschen behaupten, der beste Weg zu mehr Geld bestünde darin, es zu horten. Andere sagen wiederum, um zu mehr Geld zu kommen, müsse man es ausgeben. Manche meinen, Gesundheit werde durch mehr Ruhe erreicht. Andere behaupten, man käme diesem Ziel durch mehr Aktivitäten nahe. Bleiben Sie also für alle Methoden offen, selbst für die scheinbar widersprüchlichen.

Zurück nach Cincinnati. In welcher Richtung gelangt man schneller von New York nach Cincinnati? In der östlichen oder in der westlichen? Selbstverständlich in der westlichen, stimmt's? Nicht unbedingt. Wenn wir uns beispielsweise mit Purzelbäumen westwärts bewegen, Sie aber in der Concorde gen Osten – was glauben Sie wohl, wer als erster in Cincinnati ist? (Ein kleiner Hinweis: Wir sind noch nicht als »Die Purzelbaumbrüder« ins *Guinness Buch der Rekorde* aufgenommen.)

Also noch einmal: Bleiben Sie für unterschiedliche Methoden aufgeschlossen, und vergessen Sie nicht, daß das Leben überraschendere Antworten als wir selbst parat hält.

Wieder zurück nach Cincinnati. Scherz (und alle albernen Beispiele) beiseite. Welchen Weg müssen wir tatsächlich einschlagen, wenn wir von New York nach Cincinnati wollen? Was ist die beste Methode? Selbstverständlich die westliche Richtung. Wie Sie inzwischen vielleicht bemerkt haben, benehmen wir uns in diesem Teil des Buches ein bißchen listiger als sonst üblich. Wir stellen nur ein paar allgemein akzeptierte Vorstellungen in Frage. Ist Westen tatsächlich die »richtige« Richtung und Osten die »falsche«? Selbstverständlich nicht.

Wie es mit Methoden nun einmal ist – »richtig« und »falsch« ist dabei lediglich Ansichtssache. Das einzig wichtige Kriterium ist, daß sie *funktioniert*. Im Fall der Reise von New York nach Cincinnati sind sowohl die westliche wie die östliche Richtung erfolgversprechende Methoden und daher akzeptabel. Norden und Süden sind nicht falsch. Sie sind nur für eine Reise von New York nach Cincinnati nicht passend.

Methoden können mitunter Verlangen verraten. Wenn Sie

beispielsweise von New York aus nach Westen fahren würden, könnten wir daraus unter Umständen schließen, daß es nicht unbedingt Ihr Verlangen war, New England einen Besuch abzustatten. Die entscheidenden Wörter sind »mitunter« und »verraten«, denn erst wenn Sie in Cincinnati angekommen sind und rufen: »Ja! Hier bin ich richtig!«, werden wir wissen, daß Ihr Verlangen tatsächlich Cincinnati war.

Nehmen wir an, jemand hätte ein Verlangen zu verbergen. Er (stellen wir ihn uns männlich vor) mußte schon früh feststellen, daß es ihn in Schwierigkeiten mit seinen Erziehungsberechtigten bringt, wenn er spontan, offen, sensibel und extrovertiert ist. (»Sei still! Siehst du denn nicht, daß wir fernsehen?«, »Komm doch endlich ein bißchen zur Ruhe!«, »Sei ein lieber kleiner Junge. Sitz endlich still!« und so weiter.) Und so beschließt er, diese Bereiche seines Ichs zu verbergen.

Welche Methoden könnte er anwenden, wenn es sein Verlangen war, seine Sensibilität, seinen Enthusiasmus, seine Offenheit zu verbergen? Er könnte sich zurückziehen, nicht mehr offen sein, eine deutliche Schüchternheit entwickeln, kaum noch am familiären Leben teilnehmen. Er könnte sich aber auch ein paar körperliche Methoden ausdenken: Ein Stottern etwa, er könnte zunehmen oder sogar Erkrankungen wie Asthma und Herzbeschwerden entwickeln – hervorragend einleuchtende Gründe, sich vom allgemeinen Leben zurückzuziehen. Er könnte aber auch eine Sehschwäche zeigen – eine Brille ist ein wunderbares Instrument, sich dahinter zu verstecken. In späteren Jahren könnte er sich die Haare wachsen lassen, um dahinter sein Gesicht zu verbergen, oder auch einen Bart.

Aber was ist, wenn ihm das Leben in bestimmten Momenten einfach als unerträglich erscheint? Was ist, wenn er immer mal wieder zu der Meinung kommt: »Ich kann das alles wirklich nicht mehr ertragen. Ich möchte nicht mehr leben«? Wenn er daraufhin ein Todesverlangen entwickelt? Wie sehen die Methoden aus, die er dann anwendet, um dieses Verlangen zu befriedigen?

Erschießen, Autounfall, Gift, Tuberkulose, Leukämie, Krebs,

Ertrinken, Kohlenmonoxid, Erstechen, Pulsadernaufschneiden, Herzanfall, Schlaganfall, Diphterie, Enthauptung, eine enge Beziehung zu Blaubart, Beulenpest, Erdbeben, Überschwemmung, Vulkanausbruch, Magersucht, Absturz, Syphilis, wilde Tiere, Cholera, Guillotine, Erhängen, Haie, Piranhas, elektrischer Stuhl, Gaskammer, tödliche Injektion, Kinderlähmung, Grippe, Meningitis, Hepatitis oder die vergleichsweisen neuen Methoden AIDS oder Überdosis.

Wenn jemand sich den Tod wünscht, ist eine lebensgefährliche Krankheit nur eine von vielen Methoden, dieses Verlangen zu erfüllen. Es könnte ganz einfach sein, daß dieser Mensch in seinem Inneren den tiefen Wunsch hat, zu sterben.

Vielleicht.

Es lohnt sich, näher nachzuforschen. Wünsche sind häufig unbewußt. Doch erst einmal aufgedeckt, können Wünsche, kann Verlangen auch verändert werden.

> Es ist nur vernünftig, eine Methode auszuprobieren.
> Sollte die fehlschlagen, dann geben Sie das offen
> zu und probieren Sie es mit einer neuen. Aber vor
> allem: Probieren Sie etwas aus.
> *Franklin D. Roosevelt*

> Bringt mir meinen Bogen aus glühendem Gold,
> bringt mir meine Pfeile des Verlangens,
> bringt mir meinen Speer – O Wolken, reißt auf!
> Bringt mir meinen Wagen aus Feuer!
> *William Blake*

Woher kommt das negative Denken
oder:
Warum tun wir uns das eigentlich an?

Das seltsamste und phantastischste an
negativen Gefühlen ist die Tatsache,
daß die Menschen ihnen tatsächlich huldigen.
P. D. Ouspensky

Warum benutzen wir die Kraft unseres Verstandes, um uns eine negative Wirklichkeit zu schaffen? Wenn Ihre Vorstellungskraft Gesundheit, Reichtum und Glück ebenso leicht wie Krankheit, Armut und Verzweiflung bewirken kann, warum sind wir dann nicht auf Dauer gesund, reich und glücklich?

Was würden Sie der guten Fee antworten, die Ihnen die Wahl läßt zwischen Gesundheit, Reichtum und Glück sowie Krankheit, Armut und Verzweiflung? Wenn das erste die auf der Hand liegende Entscheidung ist, warum wählen wir dann so oft das zweite? Da muß noch etwas anderes sein, irgendwo tief in uns, was den Impuls bewirkt, negativ zu leben und zu denken.

Auch wenn Sie dieses Phänomen vielleicht anders beschreiben, nennen wir diese Quelle negativen Denkens Unwürdigkeit. Es ist mehr als nur ein Gefühl oder ein flüchtiger Gedanke. Es ist eine Lebenshaltung, eine tiefsitzende Überzeugung: »Ich bin einfach nicht gut genug.« Andere Bezeichnungen dafür sind Unsicherheit, Nichtsnutzigkeit oder geringes Selbstwertgefühl.

Unwertsein unterminiert alle Ihre positiven Ideen und wertet alle Ihre negativen Gedanken auf.

Sobald Sie etwas Gutes über sich denken, meldet sich die Unwürdigkeit zu Wort und sagt: »Nein, das bist du nicht.« Wenn wir uns etwas Positives für uns selbst wünschen, erklärt die Unwürdigkeit: »Das verdienst du nicht.« Und wenn uns etwas

Gutes widerfährt, sagt die Unwürdigkeit (oft mit unserer eigenen Stimme): »Das ist zu schön, um wahr zu sein!«

Aber sobald wir etwas Schlechtes über uns denken, stimmt die Unwürdigkeit zu: »Ja, das ist richtig, und darüber hinaus . . .« Wenn wir uns vorhalten, dies oder das nicht haben oder tun zu können, nickt die Unwürdigkeit: »Na endlich, jetzt bist du vernünftig.« Wenn uns etwas Negatives passiert, meldet sich prompt die Unwürdigkeit: »Siehst du, ich habe recht gehabt. Ich habe es dir doch gleich gesagt.«

Stellen Sie sich die Unwürdigkeit als Geier vor, der auf Ihrer Schulter hockt und Ihnen unablässig ins Ohr plärrt: »Das kannst du nicht«, »Dafür bist du nicht gut genug«, »Versuch's gar nicht erst«, »Für wen hältst du dich eigentlich?«, »Das hast du nicht verdient«, »Immer mit der Ruhe«, »Das sollte eigentlich jemand Besseres als du bekommen« und so weiter und so fort, endlos, pausenlos.

Manche Menschen bemänteln ihre Unwürdigkeit mit einem Flair von Selbstsicherheit und Dreistigkeit, das an Arroganz grenzt. Ihre Verschleierungstaktik umfaßt ein Sichgehenlassen und eine Selbstbezogenheit, die geradezu egozentrisch sind. Bei flüchtiger Betrachtung hat es den Anschein, als könnten diese Menschen eine gesunde Dosis Unwürdigkeit durchaus gebrauchen.

Doch in Wirklichkeit sind sie krampfhaft und verzweifelt darum bemüht, vor sich und anderen die Tatsache zu verbergen, daß sie sich absolut unwert fühlen. Für sie ist diese Unwürdigkeit real, nicht nur eine Illusion, und sie reagieren darauf, indem sie es zu vertuschen trachten, anstatt darüber zu lachen. (Haben Sie je versucht, einen Geier zu verstecken? Das kann sehr komisch sein – für alle bis auf den, der ihn verstecken will.)

Wenn Unwürdigkeit so existentiell ist – heißt das, daß wir damit geboren worden sind?

Wir sind davon überzeugt, daß Menschen auf der Welt sind, um Freude zu empfinden, um sie so ausgiebig wie möglich zu empfinden, daß es angeborenes Recht jedes Menschen ist, zu lieben und geliebt zu werden, zu sorgen und umsorgt zu werden, zu schenken und beschenkt zu werden – und das alles im Über-fluß. Das ganze negative Zeug hat unseren grundsätzlich guten Kern nur überlagert.

Stellen Sie sich ein Kind im Alter von zwei, drei oder vier Jahren vor, das allein in einem Zimmer spielt. In seiner Nähe hält sich ein Erwachsener auf, üblicherweise ein Elternteil. Warum? Etwa um alle paar Minuten aufzutauchen und das Kind zu loben? Keineswegs. Um aufzupassen. Der oder die Erwachsene sind in der Nähe für den Fall, daß es irgendwelchen Ärger gibt.

Das Kind spielt und amüsiert sich königlich. Zwei Stunden vergehen. Das Kind »benimmt« sich noch immer tadellos. Die Interaktion mit dem Erwachsenen war minimal.

Doch plötzlich stößt das Kind eine Lampe vom Tisch. Sie knallt auf den Fußboden und zerbricht. Und was passiert jetzt? Jetzt gibt es jede Menge Interaktion mit dem Erwachsenen. Und fast nur negativ. Er/Sie schreit und brüllt: »Das war meine Lieb-lingslampe!«, »Wie oft habe ich dir schon gesagt . . .?«, »Böses, böses Kind!« Vermutlich erfolgt auch irgendeine Art von Bestra-fung (Klapse, Entzug eines Spielzeugs und so weiter). Im Zeit-raum von zwei Stunden war die Zuwendung von seiten des Er-wachsenen eine negative Kritik: »Du bist unartig! Schäm dich!«

Als Baby sonnen wir uns in uneingeschränktem, schier endlo-sem Lob. Eiei, dada. Doch wenn wir dann ein bißchen größer geworden sind und unsere Welt zu erforschen beginnen, besteht die hauptsächliche Form der Interaktion mit Erwachsenen – diesen Symbolen für Macht, Liebe, Autorität und das Leben an sich – üblicherweise in Zurechtweisungen. Tu dies nicht. Tu das nicht. (Diese Phase des Heranwachsens wird von Leuten, die Erziehungsbücher schreiben, als »schreckliches zweites Jahr« benannt – sehr aufbauend, oder?)

Malen wir ein Bild, werden wir gelobt. Malen wir dasselbe Bild noch einmal, werden wir schon weniger gelobt. Malen wir das-selbe Bild fünfmal hintereinander, heißt es, wir sollten endlich mal etwas anderes versuchen.

Wenn wir die Katze mit Marmelade beschmieren, werden wir gescholten. Beschmieren wir die Katze ein zweites Mal mit Marmelade, werden wir nachdrücklicher gescholten. Schmieren wir fünfmal Marmelade ins Fell der Katze, könnte es sein, daß wir uns zu wünschen beginnen, wir hätten neun Leben – wie die Katze.

Je häufiger wir etwas Gutes tun, desto weniger Lob erhalten wir. Je öfter wir etwas Schlechtes tun, desto mehr Bestrafung ist uns sicher. Manche Kinder gewöhnen sich an, irgend etwas Negatives zu tun, nur um Anerkennung zu erringen, weil selbst negative Aufmerksamkeit immer noch besser ist als gar keine. Auf ein Kind kann Nichtbeachtung ebenso wirken wie Verlassenwerden.

In unserem Inneren fangen wir an, die Male zu registrieren, an denen wir »prachtvoll« genannt werden ebenso wie jene, an denen wir als »böse« oder »ungezogen« bezeichnet werden. Das Böse scheint das Prächtige in entscheidendem Maß zu überwiegen.

Irgendwann könnten wir zu glauben beginnen, wir wären »schlecht«. Wir könnten zu der Überzeugung gelangen, daß wir nicht für gut gehalten werden, solange wir nicht irgend etwas ganz Neues, Bemerkenswertes und Hervorragendes tun. Wir erkennen, daß wir uns bemühen und hart arbeiten müssen und nie ungehorsam sein dürfen, wenn wir auf wenigstens ein bißchen Anerkennung in dieser Welt hoffen wollen. Wir begreifen letztendlich, daß wir unser »Gutsein« erarbeiten müssen, da wir im Grunde ja schlecht sind.

Schlecht, nicht liebenswert, nicht gut genug, unwürdig, unwert.

Im Lauf der Zeit könnten wir davon felsenfest überzeugt sein, und diesem fruchtbaren Boden entspringt unser negatives Denken, unsere pessimistische Einstellung. Sicher, wir entdecken an uns auch jede Menge Positives, doch das Negative hat die unangenehme Eigenschaft, eher zu überzeugen. Ein positiver Gedanke erhält im Test vor dem Hintergrund unserer Überzeugung von eigener Minderwertigkeit unverzüglich das Etikett »falsch«. Prompt fühlt sich die negative Einstellung bestätigt, denn die Unwürdigkeit behauptet, sie treffe zu, stimme, sei *richtig*.

> Du hast keine Vorstellung, welch
> geringe Meinung ich von mir habe –
> und wie wenig ich die verdiene.
>
> *W. S. Gilbert*

> Die Kindheit kündigt den Menschen an
> wie der Morgen den Tag.
>
> *John Milton*

Negatives Denken und lebensgefährliche Krankheiten

> Die höchste Stufe moralischer Kultur ist
> erreicht, wenn wir erkennen, daß wir unsere
> Gedanken beherrschen sollten.
>
> *Charles Darwin*

Es gibt ebenso viele Beispiele dafür, daß negatives Denken lebensgefährliche Erkrankungen beeinflußt, wie es Menschen gibt, die unter ihnen leiden. Wir alle haben unser persönliches Repertoire an »Katastrophen« – jenen Dingen, die uns »zur Verzweiflung treiben«, uns zur Überzeugung gelangen lassen, das ganze Leben sei schlicht nicht mehr lebenswert.

Für manche Menschen können es eine oder zwei Tragödien sein, deren Intensität den Wunsch entstehen läßt, lieber sterben zu wollen. Für andere ist der Auslöser das tägliche Einerlei von kleinen Mißlichkeiten – jene Dinge, auf die wir üblicherweise mit »Was soll's?« reagieren, mit »Was macht das schon?« oder »Schwamm drüber«. Im Laufe der Jahre kann bei manchen Menschen die Ansammlung derartiger Mißlichkeiten zu dem Wunsch führen, »mit all dem nichts mehr zu tun« haben zu wollen.

Im folgenden veröffentlichen wir die – redigierte – Niederschrift von John-Rogers Gesprächen mit einem Patienten, der an AIDS-Symptomen litt. Auch wenn es sich hierbei um einen Einzelfall handelt, könnten andere Menschen, die das lesen, unter Umständen doch gewisse Ähnlichkeiten mit ihren eigenen Lebensumständen und einer eigenen lebensbedrohlichen Krankheit entdecken. Ihre spezifischen Beispiele mögen anders aussehen, doch das Grundmuster könnte übereinstimmen.

JOHN-ROGER: Wie groß ist die Wahrscheinlichkeit, diese Symptome verschwinden zu lassen? Achtzig bis neunzig Prozent. Und die restlichen zehn bis zwanzig Prozent haben ihren Ursprung da, wo Sie – aus tiefer Depression oder Fatalismus heraus – nicht das tun, was Sie tun sollten. Und genau dieser kleine Prozentsatz ist es, der Sie fertigmachen kann. Das brauchen Sie aber nicht zuzulassen.

Ich werde Ihnen die psychischen Gründe erklären, aus denen AIDS entstehen kann, weil genau dort Ihre Heilung liegen kann.

Vielleicht denken Sie irgendwann einmal über andere Menschen: »Sie können mich zwar nicht leiden, aber ich mag sie und hätte sehr gern, daß sie mich ebenfalls gern haben.« Also bemühen Sie sich, überwinden sich, tun alles, damit die anderen Sie sympathisch finden. Und sie werden Sie sympathisch finden. Das gibt Ihnen eine gewisse Befriedigung. Sie fühlen sich bestätigt – richtig gut. So weit, so gut. Sie haben etwas unternommen, um einen anderen Menschen dazu zu bewegen, Sie zu mögen. Das nennen wir Freundschaft oder auch Flirt – ein recht alltägliches Verhalten.

Doch dann wenden sich die anderen Menschen von Ihnen ab. Aber Sie mögen sie immer noch. In diesem Moment stirbt ein kleiner Teil von Ihnen.

Sie beginnen zu jammern und zu klagen. »O mein Gott, was soll ich nur machen? Sie treffen sich mit anderen Leuten. Sie lieben/Er/Sie liebt mich nicht mehr.« Sie ziehen sich zurück, kapseln sich ab. Ihr Rücken beginnt zu schmerzen, Ihr Hals verursacht Beschwerden. Sie wollen Erleichterung, möchten den Beschwerden Ihres Körpers und dem Schmerz Ihrer Gefühle entfliehen. Und wenn Sie diese betäuben können, dann werden Sie das auch tun. Alkohol und Drogen stehen bereit. Beides kann Sie von den Symptomen des Körpers und der Seele ablenken.

Körper und Emotionen versuchen jedoch nur, Ihnen eine Nachricht zu übermitteln. Sie wollen Ihnen sagen, daß Ihre Schmerzen auf Ihren Bindungen an Ihr Verlangen beruhen.

Diese Bindungen sind der Übeltäter, nicht das Verlangen. Sie können sich durchaus etwas wünschen, aber wenn es nicht erreichbar ist, sollten Sie sich davon lösen – dann schmerzt es auch nicht. Wenn Sie sich an einen Menschen gebunden haben und der Sie verläßt, dann ist es so, als würden Ihre Arme gedehnt und gedehnt, bis Sie schließlich sagen: »Ich sollte mich so schnell wie möglich davon trennen.« Und wenn Sie sich trennen, wird es Ihnen so vorkommen, als würden Sie Ihre Lebensader durchtrennen.

Unverzüglich machen Sie sich auf, einen anderen Menschen zu finden, der Ihr Leben wieder in Ordnung bringt. Und flugs widmen Sie sich dem Umherstreifen, Forschen und Suchen.

Sie finden tatsächlich jemanden, und das ist für den Augenblick absolut in Ordnung. Sie tun sich mit ihm/ihr für einen Tag zusammen, für eine Nacht, zwei oder drei Tage, vielleicht für eine Woche, aber vermutlich nicht länger als für einen Monat. Sie sagen sich ganz rational: »Er/Sie hat mir geholfen, darüber hinwegzukommen, also war es völlig in Ordnung.«

Aber unterbewußt haben Sie sich den Tod gewünscht. Sie haben Ihr Leben jemandem anderen als sich selbst überlassen – einem Menschen, einer Sache oder einer Idee.

Und von diesem Punkt an sterben Sie täglich viele Tode. Sie verspüren die Notwendigkeit, mit jemandem zusammenzuleben – nicht unbedingt aus sexuellen Gründen, vielleicht auch nur aus Gründen der Kameradschaft, Freundschaft.

Und wenn Sie das nicht finden können – oder das, von dem Sie fest überzeugt sind, es mache Ihr Leben erst lebenswert –, beeinträchtigt Ihre Bindung an das Verlangen Ihr Leben, bis der Alkohol zur Gewohnheit geworden ist, bis Sie von Drogen abhängig geworden sind, bis der Wunsch, jemanden zu finden, um mit ihm/ihr ins Bett zu gehen, irrational geworden ist.

Bindungen sind überaus mächtig. Sie können zur Obsession und Besessenheit werden. Dann sagen Sie: »Selbst wenn ich gar nichts unternehme, hat es mich in der Macht. Die einzige Möglichkeit, mich davon zu befreien, besteht darin, ihm nachzugeben.« Und dann hat »es« mehr Leben, weil Sie »ihm« Ihr Leben verschrieben haben.

Es ist keine lebensbejahende Entscheidung, Ihr Leben zu überantworten. Es laugt Sie aus und erschöpft Sie. Vielleicht sagen Sie sich: »Ich habe die Trinkerei so satt. Ich habe das Herumziehen satt, die ganzen Betäubungsmittel.« Das ist die Vernunft in Ihnen, die Ihnen rät: Laß diese Dinge. Sie sind nicht gut für dich. Was bringen sie dir schon? Wiederholungen, endlose Wiederholungen ohne jede Erfüllung.

Dann, wenn Sie Ihren Körper beispielsweise durch Alkohol, Drogen oder Erschöpfung heruntergewirtschaftet haben, kann der Virus zuschlagen, weil Ihr Abwehrmechanismus betäubt ist.

Wir sagen nicht, daß negatives Denken AIDS oder eine andere lebensbedrohliche Krankheit verursacht. AIDS wird durch den AIDS-Virus verursacht. Aber eine pessimistische Einstellung fördert unserer Überzeugung nach Grundlagen in Geist, Körper und Emotionen, die es dem AIDS-Virus (oder einer anderen möglichen Infektion) erlaubt, sich auszubreiten.

Das entscheidende Wort bei »mögliche Infektion« ist *möglich*. Negatives Denken trägt dazu bei, die *Möglichkeit* zu schaffen. Und die Infektion ergreift diese Möglichkeit. Wenn sich der Virus erst einmal festgesetzt hat, hängt seine Weiterentwicklung jedoch ganz wesentlich davon ab, welche Dosen des großen Düngers negatives Denken wir ihm zukommen lassen.

Zum augenblicklichen Zeitpunkt ist der am stärksten verbreitete negative Gedanke im Zusammenhang mit AIDS vermutlich Angst. Jeder Zugehörige der sogenannten Risikogruppe ist ein sicherer Kandidat der Angstepidemie, die sich weit schneller ausbreitet als der AIDS-Virus selbst. (Und zur Risikogruppe sind nur jene zu zählen, die riskante Praktiken ausüben.) Wenn Sie sich einem Test unterzogen haben, der das Vorhandensein von HIV-Antikörpern in Ihrem Organismus nachgewiesen hat, sind Sie höchstwahrscheinlich anfälliger für die Seuche der Angst.

Das Leiden, von dem wir hier sprechen, ist eine ungehemmte, irrationale Angst – nicht AIDS. Die Seuche der Angst (eine Unterabteilung der Seuche des negativen Denkens) ist eine der ansteckendsten Krankheiten überhaupt. Im Gegensatz zu jeder anderen virusverursachten Krankheit können Sie sie sich beim

Telefonieren holen, wenn Sie Zeitungen oder Zeitschriften lesen, sogar beim Fernsehen.

Für alle, die fürchten, AIDS zu bekommen – besonders Menschen, die über HIV-Antikörper verfügen –, hat jedes Symptom jeder x-beliebigen Krankheit den Schrecken unmittelbaren Todes.

Eine Erkältung? »O mein Gott, es ist eine Lungenentzündung!« Eine kleine Beule? »Kaposi-Syndrom!« Eine entzündete Stelle im Mund? »Soor!« Ein bißchen Schwitzen, weil es im Schlafzimmer zu heiß ist? »Nachtschweiß!« Es ist das Paradies der Hypochonder: Angst vergrößert jedes belanglose Symptom zu einem tödlichen Leiden.

Diese Angstgefühle gibt es bei nahezu jeder lebensgefährlichen Erkrankung. Für jedes Leiden gibt es gewisse »Risikogruppen«, und die jeweiligen Gruppenzugehörigen peinigen und foltern sich selbst mit ihrer Furcht und Angst. Bei Krebs sind es beispielsweise die Raucher. Dreißig Prozent aller Krebstodesfälle hängen mit dem Rauchen zusammen. Raucher können aus Furcht vor Krebs so nervös werden, daß sie sich eine neue Zigarette anstecken müssen.

Auch Menschen mit bestimmten genetisch bedingten Anfälligkeiten für diese oder jene Krankheit tendieren gleichfalls zu übergroßer Besorgnis. »Mein Vater ist mit fünfundsechzig Jahren an einem Herzanfall gestorben, mein Großvater ist mit fünfundsechzig an einem Herzanfall gestorben, und ich werde bald sechzig.« Angst, Angst, Angst.

Die tragischen Resultate dieser Angstepidemie sind vielfältig:

1. Aus rein medizinischer Sicht hemmt diese pessimistische Einstellung das körperliche Immunsystem, steigert den Blutdruck und verursacht einen allgemeinen Zustand von Streß und Erschöpfung im Körper. Kurz gesagt: Mögliche Infektionen, Herz- und Gefäßerkrankungen, Muskeldegeneration und das ungezügelte Wachstum unerwünschter Zellen erhalten größere Chancen.

2. Aus der Überlegung heraus, daß Gedanken grundsätzlich

kreativ sind, neigen unsere Sorgen, ein bestimmtes Leiden zu bekommen, dazu, dieses Leiden zu schaffen. Es gibt ein altes Sprichwort: »Wovor du dich fürchtest, daran stirbst du.« Es ist schon alt, weil mehr als nur ein Körnchen Wahrheit darin steckt. Medizin- und Psychologiestudenten zeigen häufig die Symptome der Krankheit oder der Störung, die sie gerade studieren, und in einigen Fällen bricht diese Krankheit dann auch tatsächlich bei ihnen aus. Bei jedem Husten zu denken, »Mein Gott, es ist Krebs!« könnte als Einladung aufgefaßt werden, vielleicht sogar als Befehl.

3. Wenn Sie im Fall einer Krankheit befürchten, es könnte sich um AIDS oder Lungenkrebs handeln, sich das Ganze dann aber als Grippe herausstellt, könnte der Jubelruf: »Gott sei Dank, es ist nur eine kleine Grippe!«, weitere Grippe-Infektionen verursachen.

4. Je überzeugter Menschen glauben, sie hätten »höchstens noch ein paar Jahre« zu leben, desto weniger wagen sie sich an langfristige Vorhaben – ein Berufswechsel, hochgesteckte Ziele, eine neue Beziehung, ein Umzug – heran. Und das führt dazu, daß das Leben weniger interessant, weniger erfreulich wird – und damit auch weniger lebenswert. Nach einer gewissen Zeit besteht die Möglichkeit, daß die Frage »Was bleibt mir eigentlich noch, wofür es sich zu leben lohnt?« keine befriedigende Antwort mehr erhält. Und das Verlangen zu sterben wird angefacht.

5. Es ist eine recht elende Art zu leben. Wäre uns eine Bombe um den Oberkörper geschnallt, von der wir wüßten, daß sie jeden Augenblick hochgehen kann – dann ist das etwas, womit wir im Lauf der Zeit irgendwie leben könnten. (Schließlich wissen wir alle, daß wir irgendwann sterben müssen. Wir wissen nur nicht, wann.) Wird uns jedoch gesagt, daß die Bombe exakt 1243mal ticken wird, bevor sie explodiert, würden wir doch jedesmal, wenn die Bombe zu ticken beginnt, alles aus der Hand fallen lassen und mitzählen. An manchen Tagen tickt sie vielleicht nur zehnmal, während sie es an anderen auf 287mal bringen könnte. Aber während sie tickt: Panik. Und nach gewisser Zeit setzt die

Angst schon bei der Vorstellung ein, daß sie zu ticken beginnen könnte. Also fürchten wir sie, auch wenn sie nicht tickt. Wie gesagt, es ist eine elende Art zu leben.

Ist es für alles zu spät, wenn negatives Denken einer tödlichen Krankheit die Chance eingeräumt hat, in den Körper einzudringen? Ist der Verlauf einer lebensbedrohlichen Erkrankung unabwendbar? Wir glauben nicht. Wir sind in dieser Hinsicht allerdings auch nicht hoffnungslos optimistisch, manche Dinge halten wir durchaus für unabwendbar.

Nehmen wir beispielsweise an, daß Pessimismus Sie dazu bewogen hat, vom Dach eines dreißigstöckigen Gebäudes zu springen. Wir würden meinen, wenn Sie erst einmal gesprungen sind, ist es für das Resultat unerheblich, ob Sie jetzt noch Ihre Haltung ändern.

Doch abgesehen von den Gesetzen der Schwerkraft gibt es immer eine Chance. (Deshalb heißt es ja Schwerkraft: weil Leichtigkeit absolut keine Wirkung auf sie hat.)

Das AIDS-Virus (HIV) ist überaus interessant. Es scheint die Fähigkeit zu besitzen, sich für unbegrenzte Zeiträume in einen Ruhezustand zu begeben. Hat es das getan, richtet es keinerlei Schaden an. Es »schläft« nur.

Die entscheidende Frage ist nun, was das Virus zum Schlafen bringt und was ihn weiterschlafen läßt. Wir neigen zur Annahme, daß ein leichtes Heranschwappen positiver Gedanken an den Strand des Verstandes wie ein Schlafmittel auf das HIV-Virus wirkt, wie Chloroform oder Lachgas, wenn Sie so wollen.

Herz- und Gefäßkrankheiten stehen in direktem Bezug zur allgemeinen Kondition von Körper, Geist und Emotionen. Je häufiger sich der Körper in einem Zustand der Gelassenheit, der Entspannung befindet, desto weniger muß das Herz arbeiten und desto weniger Druck wird auf das gesamte Herz- und Kreislaufsystem ausgeübt. Bei der Herztherapie geht es vorrangig darum, das Herz weniger arbeiten zu lassen, damit es kräftiger wird.

Wenn der Streß durch negatives Denken nachläßt und der

natürliche Zustand der Gelassenheit wiederkehrt, kann sich das Herz- und Kreislaufsystem selbst heilen und wieder so funktionieren, wie es sollte.

Degenerative Muskelerkrankungen können in ihrem Ablauf durch »degeneratives Denken« beeinflußt werden. Eine positive Einstellung kann demgegenüber dazu beitragen, daß sich die Degeneration verlangsamt, daß sich die Muskeln unter Umständen sogar wieder regenerieren.

Bei Krebserkrankungen handelt es sich um Zellen, die unkontrolliert wuchern. Das kann schnell, aber auch sehr langsam vor sich gehen. Ein Krebs kann ein lebenswichtiges Organ innerhalb von Wochen vernichten, es kann sich jedoch auch über Jahrzehnte hinziehen. Die Zellen können sogar auf unbeschränkte Zeit mit ihrem Wachstum aufhören. Im Hinblick auf die »unheilbaren« Krebsarten (und inzwischen werden mehr als fünfzig Prozent aller Krebserkrankungen als heilbar betrachtet) weiß die medizinische Fachwelt noch nicht genau, warum ein Krebs sich verlangsamt, aufhört oder – noch mysteriöser – *zurückgeht*.

Dieses Phänomen ist als »Remission« bekannt. Tritt es aufgrund einer Therapie auf, ist es verständlich. »Ihr Krebs ist im Abklingen«, heißt es vielleicht. Wenn es aus »keinem ersichtlichen Grund« geschieht (die wiedererwachte Lebensbejahung des Patienten und die damit verbundenen Veränderungen im Lebensstil sind offenbar kein »ersichtlicher Grund«), wird es »spontane Remission« genannt. Es ist etwa so spontan wie Blitze oder Erdbeben. Es passiert einfach manchmal. Wir haben keine Ahnung warum, sagen die Ärzte.

Zehntausende von Patienten, deren Krebserkrankungen sich seit Jahren »in spontaner Remission« befinden, wissen warum. Sie haben ihr Denken, ihre Einstellung geändert, und das änderte den Krankheitsverlauf des Krebses.

Ähnliches trifft auf jede Infektion oder x-beliebige lebensgefährliche Krankheit zu. Einige der sogenannten Wunderheilungen waren für die Menschen, die sie erlebten, keinesfalls Wunder. Sie fanden heraus, warum sie den Wunsch verspürten, sterben zu wollen, veränderten diesen Todeswunsch in ein Verlangen nach Leben und fingen an, alles in ihrem Leben zu verändern, was zu ihrem körperlichen Verfall geführt hatte.

Betrachten Sie den Rest dieses Buches als Wiegenlied für das AIDS-Virus und jede andere Infektion, als Straßenkarte dazu, Ihr Herz- und Kreislaufsystem zu entlasten, als Lektion darüber, wie Wunden des Herzens geheilt werden können und damit auch Ihr physisches Herz, als Leitfaden für aufbauendes Denken, um damit zerstörenden Krankheiten zu begegnen, und als Wecksignal für den Wert, das Gutsein und Wohlergehen, das in Ihnen steckt.

Bindungen sind ein großer Schöpfer von Illusionen.
Die Realität ist nur dem erreichbar,
der bindungslos ist.

Simone Weil

Wenn wir die Geheimnisse unserer Feinde erfahren
könnten, würden wir im Leben jedes Menschen
genug Leid und Kummer finden,
um alle Feindseligkeit zu entwaffnen.

Henry Wadsworth Longfellow

Die Todesangst ist mehr zu
fürchten als der Tod selbst.

Publilius Syrus, 1. Jahrh. v. Chr.

Im Leben ist wahrscheinlich nichts so
schlimm und gefährlich wie die Angst.

Jawaharlal Nehru

II
DIE HEILUNG

Die Heilung

Es gibt kein Mittel gegen Geburt
und Tod bis auf die Freude am Intervall.
George Santayana

Ja, werte Leser, die Krankheit negatives Denken ist heilbar. Es gibt sogar Dutzende von Therapien. Jede der Techniken, der Rat- und Vorschläge in diesem Teil des Buches könnte das richtige für Sie sein. Vielleicht findet sich sogar darunter der Schlüssel zu ganz neuen Welten der Aktivität, Lebensfreude und Gesundheit.

Allerdings könnten Sie durchaus auch ein Kombinationsschloß sein, das fünf Schlüssel benötigt, zehn oder gar zwanzig. Unter Umständen brauchen Sie sogar alle Ratschläge aus diesem Buch, um die Türen zu Ihrem inneren Reich der Freude, der Zuversicht und des Glücks zu öffnen. Was nötig ist, ist nötig.

Was immer nötig sein mag: Die Ergebnisse zählen.

Wir werden mit ein paar Worten über den Tod (schrecklich!) und über die Angst vor dem Tod (schrecklich, schrecklich!) beginnen. Danach wird dann ein Imbiß gereicht. Wir servieren ein Büffet des Positiven – zusammengestellt aus den Erfahrungen unserer insgesamt mehr als sechzig Jahre der Beschäftigung mit Menschen – einschließlich uns selbst.

Wir werden nicht etwa so tun, als wäre irgend etwas von dem, was wir verkünden, neu. Sie wissen das alles bereits. Manches davon wissen Sie intuitiv, anderes wurde Ihnen vor langer Zeit vermittelt. (Unsere Eltern und Lehrer brachten uns nicht nur Minderwertigkeitsgefühle bei.)

Doch in den meisten Fällen werden Ihnen die Ratschläge bekannt vorkommen, weil es sich ganz einfach um Erkenntnisse des gesunden Menschenverstandes handelt. Wir huldigen da einem gewissen Pragmatismus: Sobald etwas funktioniert, wenden wir es an, klappt es nicht, probieren wir eben etwas anderes aus. Was wir an Sie weitergeben, ist von uns während unserer eigenen Entwicklung durch Versuche und Irrtümer erlernt. Ein solides – und breites – Fundament begangener Fehler ist die Basis unserer Vorschläge.

Es gibt keine besondere Reihenfolge in dieser Sammlung von Ratschlägen und Ideen. Kein: »Tun Sie zunächst dies, dann das, schließlich jenes.« Sie sind der Konstrukteur Ihrer eigenen Heilung. Wie alle guten Konstrukteure werden Sie sich natürlich mit anderen Fachleuten beraten – aber die Grundsatzentscheidung liegt bei Ihnen.

Der Weg zu Ihrer Heilung ist ganz einfach: Folgen Sie nur Ihrem Herzen.

Bevor Sie offiziell »anfangen« (wir wissen, daß Sie bereits angefangen haben, als Sie dieses Buch zur Hand nahmen), schlagen wir vor, daß Sie zunächst diesen zweiten Teil einmal von der ersten bis zur letzten Seite durchlesen und dabei die Seiten markieren, die Sie besonders interessieren. Das Gelesene wird Sie mit Sicherheit auf die eine oder andere Art ansprechen:

1. Manches wird Ihnen wie ein Spaß vorkommen, interessant oder unterhaltsam. Probieren Sie es aus. Sie haben Dinge nötig, die witzig, interessant und unterhaltsam sind. (Die Straße vom negativen zum positiven Denken muß keine beschwerliche sein – ganz und gar nicht!)

2. Manches werden Sie spontan nicht tun wollen, aber irgend etwas in Ihrem Inneren sagt Ihnen, es sei Zeit, es endlich anzupacken. Das Aufgeben schlechter Angewohnheiten ist nur selten ein Spaß, aber der Erfolg, sich erfolgreich von ihnen getrennt zu haben, steigert Ihr Selbstbewußtsein, erfrischt Ihre Stärke und erhöht Ihr Selbstwertgefühl. Es mag vielleicht nicht gerade »witzig« sein, ist aber nichtsdestotrotz die Sache wert.

Wir halten ein breites Angebot an Techniken für Sie bereit. Einige haben Sie vielleicht vor Jahren praktiziert, nun aber keinen Bedarf dafür. Andere brauchen Sie unter Umständen erst Jahre später. Doch manche – davon sind wir überzeugt – werden Ihnen wie maßgeschneidert vorkommen: genau passend. Hören Sie bei der Lektüre auf Ihr Herz, und die Dinge, die für Sie gerade jetzt richtig sind, werden sich schon bemerkbar machen.

Nachdem Sie am Ende des Buches angelangt sind, lesen Sie jene Seiten nochmals, die Sie markiert haben. Sagen Sie Ihnen noch immer zu? Wenn ja, handeln Sie entsprechend.

Eine andere Möglichkeit, zwischen sofort anwendbaren und aufschiebbaren Vorschlägen zu unterscheiden, besteht darin, einen guten Freund – jemanden, der Sie gut kennt und dessen Ansichten Sie schätzen – zu bitten, den zweiten Teil des Buches zu lesen und das herauszusuchen, was seiner oder ihrer Meinung nach das für Sie Passende ist. Natürlich bleibt es Ihnen überlassen, ob Sie diesen Ratschlag befolgen, aber die Einschätzung eines Freundes kann oft recht bedeutsam sein. Sie können sich auch an Ihren Therapeuten, Arzt oder jeden anderen Menschen wenden, den Sie respektieren. Aber vergessen Sie nie: Die letzte Entscheidung liegt bei Ihnen, in Ihrem Herzen.

Wenn Sie dann einmal mit der aktiven Phase Ihres Heilungsprozesses begonnen haben, werden Sie vielleicht feststellen, daß Sie es sich zu leicht machen oder im Gegenteil zu viel angepackt haben. Das werden Sie sehr schnell wissen. Ist es zu wenig, erweitern Sie das Programm. Ist es zu viel, treten Sie kürzer. Aber reden Sie sich unter gar keinen Umständen ein, gescheitert zu sein. Es handelt sich um einen organischen Prozeß. Weinreben »scheitern« nicht, weil sie sich in viele Richtungen drehen und wenden, um der Sonne näher zu sein.

Lesen Sie dann und wann den gesamten zweiten Teil noch einmal. Sie könnten feststellen, daß eine Technik, die Sie ein paar Tage oder Monate lang angewendet haben, längst das gewünschte Ergebnis gebracht hat, daß Sie inzwischen reif für eine neue Technik sind. Und wieder: Hören Sie auf Ihr Herz. Es wird Ihnen sehr genau sagen, zu welchem Zeitpunkt Sie wofür reif sind.

Selbstverständlich ist das nur eine Möglichkeit, diesen Teil des Buches zu nutzen. Es gibt auch jede Menge andere. Zum Beispiel können Sie:

o es auf einer x-beliebigen Seite aufschlagen und die dort gedruckten Ratschläge befolgen,

o alle Seiten herausreißen, in einen Topf werfen, die Augen

schließen und »blind« einen (oder fünf oder zehn) Vorschläge ziehen,

o alle Seiten an ein Schwarzes Brett kleben und mit kleinen Pfeilen werfen, um so Ihre Wahl zu treffen,

o alle Ratschläge buchstabengetreu und der Reihe nach von der ersten bis zur letzten Seite befolgen,

o einen Passanten auf der Straße ansprechen und bitten, eine Technik für Sie auszuwählen. Wiederholen Sie diesen Prozeß, bis entweder eine Übereinstimmung gefunden ist oder Ihnen die Passanten ausgehen.

Es bleibt viel Raum für Flexibilität und Vergnügen bei diesen Vorschlägen.

Das Wichtigste von allem: Lesen Sie dieses Buch nicht nur, *nutzen* Sie es. Packen Sie ein paar der Dinge an. Probieren Sie sie aus. Stellen Sie fest, ob Sie bei Ihnen funktionieren, ob Sie aufbauende Ergebnisse bringen. Ist das der Fall, legen Sie noch ein wenig zu. Wenn nicht, werfen Sie das Buch weg. »Dies ist ein Buch, das man nicht leichthin abtut, sondern kraftvoll weg-schleudert«, hat Dorothy Parker einmal gesagt (glücklicherweise über keins unserer Bücher).

Und nun schleudern (und verlocken) wir Sie kraftvoll (und mit freundlicher Überredung) zu Ihrer Heilung. (Und möge die Große Kraft Ihnen hold sein.)

> Heilen ist eine Frage der Zeit,
> mitunter aber auch eine Frage der Möglichkeit.
> *Hippokrates*

1 × 1 des Todes (Teil 1)

Arm ist, wer den Tod wünscht, aber
ärmer, wer ihn fürchtet.
Sprichwort

Wenn ich auf der Stelle tot umfallen könnte,
wäre ich der glücklichste Lebende!
Samuel Goldwyn

Dies ist ein Schnellkurs in Sachen Tod. Warum Tod? Sie meinen, wir sollten uns eher auf Positives konzentrieren? Sicher, aber zunächst einmal müssen wir die Motivation *hinter* all dem Positiven ergründen.

Wenn Angst vor dem Tod der Grund ist, daß Sie sich eine positivere Einstellung wünschen, wird alles, was Sie tun – ganz gleich, wie positiv das auch sein mag –, immer nur eine Bestätigung und Aufwertung dieser Angst sein.

Solange Sie diese Art bedroht, werden Sie vermutlich mit Ihren Besserungsbemühungen fortfahren. Doch sobald die Furcht fort ist, könnten Sie durchaus zu Ihren alten Verhaltensmustern zurückkehren. Wenn beispielsweise die medizinische Heilmethode für Ihre Krankheit entdeckt ist, brauchen Sie vor dem Tod keine Angst mehr zu haben. Daher könnten Sie das Gefühl bekommen, zu Ihren alten Gewohnheiten des negativen Denkens zurückkehren zu können.

Aber das würde selbstverständlich den Wunsch zu sterben wieder aufleben lassen, und mit Sicherheit wird eine neue Methode zur Verwirklichung dieses Wunsches auftauchen.

Wenn Sie sich an die in diesem Teil des Buches empfohlenen Techniken halten, weil Sie ein erfüllteres, glücklicheres, froheres, liebevolleres und produktiveres Leben führen wollen, dann haben Sie damit ein stabiles Fundament. Wenn Sie diese Methoden in dem verzweifelten Versuch anwenden, dem Sensenmann ein Schnippchen zu schlagen, dann ist das ganze Unternehmen

»schon vor dem Schwur vor dem Altar zum Scheitern verurteilt«, um mit Henry Higgins zu sprechen.

Damit verlangen wir keineswegs, daß Sie angesichts Ihrer Sterblichkeit absolut gelassen sein müssen, damit einer der Ratschläge eine positive Wirkung zeigt. Ganz und gar nicht. Die Angst kann sogar ein guter Antreiber sein, endlich etwas in die Wege zu leiten. Doch die Angst muß nach und nach durch den Wunsch nach einem positiven Resultat ersetzt werden, wenn langfristige Fortschritte erwartet werden. Es ist darüber hinaus ein besseres Gefühl: Vor etwas davonzulaufen, das Sie fürchten, ist weniger erfreulich als auf etwas zuzulaufen, das Sie sich sehnlichst wünschen.

Vor der Angst davonzulaufen verstärkt nur die Angst: Sie demonstrieren damit, daß sie eine ungeheure Gewalt über Sie besitzt. Der Angst muß man die Stirn bieten und sie überwinden. Die Prozedur des »Überwindens« der Angst kommt treffend im Titel des Buches *Fühle Deine Furcht und handle dennoch* zum Ausdruck. (Ein Buch, das keiner von uns gelesen hat, daher können wir es auch nicht empfehlen, aber es hat einen klasse Titel.) Nur so erfahren wir die Wahrheit über die Angst: Daß sie nur eine Illusion ist, nichts Reales.

Aber bevor wir mit unserem kleinen Kurs über den Tod fortfahren, wollen wir kurz ins Klassenzimmer nebenan schlendern, um ein paar Tips zum Thema Furcht mitzubekommen.

> Wenn du dich erst einmal mit deinem Tod abgefunden hast, bist du plötzlich frei für das Leben. Du sorgst dich nicht länger um deinen guten Ruf. Du machst dir keine Sorgen mehr – bis auf die Frage, wie dein Leben taktisch genutzt werden kann: Um einer Sache zu dienen, von der du überzeugt bist.
>
> *Saul Alinsky*

1 × 1 der Angst

Furcht ist die Hauptquelle des Aberglaubens
und eine der Hauptquellen der Grausamkeit.
Die Furcht zu besiegen ist der Anfang der
Weisheit.

Bertrand Russell

Und ob ich schon wanderte im finstern Tal,
fürchte ich kein Unglück; denn du bist bei mir,
dein Stecken und Stab trösten mich.

Psalm 23

Es gibt ein paar Dinge, vor denen man eine durchaus gesunde
Angst empfinden sollte: Gift zu nehmen, von einem Hochhaus
zu springen, Sex mit Gorillas. Denn damit begäbe man sich in
Situationen, in denen der Körper der unmittelbaren Gefahr der
Zerstörung, Verstümmelung oder Vernichtung ausgesetzt wird.

Alle anderen Ängste – diejenigen, denen wir häufig genug
tagtäglich ausgesetzt werden –, sind Illusionen, Einbildungen.
Sie sollten ihnen nicht mehr Einfluß und Autorität über Ihre
Handlungen einräumen als, sagen wir mal, Werbespots im Fernsehen, Wahlversprechungen und Menschen, die uns auf Flughä-
fen Blumen andrehen wollen.

Die meisten Menschen begegnen einer beängstigenden Situation, als wäre die Furcht eine Art Mauer. Doch dabei ist es doch
so, als würden wir auf jemanden zugehen, den wir nicht kennen,
und ganz einfach »Hallo« sagen.

Doch wenn wir uns vorstellen, den Fremden anzusprechen,
beginnt sich die Mauer in uns zu bilden. Und wenn wir darüber
nachdenken, wie der Noch-Fremde reagieren könnte, wird die
Mauer höher. (Die Reaktion des anderen stellen wir uns fast
ausnahmslos als negativ vor: »Lassen Sie mich doch in Frieden!«) Und wenn wir uns schließlich in die Richtung des unbekannten Menschen bewegen, ist die Mauer schon fast undurch-

dringlich. Sie steht wie eine nahezu unüberwindbare Hürde vor uns ... Wir machen kehrt und hören innerlich zwei oder drei Takte von »Es wär' so schön gewesen ...«.

Doch diese Mauer aus Angst *ist nicht real.*

Sie ist eine Einbildung. Wir haben uns nur im Lauf der Zeit eingeredet, sie wäre real. In unseren Kindheitstagen war das vielleicht sogar durchaus nützlich. Unsere Eltern haben uns vielleicht beigebracht, vor allem Neuen Angst zu empfinden. Wir waren zu jung, um den Unterschied zwischen wirklich gefährlichen Situationen und den lediglich aufregenden einschätzen zu können.

Und wenn wir dann alt genug sind, um den Unterschied zu begreifen, ermuntert uns niemand, Risiken einzugehen, neue Gebiete zu erforschen und Ängste als das zu behandeln, was sie nun einmal sind: Illusionen. Die Angst sollte mit den anderen Kindermythen weggepackt werden: dem Weihnachtsmann und dem Osterhasen.

Aber wenn die Angst keine Mauer ist, was ist sie dann? Sie ist ein Gefühl – mehr nicht. Sie wird (und kann) Sie nicht davon abhalten, auf etwas zuzugehen, wenn Sie es ihr nicht erlauben. Die Furcht mag ein großes Theater aufführen, schreien, toben und Ihren Bauch in einen ganzen Käfig voller Schmetterlinge verwandeln – aber sie kann Sie nicht abhalten. Sie selbst sind es, die sich abhalten.

Und die Angst, einen Menschen kennenzulernen, ist eine besonders unsinnige Furcht. Vorausgesetzt, das Ereignis spielt sich nicht an einem Ort ab, an dem Sie in die Gefahr geraten könnten, hinterrücks erstochen zu werden, ist das Schlimmste, was Ihnen zustoßen kann, eine Zurückweisung. Sie werden zurückgewiesen. Na und? Wenn Sie es aber gar nicht erst versuchen, weisen Sie sich selbst zurück und stehen am Ende mit dem gleichen Ergebnis da.

Aber wenn Sie sich überwinden, haben Sie zumindest eine reelle Chance, das zu bekommen, was Sie sich wünschen.

Selbst wenn Sie zurückgewiesen werden, ist diese Erfahrung

für Sie lehrreicher, als wenn Sie gar keinen Versuch unternommen hätten. Sie könnten beispielsweise lernen, daß bestimmte Vorgehensweisen zum Kennenlernen bestimmter Menschen in bestimmten Situationen besser funktionieren als andere. Wir lernen aus unseren Mißerfolgen genausoviel (mitunter sogar mehr) wie aus unseren Erfolgen.

Wenn wir darauf verzichten, alle Möglichkeiten zu erkunden, die *tatsächlich* funktionieren oder nicht funktionieren, sind wir auf unsere Phantasie zurückgezogen und dem, was nur im Film zu klappen scheint.

Auf einem T-Shirt fanden wir folgende Weisheit (ja, wir verfügen über ein breites Spektrum literarischer Quellen): »Wenn man etwas haben will, lohnt es sich, darum zu bitten. Manche sagen ja und manche sagen nein.«

Hier unsere Ratschläge für Sie, um Angst zu überwinden: Machen Sie sich zunächst einmal klar, daß sie da ist, und dann überwinden Sie sie. Gehen sie (physisch) auf das zu, das Sie haben wollen. Rechnen Sie damit, daß die Angst zunimmt. In dieser Hinsicht wird sie Sie selten im Stich lassen. Wenn Sie erst mehrere Male das gemacht haben, wogegen sich Ihre Furcht aufgelehnt hat, wird sie abnehmen, schließlich ganz verschwinden.

»Machen Sie etwas, das Sie noch nie getan haben, dreimal: Einmal, um die Angst zu überwinden, ein weiteres Mal, um herauszufinden, wie man es macht, und ein drittes Mal, um herauszufinden, ob es Ihnen Spaß macht oder nicht«, hat Virgil Thomson gesagt und ist mit dieser Einstellung zweiundneunzig Jahre alt geworden.

Angst ist etwas, durch das man *hindurch muß* – nicht etwas, vor dem man sich *abwendet*. Wenn Sie intensiv in sich hineinhören, werden Sie sogar feststellen, daß der einzige Unterschied zwischen Furcht (einer angeblich negativen Empfindung) und Aufregung (einer angeblich positiven Empfindung) die Bezeichnung ist, die wir ihr geben. Die *Empfindung* ist genau die gleiche. Wir hängen an die Angst nur ein kleines »O

73

nein!« und an die Aufregung ein ebenso kleines »Donnerwetter!« an. Das ist alles.

Und mit dieser Erkenntnis lassen Sie uns zum Thema Tod zurückkehren. (»Donnerwetter!« »O nein!«)

> Ich habe keine Angst vor dem Sterben. Ich
> möchte nur nicht dabei sein, wenn es passiert.
> Es ist unmöglich, den eigenen Tod zu erle-
> ben und dennoch guter Stimmung zu bleiben.
> *Woody Allen*

> Menschen, die intensiv leben, haben
> keine Furcht vor dem Tod.
> *Anais Nin*

1 × 1 des Todes (Teil 2)

Sicher ist der Tod den Geborenen,
Und sicher ist die Geburt den Gestorbenen.
Daher sollst du über das Unvermeidliche
nicht trauern.

Bhagawad Gita, 2,27

Tod, Steuern und Geburten! Für das
alles gibt es einfach keinen
günstigen Zeitpunkt.

Scarlett O'Hara

Wenn man es recht bedenkt, ist die Angst vor dem Tod eine der nutzlosesten Ängste, die wir haben. Der Tod ist eins der wenigen Dinge im Leben, die alle von uns früher oder später durchmachen.

Wenn wir Angst vor dem Tod haben, könnten wir genausogut Angst vor dem Atmen, der Schwerkraft, Filmwiederholungen im Fernsehen und allen anderen Unvermeidlichkeiten unseres Lebens haben.

Unsere Einstellung zu diesem Thema ist ebenso eindeutig wie simpel: Solange Sie die Unausweichlichkeit des Todes nicht akzeptieren, ist es sehr schwer, das Intervall voll zu genießen, das man Leben nennt. (»Dieses seltsame Zwischenspiel«, hat es Eugene O'Neill genannt.) Mit anderen Worten: Wenn Sie Ihre Angst vor dem Tod nicht überwinden, werden Sie Ihr Leben nie richtig schätzen können. Bevor Sie sich nicht mit Ihrem Tod abfinden, werden Sie nie wirklich leben.

PETER: Ein Bekannter von mir wurde während eines Krieges gefangengenommen und zum Tode verurteilt. Man steckte ihn in eine Zelle mit einem Fenster, das auf den Hinrichtungsplatz hinausführte. Tag für Tag, Stunde um Stunde mußte er zusehen, wie seine Kameraden zu einer Mauer geführt und dort erschossen wurden. Er hatte keine Ahnung, wann er an der Reihe sein würde. So ging es sechs Wochen lang. Dann fand der Krieg ein Ende, und er wurde entlassen. Obwohl er einer der meistbeschäftigten Menschen ist, die ich kenne, ist er doch auch einer der ruhigsten und gelassensten. Er weiß, daß das Schlimmste, was ihm zustoßen kann, der Tod ist, und dieser Angst hat er bereits ins Gesicht gesehen. Er hat sich mit ihr abgefunden.

Was also schlagen wir vor – das Kapitel über die Angst im Hinterkopf? Sterben, damit wir die Angst vor dem Tod loswerden? Wäre der Tod nicht so endgültig, wäre das gar keine schlechte Idee. (Haben Sie je beobachtet, wie gelassen und doch verspielt Katzen – mit ihren neun Leben – sind?)

Nein. Wir schlagen vor, daß Sie Ihre Angst vor dem Tod einmal ganz genau betrachten. Lassen Sie sie an sich heran, empfinden Sie sie. Finden Sie heraus, worum es bei dieser Angst eigentlich geht. Denken Sie an die vielen Vorstellungen und Überzeugungen der Menschen darüber, was nach dem Tod geschieht. Ist das alles denn wirklich so schlimm?

Wir wollen einmal ein paar der bekanntesten Vorstellungen unter die Lupe nehmen:

Der Tod ist das Ende. Schluß. Aus. Finito. Sobald das Blut das Gehirn nicht mehr versorgt, haben wir keinerlei Empfindungen mehr, und unsere Zeit auf Erden – die rein biologisch ist und nichts sonst – ist vorüber.

Nun, wenn das so ist, brauchen wir uns doch gar keine Sorgen zu machen. Wir bestehen lediglich aus bioelektrisch-chemischen Reaktionen, und wenn die aufhören, hören Sie auf. Unsere Furcht vor dem Sterben ist nicht bedeutsamer als die Sorgen einer Glühbirne darüber, was wohl geschieht, wenn der Strom abgeschaltet wird. Wenn das Licht aus ist, ist es aus. Basta. Das Ende. Nichts.

Es geht um Himmel oder Hölle (vielleicht auch das Fegefeuer). Nach unserem Ableben werden wir von Gott beurteilt und an einen der drei Orte verwiesen: den Himmel (gut), die Hölle

(schlecht) oder (in wenigstens einer bekannten Glaubensrichtung) ins Fegefeuer (sicher nicht so gut wie der Himmel, aber
auch nicht so schlecht wie die Hölle).

Wenn das auch Ihre Überzeugung ist, dann könnten Sie unter
Umständen eine lebensbedrohliche Krankheit als liebevolle Bot-
schaft Gottes auffassen: »Bereite dich aufs Paradies vor.« Sie
bereiten sich vielleicht so gut vor, kommen Gott so nahe, daß der
Herr fragen könnte: »Würdest du mir einen Gefallen tun?«, und
Sie antworten: »Sicher, welchen?« Dann sagt Gott vielleicht:
»Verweile doch noch acht Jahrzehnte auf Erden und teile die
Freuden des (Wein-)Geistes mit jedem, der dir über den Weg
läuft.«

*Wir kehren immer wieder zurück, bis wir gelernt haben, was wir
wissen müssen.* Die Seele (unser eigentliches Ich) stirbt nie, nur
der Körper stirbt. Wenn die Seele in einem Körper nicht alles
gelernt hat, was sie wissen sollte, sucht sie sich einen anderen
(mit der Geburt) und fährt mit ihrer Ausbildung fort. Was sie
lernen muß? Die vielen Ebenen, Aspekte und Variationen der
Schöpfung Gottes. Das ist allgemein als Reinkarnation bekannt
und weltweit der populärste Glaube im Hinblick auf Leben und
Tod, wenn auch hierzulande nicht besonders bekannt. Falls Sie
dieser Überzeugung anhängen, wird sich das TIME *Magazine*
vermutlich über Sie lustig machen, während ein paar Evangeli-
sten Sie für verdammt halten.

Also, wenn das der Gang der Dinge ist, dann brauchen wir uns
wirklich keinerlei Sorgen zu machen. Wenn wir sterben, ist das
so, als würden wir von einem Zimmer in ein anderes gehen oder
einen Anzug ausziehen, um in einen Hausmantel zu schlüpfen
(aus Seide und mit dem auf die Tasche gestickten Motto: »Was?
Ich soll mir Sorgen machen?«). Der Tod ist dann ein Ruheraum,
eine Umkleidekabine, so etwas wie Sommerferien zwischen den
Semestern.

Manche Leute sagen, der Tod sei ein so wunderbares Erlebnis,
daß entsprechende Schilderungen vor uns geheimgehalten werden müssen, da wir uns sonst alle umbringen würden, um dort-

hin zu gelangen. Wenn wir die Freuden des Jenseits voll und ganz wahrnehmen könnten, würden wir natürlich auch wissen, warum wir überhaupt im Diesseits sind, und dann würden wir uns gar nicht umbringen. Unser Hiersein hat seinen Grund. Wir haben hier eine Aufgabe zu erfüllen.

Wir werden es alle erfahren, wenn wir sterben. Bis dahin wird uns die Todesangst hier im Diesseits halten, während wir weiter das tun, was wir nun einmal zu tun haben. Das Thema und die Poesie machen Hamlets Monolog zu den bekanntesten Zeilen der Weltliteratur. In ihm finden Gedanken und Ängste Ausdruck, die die meisten von uns im Zusammenhang mit dem Tod haben.

Und hier befinden wir uns als verantwortungsbewußte Autoren in einer Zwickmühle. Wir können den Tod nicht *zu* aufregend schildern, denn das würde den Eindruck erwecken, als priesen wir den Selbstmord an. Das tun wir jedoch keineswegs. Ein bißchen Angst vor dem Tod scheint uns eine sehr vernünftige Angst zu sein. Aber es ist der morbide, hauptsächlich unbewußte, ganz automatische Schrecken, den die meisten Menschen empfinden, wann immer das Thema angedeutet wird, den wir für schädlich halten.

Nehmen Sie sich die Zeit, Ihre Angst vor dem Tod zu überwinden. Sie können trotzdem noch hundert Jahre alt werden, aber die Jahre zwischen dem Heute und dann werden glücklichere, gesündere und erregendere für Sie sein. Und wenn der Zeitpunkt zum Sterben gekommen ist – nun, dann gute Reise.

> Sein oder Nichtsein, das ist hier die Frage:
> Ob's edler im Gemüt, die Pfeil' und Schleudern
> Des wütenden Geschicks erdulden, oder
> Sich waffnend gegen eine See von Plagen,
> Durch Widerstand sie enden. Sterben – schlafen –
> Nichts weiter! – Und zu wissen, daß ein Schlaf
> Das Herzweh und die tausend Stöße endet,
> Die unsers Fleisches Erbteil – s' ist ein Ziel
> Aufs Innigste zu wünschen. Sterben – schlafen –

Schlafen! Vielleicht auch träumen! – Ja, da liegt's:
Was in dem Schlaf für Träume kommen mögen,
Wenn wir den Drang des Ird'schen abgeschüttelt,
Das zwingt uns stillzustehn. Das ist die Rücksicht,
Die Elend läßt zu hohen Jahren kommen.
Denn wer ertrüg' der Zeiten Spott und Geißel,
Des Mächt'gen Druck, des Stolzen Mißhandlungen,
Verschmähter Liebe Pein, des Rechtes Aufschub,
Den Übermut der Ämter, und die Schmach,
Die Unwert schweigendem Verdienst erweist,
Wenn er sich selbst in Ruhstand setzen könnte
Mit einer Nadel bloß? Wer trüge Lasten,
Und stöhnt' und schwitzte unter Lebensmüh'?
Nur daß die Furcht vor etwas nach dem Tod –
Das unentdeckte Land, von des Bezirk
Kein Wandrer wiederkehrt – den Willen irrt,
Daß wir die Übel, die wir haben, lieber
Ertragen, als zu unbekannten fliehn.

Shakespeare

Das Sterben

All das muß ich lassen!
Lebt wohl, meine Gemälde,
die ich so sehr geliebt –
und die mich so viel gekostet haben.
Jules Kardinal Mazarin

Wenn du nicht zu den Begräbnissen
anderer Menschen gehst,
kommen sie auch nicht zu deinem
Clarence Day

Der letzte Beitrag zu unserem Schnellkurs in Sachen Tod sind
zehn Ratschläge zum Thema »Sterbe-Tips«. Sie können sie ruhig
zu Ihren Akten nehmen, bis Sie sie brauchen.

Die zehn Ratschläge
1. *Bringen Sie Ihre Dinge in Ordnung.* Besitzen Sie Sachen, von
denen Sie nicht wollen, daß sie andere Menschen zu Gesicht
bekommen? Dann vernichten Sie sie. Besitzen Sie Dinge, die Sie
anderen Menschen zukommen lassen wollen? Dann verschen-
ken Sie sie. (»Machen Sie das Schenken zu Ihrer Stunde, nicht zu
der Ihrer Erben.« Gibran *The Prophet*) Begleichen Sie Verbind-
lichkeiten. Legen Sie schriftlich nieder, was Sie getan haben.
Machen Sie demjenigen, der sich später um Ihre letzten Dinge
kümmern soll, seine Sache so einfach wie möglich.
2. *Machen Sie Ihr Testament.* Entscheiden Sie bei den Dingen,
die nicht verschenkt wurden, darüber, wer was bekommen soll.
Tun Sie das schriftlich. Machen Sie Ihr Testament juristisch
unanfechtbar. Wählen Sie einen Testamentsvollstrecker. Möchten Sie lieber eine Erd- oder eine Feuerbestattung? Entscheiden
Sie über die Art und Weise Ihres Begräbnisses. »Ich will nicht,
daß wohltätigen Institutionen in meinem Namen Spenden über-
wiesen werden. Ich will Blumen, jede Menge Blumen«, hat Bette

Davis gesagt. Wenn Sie ähnlich denken, sagen Sie es. In schriftlicher Form.

3. *Nehmen Sie Abschied.* Abschiede müssen nicht alle an Ihrem Sterbebett stattfinden. Sie können Menschen Lebewohl sagen, sie dann aber für die nächsten fünfzig Jahre täglich sehen. Sagen Sie den Menschen, was sie wissen sollten, falls Sie sie nie wiedersehen. Geben Sie ihnen die Möglichkeit, das gleiche zu tun. Üblicherweise ist das ein einziger Satz: »Ich habe dich sehr lieb.«

4. *Verschwenden Sie keine Zeit mit Menschen, mit denen Sie nicht zusammen sein wollen.* Wenn Menschen hören, daß jemand stirbt, neigen sie dazu, unverzüglich zu einer Wallfahrt aufzubrechen. Viele dieser Leute haben Sie seit Jahren nicht gesehen, und falls Sie noch weitere hundert Jahre leben, werden Sie sie vermutlich auch nie wiedersehen. Verabschieden Sie sich telefonisch. Sagen Sie Ihnen, daß Sie für Besuche nicht in der richtigen Stimmung sind. Sie sind niemandem verpflichtet.

5. *Verbringen Sie Zeit mit sich selbst.* Denken Sie über Ihr Leben nach. Machen Sie Ihren Frieden damit. Verzeihen Sie sich alles. Lernen Sie soviel wie möglich aus dem Geschehen und vergessen Sie den Rest. Trauern Sie um die Verluste in Ihrem Leben. Finden Sie zu einem Stadium des Verstehens und des Sichabfindens. Sie werden unter Umständen überrascht sein, wie leicht Ihnen das gelingt.

6. *Genießen Sie.* Stellen Sie eine Liste der Filme zusammen, die Sie sehen oder wiedersehen wollen. Holen Sie sie sich aus der Videothek. Lesen Sie die Bücher, zu denen Sie bisher nicht gekommen sind. Hören Sie Ihre Lieblingsmusik.

7. *Entspannen Sie.* Schlafen Sie. Tun Sie gar nichts. Ruhen Sie sich aus. Liegen Sie einfach nur so rum. Lehnen Sie sich zurück. Verschnaufen Sie.

8. *Beten Sie.* Gehen Sie in sich. Die Menschen sind bei der Geburt und im Tod Gott am nächsten. Sollten Sie ihn beim ersten Mal verpaßt haben, sehen Sie zu, daß es Ihnen bei seiner Wiederkehr nicht wieder passiert. Welche geistigen und geistli-

chen Überzeugungen Sie auch haben mögen – halten Sie sich an sie. Auch Sie werden nicht fallengelassen.

9. *Erfreuen Sie sich an jedem Augenblick.* Genießen Sie das, was ist. Leben Sie absolut hier und jetzt. Das ist der Ort, an dem die Ewigkeit zu finden ist. Vielleicht haben Sie nur ein paar Hier-und-jetzt-Momente, doch sind das allemal ein paar Augenblicke mehr, als die meisten Menschen je haben.

10. *Wenn der Zeitpunkt zum Gehen gekommen ist, gehen Sie.* Lassen Sie los. Nehmen Sie ein letztes Mal Abschied und halten Sie sich daran. Verabschieden Sie sich so, daß Sie nicht wieder-kommen, nicht einmal zurückblicken möchten. Das Gute neh-men Sie mit sich. Der Rest ist Abschied und Voranschreiten.

Klingen die meisten dieser Ratschläge mehr nach Tips fürs Leben als welche fürs Sterben? Nun, das liegt daran, daß es Lebenstips sind. Der beste Weg zu einem Sterben ohne Be-dauern ist ein Leben, dessen jeder Augenblick voll und bewußt ausgekostet wird. Wenn dann der Zeitpunkt des Todes kommt – ob nun in einer Woche oder in fünfzig Jahren –, ist er nichts anderes als ein weiteres Ereignis in einem ereignisreichen Leben.

> Gält es, jetzt zu sterben,
> jetzt wär' mir's höchste Wonne; denn ich fürchte,
> so volles Maß der Freude füllt mein Herz,
> daß nie ein andres Glück mir, diesem gleich
> im Schoß der Zukunft harrt.
>
> *Shakespeare*

> Saul und Jonathan, holdselig und lieblich
> in ihrem Leben,
> sind auch im Tode nicht geschieden; schneller waren sie
> denn die Adler und stärker denn die Löwen.
>
> *2. Samuel, 1,23*

DAS POSITIVE BETONEN

Beten ist in der Tat gut, aber während der
Mensch die Götter anruft, sollte ein Mensch
sich auch selbst helfen.

Hippokrates

Manche Menschen sagen: »Tun ist Sein«, andere meinen: »Sein ist Tun«. Wir halten uns da eher an Francis Albert Sinatra: »Do, be, do, be, do.« Wie Sie sehen, schrecken wir sogar vor alten Witzen nicht zurück, um die Wichtigkeit des Handelns zu betonen, des Etwas-tun.

Wir scheuen uns auch nicht, Schlager aus den vierziger Jahren hervorzukramen – etwa »Ac-cent-tchu-ate the Positive«. Der Text zu diesem Song wurde von Johnny Mercer verfaßt, die Musik stammt von Harold Arlen. Das Lied aus den dunkelsten Tagen des Zweiten Weltkrieges wurde zum Leitmotto für ein ganzes Land, endlich etwas zu unternehmen. (Einen Krieg zu gewinnen.) Es wurde auch geschafft.

Und Sie können es auch.

Plädoyer gegen
»Positives Denken« (Teil 1)

Auch ist nicht zu leugnen,
daß die Empfindung der meisten Menschen
richtiger ist als ihr
Räsonnement. Erst mit der
Reflektion fängt der
Irrtum an.

Friedrich von Schiller

Wie Sie vielleicht schon dem entnehmen konnten, was Sie bisher
lasen, sind wir gegen negatives Denken. Und wenn wir gegen
negatives Denken eingestellt sind, müssen wir *ipso facto* für
positives Denken plädieren – so sicher, wie die Nacht dem Tag
folgt.

Nein.

Nein?

Nein.

Positives Denken, wie es von vielen Menschen gelehrt und
praktiziert wird, ist zwar nicht so unmittelbar gefährlich wie
negatives Denken, aber es hat deutlich seine Schattenseiten.

Gedanken sind mächtig, mächtiger als die meisten Menschen
vermuten. Sie sind jedoch nicht *allmächtig*. Gedanken sind nicht
alles.

Versuchen Sie doch beispielsweise einmal, eine Seite dieses
Buches umzublättern, ohne physisch etwas zu tun. Berühren Sie
die Seite nicht, bewegen Sie sich nicht, halten Sie das Buch ganz
ruhig und probieren Sie mal, eine Seite mit der Kraft Ihrer
Gedanken umzublättern. Oder versuchen Sie, sich ein Glas Wasser an Ihre Lippen zu denken, den Telefonhörer an Ihr Ohr und
versuchen Sie, rein gedanklich, eine Nummer zu wählen. Sehen
Sie, was wir meinen? Gedanken sind mächtig, aber nicht allmächtig. Auch in Ihrem Körper steckt eine Menge Macht und
Kraft.

Wenn Menschen erstmals herausfinden, wie mächtig Gedanken sind, fangen Sie mitunter an, den Geist so zu verehren, wie manche Menschen Gott anbeten. Sie leugnen die Wahrheit der tatsächlichen Ereignisse und setzen an deren Stelle ein mentales Bild, das ihnen besser gefällt. Das bewirkt eine Trennung zwischen dem Positivdenker und seiner/ihrer Realität. Diese Trennung kann zur Ursache für Desorientiertheit, Verwirrung und schließlich Krankheit werden.

Stellen Sie sich beispielsweise vor, Sie hätten eine kleine Schnittwunde auf der Stirn. Der Positivdenker wird vielleicht sagen: »Dein Kopf ist völlig in Ordnung. Der Schnitt ist nichts weiter als eine Einbildung. *Denk* dir deine Stirn geheilt. *Stell dir vor*, deine Stirn sei intakt.«

Demgegenüber würden wir vermutlich sagen: »Oh, Sie haben sich an der Stirn verletzt. Wir wollen das Blut abwaschen, die Wunde desinfizieren und ein Pflaster drauf tun.« Und während wir ganz physisch tun, was getan werden muß, werden wir Ihnen auch noch den Rat geben, daß Sie sich positiv eine schnelle Heilung vorstellen sollen. Noch wahrscheinlicher ist allerdings, daß wir fragen: »Was ist passiert?« Denn im Sprechen über den Zwischenfall liegt eine gewisse therapeutische Qualität. Außerdem wären wir ganz gewiß neugierig, wie es zu der Schnittwunde gekommen ist.

Aber wenn wir nicht für positives Denken plädieren, wofür plädieren wir dann? Wenn wir gegen negatives Denken sind, müssen wir doch für irgend etwas Positives sein. Das sind wir auch.

Wir raten dazu, sich *auf das Positive zu konzentrieren*.

> Ich bin kein Pessimist. Das Schlechte
> zu erkennen, wo es nun einmal existiert,
> ist meiner Meinung nach eine Art von Optimismus.
> *Roberto Rossellini*

Konzentrieren Sie sich auf das Positive

Warum nur hat mir noch niemand
bisher eine perfekte Limousine geschickt?
Weil es ganz einfach meine Wonne ist,
nur eine vollkommene Rose zu bekommen.

Dorothy Parker

Jeden Augenblick gibt es die vielfältigsten Beweise dafür, daß das Leben sowohl ein Jammertal als auch ein Rosengarten ist. Wie wir unser Leben bewerten, hängt entscheidend davon ab, worauf wir unser Augenmerk richten, das heißt, worauf wir uns konzentrieren.

Ist Ihnen je aufgefallen, daß Sie jedesmal mit einer Rose auch einen dornenbewehrten Blumenstiel erhalten? (Wenn man die Dornen entfernt, welken die Blüten schnell. Floristen ist das bekannt, daher lassen Sie die Dornen dran.) Aber fragen Sie nun: »Warum schenken Sie mir eigentlich diesen dornigen Strunk?« Natürlich nicht. Sie bewundern die Schönheit der Rose. Selbst wenn Sie sich im Überschwang der Gefühle stechen, scheint das überhaupt nicht weh zu tun – Sie sind viel zu beschäftigt, sich an der Blüte zu erfreuen und an dem Menschen, der sie Ihnen geschenkt hat.

Auch jetzt, ohne sich vom Fleck zu rühren, können Sie zahllose Beweise dafür entdecken, daß Ihr Leben eine elende, niederschmetternde, furchtbare Plackerei ist; Sie können aber ebensogut Beweise dafür finden, daß Ihre ganze Existenz ein einziges erregendes, überschäumendes, wunderbares Abenteuer ist.

Lassen Sie uns mit dem Negativen beginnen. Sehen Sie sich doch einmal die Unvollkommenheit um sich herum an. Ganz gleichgültig, wie gut alles ist, es könnte auf jeden Fall besser sein, stimmts? Achten Sie auf Schmutz, Unordnung, Staub. Betrachten Sie die Dinge, die gesäubert, repariert oder ersetzt werden müßten. Sehen Sie sie? Ein schier endloses Chaos von Unvollkommenem, Verbesserungswürdigem, Reparaturbedürftigem beleidigt Ihre Sinne. Einfach widerlich.

Und nun schalten Sie das allzu kritische, nörgelnde Bewußtsein ab und betrachten Sie die gleiche Szenerie mit einer dankbaren und positiven Einstellung.

Betrachten Sie dieselbe Umgebung und suchen Sie das Gute. Sie können gleich mit dem Möbel beginnen, auf dem Sie sitzen oder liegen. Mit Sicherheit ist es doch weicher und angenehmer als ein Betonfußboden. Schauen Sie sich doch einmal die Dinge an, die Sie ganz selbstverständlich benutzen – Glas (sowohl das Ihrer Brille als auch das der Trinkgläser), Tische, Stühle, Fenster, Wände und Decken schützen Sie vor den Elementen. Bedenken Sie das Wunder des elektrischen Lichtes. Vor hundert Jahren hätten Sie schon sehr reich sein oder sehr viel Glück haben müssen, um auch nur eine Glühbirne zu haben. Und Sie besitzen vermutlich mehr als nur eine – dazu einen Fernseher, ein Radio und viele andere der elektronischen Wunderwerke unserer Zeit.

Was empfinden Sie an Ihrer Umgebung als ästhetisch erfreulich? Ein Bild, das Sie schon seit Jahren nicht mehr richtig betrachtet haben? Eine Einzelheit an der Kleidung, die Sie tragen? Eine Blume? Eine Vase? Tapeten? Teppiche? Wann haben Sie sich eigentlich zum letzten Mal die Zeit genommen, *Farben* zu bewundern?

Fällt Ihnen auf, daß Sie sich irgendwie besser fühlen, wenn Sie sich auf das Positive in Ihrer Umgebung konzentrieren? Der Prozeß, daß die Konzentration auf Positives mehr positives Empfinden erzeugt, läßt sich auch auf intimere Dinge Ihrer Umgebung übertragen: beispielsweise Ihren Körper.

Wenn Sie nach Dingen suchen, die bei Ihnen körperlich nicht ganz stimmen, dann werden Sie sie auch finden. Hier Schmerzen, da Pickel, rauhe Stellen dort, zu viel Fettgewebe da unten – die Liste läßt sich nahezu endlos fortsetzen (und je älter wir werden, desto endloser als endlos.)

Aber werfen Sie doch einmal einen Blick auf das, was an Ihrem

Körper in Ordnung ist. Falls Sie Schmerzen im linken Fuß haben, können Sie sich immerhin glücklich schätzen, daß der rechte schmerzfrei ist. Und wie steht es mit all den Abläufen, die wir im Grunde für selbstverständlich halten? Verdauung, Kreislauf, Atmung, Nahrungsaufnahme, Denken – ja, wir denken, ohne daran zu denken, überhaupt zu denken. Und dann wollen wir doch die fünf Sinne nicht vergessen. Für manche Menschen sind die so selbstverständlich, daß sie sie ohne nachzudenken nicht einmal zusammenbekommen. »Warten Sie mal, was war doch gleich der fünfte?«

Es ist, als gäbe es da zwei Anwälte in Ihrem Kopf. Einer davon sammelt Beweisstücke für die These »Das Leben ist grauenhaft«, während der andere an der Beweisführung für den Grundsatz »Das Leben ist herrlich« interessiert ist. Sie sind der Richter und können jeden Beweis verwerfen, den Sie verwerfen wollen. Ihre Entscheidung ist endgültig. Welcher Richterspruch führt wohl zu mehr Freude, Glück, innerem Frieden und Gelassenheit?

Doch Konzentration auf das Positive heißt noch lange nicht, daß Sie bestimmte Warnsignale »negativer« Art übersehen sollten, deren Mißachtung letztendlich zu Unbequemlichkeiten im besten und zu Katastrophen im schlimmsten Fall führen kann. (Wenn wir diese »negativen« Signale zur Vermeidung von Katastrophen nutzen, sind sie schließlich gar nicht so negativ. Manche nennen sie sogar Schutzengel.)

Nehmen wir doch mal an, Sie fahren über die Autobahn, und das kleine rote Lämpchen leuchtet auf und sagt Ihnen, daß Ihr Benzin zur Neige geht. Wir raten Ihnen keineswegs, dieses »negative« Signal zu übersehen und sich statt dessen darauf zu konzentrieren, wie wundervoll es doch ist, daß die anderen Warnsignale nicht aufleuchten. Wir raten Ihnen, sich ein bißchen Benzin zu besorgen.

Und hier ist der Punkt, an dem es zu *negativem* Denken kommen kann. Die negative *Realität* besteht darin, daß Sie nur noch wenig Benzin im Tank haben. Das negative *Denken* zeigt sich in der Litanei: »Ob wohl das Benzin noch bis zur nächsten Tankstelle reicht? Was mache ich, wenn es nicht reicht? Hier bin ich doch am A ... der Welt. Und wenn mich nun ein paar dieser Autobahngangster überfallen? Und wenn ich die Tankstelle erreiche – wird die dann auch meine Kreditkarte nehmen? Ich wette, hier draußen ist das Benzin viel teurer als in der Stadt. Ich wette auch, daß es bestimmt eine von diesen Selbstbedienungstankstellen ist. Die Pumpe wird dreckig sein, und meine Hände werden nach Benzin stinken. Ich hätte es wissen sollen. Warum habe ich den Tank auch nicht in der Stadt aufgefüllt? Warum bin ich immer so träge und dumm?« Und so weiter und so weiter.

Während dieser inneren Tirade (die sich bei den meisten fortgeschrittenen Negativdenkern in etwa fünf Sekunden abspielt) tritt der Fahrer oder die Fahrerin in seiner/ihrer Nervosität üblicherweise aufs Gas und vergeudet so nur noch mehr Benzin.

Wir schlagen Ihnen vor, die negativen Informationen zur Kenntnis zu nehmen und zu entscheiden, was damit anzufangen ist (welche Kurskorrektur vorzunehmen ist), um sich dann wieder auf Positives zu konzentrieren (in diesem Fall die Musik, die Landschaft draußen oder die Mitfahrer), während Sie sich darum bemühen, das Negative zu »eliminieren«.

Im Falle möglicher Krankheiten empfiehlt es sich, die Symptome zu beachten, es empfiehlt sich jedoch nicht, sich unnötig in sie zu vertiefen. Ein Positivdenker würde die Anfangssymptome einer gefährlichen Krankheit ignorieren und eine Heilung somit schwierig oder gar unmöglich machen. Der Negativdenker wiederum neigt dazu, aus jedem Mückenstich Hautkrebs werden zu lassen.

Aufs Positive Konzentrierte entscheiden sich für den Mittelweg. Sie beachten Symptome genau, um sie ihrem Arzt korrekt schildern zu können. Sie vereinbaren einen Termin. Darüber hinaus sehen sie jedoch nur wenig Sinn darin, die Symptome unnötig zu begrübeln, daher wenden sie sich wieder den positiveren Dingen zu.

In Anbetracht der These, daß es jederzeit und überall hinlänglich Beweise dafür gibt, daß das Leben sowohl wunderbar als auch schrecklich ist, wollen wir uns nun einmal ansehen, wie sich das bei uns auf geistigem Gebiet auswirkt: in unseren Erinnerungen an Vergangenes, in unseren Erwartungen des Künftigen.

Auch hier können wir uns in Negativem verstricken: »Gestern war ich ein ausgemachter Trottel«, »Als ich sechs war, wollte Tommy nicht mit mir spielen«, »Ich muß nächste Woche zum Zahnarzt, und ich hasse den Zahnarzt.«

Wir können aber auch positiv denken: »In diesem Jahr bekomme ich den Oscar«, obwohl wir noch nie in einem Filmatelier gestanden haben. »Nächste Woche mache ich eine Wandertour und campe«, wenn wir gerade eine komplizierte Operation überstanden haben. »Ich habe viele prachtvolle Freunde«, wenn das Telefon schon seit zwei Wochen nicht mehr geklingelt hat.

Wir können uns aber auch auf die guten Erinnerungen konzentrieren sowie auf realistische Zukunftspläne, die uns Freude machen: »Der Film gestern abend im Fernsehen war wirklich sehr gut«, »Morgen kommt Helen zu Besuch. Es wird sicher sehr schön«, »Das Buch, das ich mir bestellt habe, muß jeden Tag ankommen.«

Sicher, es ist eine gute Sache »für den Augenblick zu leben«, aber wer schafft das schon unablässig? Und wenn man schon mit Erinnerungen an die Vergangenheit und Plänen für die Zukunft lebt, können Sie die genausogut zu *guten* Erinnerungen und *erfreulichen* Plänen machen.

Wir werden Ihnen später ein paar Methoden vorstellen, mit denen Sie Ihre Phantasie so richtig ausleben können. Das kann sehr wertvoll sein. Wir reden hier von absolut alltäglichem, »gewöhnlichem« Denken. Unserer Überzeugung nach müssen Negativdenker ihren Kopf aus der Gosse und Positivdenker den ihren aus den Wolken holen. In der goldenen Mitte Ihrer Weisheit können sie sich dann treffen.

Ist es uns gelungen, den Unterschied zwischen *positivem Denken* und der *Konzentration auf das Positive* deutlich genug zu machen? Es ist ein feiner, aber entscheidender Unterschied. Positives Denken malt sich alles und jedes in den glühendsten

Farben aus – unabhängig davon, wie die Realität des Lebens aussieht. Konzentration auf das Positive geht von der Realität aus, von dem, was tatsächlich geschieht – und führt dann nach vorn, in eine erfreuliche Richtung.

Wann wollen Sie die Gegenwart schätzenlernen, wenn Sie Ihre ganze Zeit in einer positiven Zukunft verträumen? Die Gegenwart ist die Zukunft, von der Sie lange genug geträumt haben. Genießen Sie sie.

> Versuchen Sie an Liebe oder
> so was zu denken.
> *Christopher Fry*

> Welch herrliches Leben ich doch hatte!
> Ich wünsche nur, ich hätte es früher bemerkt.
> *Colette*

Plädoyer gegen »Positives Denken« (Teil 2)

Optimismus, sagte Candide, ist die Manie, alles
für gut zu halten, während alles wirklich schlecht läuft.

Voltaire

Es gibt da die Geschichte von einem Meister, der auf der Straße einen toten Hund verwesen sah. Seine Schüler bemühten sich, das unappetitliche Tier vor seinen Blicken zu verbergen, doch der Meister sah hin und meinte: »Was für perlenweiße Zähne.« Sogar inmitten von Verwesung und Gestank gab es doch immer noch etwas zu bewundern.

Der Meister beteuerte jedoch keineswegs (wie manche Positivdenker), daß der Hund »nur schläft«. Der Meister warf kein Stöckchen und rief: »Rover, faß!« Der Meister nahm die Realität zur Kenntnis und fand dann an ihr doch noch etwas Gutes.

Positivdenker nutzen positives Denken als eine Möglichkeit, ihre Unfähigkeit zu rechtfertigen, den Augenblick so zu nehmen wie er ist. Sie verfügen über lange Listen von »sollte« und »könnte« und flüchten sich in positive Gedanken (es sei denn, die Wirklichkeit entspricht dem eingebildeten Zustand der Vollkommenheit, was sie aber fast nie tut), um sich zu bestätigen, daß dank ihrer Gedanken die künftige Situation der Welt für alle eine bessere sein wird.

Mit anderen Worten: Manche Menschen benutzen das positive Denken als eine heuchlerische Form der Verleugnung.

Ein ernstes Problem im Zusammenhang zwischen positivem Denken und Krankheiten – besonders lebensbedrohlichen Krankheiten – ist die Frage, was gegen die Erkrankung unternommen wird. Wenn Ihnen gesagt wird, sich einen gesunden Körper zu »denken«, Sie dann aber kränker werden, könnten Sie dazu neigen, sich selbst die Schuld an der Verschlimmerung zu geben. »Wenn ich doch nur positiver gedacht hätte! Dann würde es mir inzwischen längst wieder gutgehen. Wo habe ich versagt?«

Das trifft ganz besonders auf Positivdenker zu, die von Wunderheilungen erzählen. »Wenn Sie nur positiv genug denken und glauben, können auch Sie eine Wunderheilung erleben.« Nun, vielleicht – vielleicht aber auch nicht.

Es bedarf schon einer Menge negativen Denkens – in manchen Fällen Jahrzehnte –, um eine Krankheit entstehen zu lassen. Warum sollte sie mit einer oder zwei Wochen positiven Denkens wieder vorüber sein?

Wunder schätzen wir alle, und wir haben schon etliche erlebt, aber auf Wunder ist nun einmal kein wirklicher Verlaß. Wäre es anders, wären es keine Wunder. Wir halten uns da an das pragmatische Glaubensbekenntnis: »Erhoffe das Beste, rechne mit dem Schlimmsten und bereite dich auf den Mittelweg vor.«

Sollten Sie eine Wunderheilung erlebt haben – wundervoll! Freuen Sie sich. Wenn es Ihnen langsam, aber ständig besser geht – großartig! Wenn Sie die übliche Folge von Hochs und Tiefs haben, die ernste Krankheiten gemeinhin begleiten, dann suchen Sie sich jeden Tag etwas, wofür Sie dankbar sein können – jeden Tag, jede Stunde, jede Minute.

Jedesmal, wenn Sie etwas finden, bringt Sie das innerlich zum Lächeln. Bekennen Sie sich zu Ihrem Leben, und es wird sich bessern.

Positives Denken läßt nur eine Kluft zwischen dem entstehen, was Sie sind, und dem, was Sie Ihrer Meinung nach sein »sollten«. Im Fall einer lebensgefährlichen Krankheit hat aber ein »sollte« keinen Platz. Sie sind glücklicher und werden vermutlich auch schneller gesund, wenn Sie sich von soviel »sollte« wie möglich verabschieden. (Mehr darüber später.)

Und nun wollen wir ein Gebiet erkunden, auf dem wir mit Positivdenkern im Streit liegen: Wie man auf Verluste reagiert. Positivdenker neigen zu der Feststellung: »Es gibt keine Verluste, nur die Chance für neue Erfahrungen. Frohlocke!« Wir sagen: Verluste schmerzen. Sie machen auch zornig. Das ist natürlich.

Das ist menschlich. Den Schmerz und den Zorn mit Floskeln zu bagatellisieren oder zu leugnen kann bei weitem mehr schaden als nutzen.

> Ein Optimist sieht vielleicht ein Licht,
> wo gar keins ist; aber warum muß der
> Pessimist immer hinlaufen und es auspusten?
> *Michel de Saint-Pierre*

Lernen Sie zu trauern

Trostlos verharrend
schau ich nach oben.
Der Mond und die Sterne
kreisen am Himmel.
Vergebliche Suche!
leer ist die Kammer.
Oh, Weh über mich,
einsam zu liegen.
Könnt ich doch folgen,
ach, sterben wie er!
Schwermut und Kummer hätten ein Ende!

Tsau Pi

Das Leben ist eine ganze Reihe von Abschieden. Im Laufe der
Zeit trennen Sie sich von Menschen (durch Umzüge, berufliche
Veränderungen oder sogar Tod) sowie von »Dingen« (der Ju-
gend, dem straffen Körper, den Sie einmal besaßen, Haaren,
wertvollem Besitz und so weiter). Und schließlich verabschieden
Sie sich mit Ihrem Tod von allem.

Trauern zu können, Schmerz zu empfinden, sich richtig zu
verabschieden ist ein unschätzbares Instrument.

Wenn man einen Verlust erleidet, durchlaufen Geist, Körper
und Emotionen einen Prozeß der Heilung, so natürlich und so
wundersam wie die Heilung einer physischen Verletzung. Sich
verloren zu fühlen, traurig, verletzt, ängstlich und verwirrt ist ein
ganz natürlicher Bestandteil dieses Heilungsprozesses.

Die Menschen erholen sich von Verlusten in drei verschiedenen, aber einander überschneidende Phasen. Die erste ist
Schock/Verleugnung, die zweite Aufbegehren/Depression, die
dritte Sichfügen/Einsicht.

Unabhängig von der Art des Verlustes – von einem nicht
erhaltenen Telefonanruf bis zum Tod eines geliebten Menschen –
durchläuft der Körper die gleichen Phasen der Rekonvaleszenz.
Der einzige Unterschied ist die Zeit, die er braucht, um jedes

einzelne Stadium hinter sich zu lassen, und die Intensität der Empfindungen auf jeder Ebene.

Das erste Stadium ist Schock/Verleugnung. Wenn wir von einem Verlust hören, besteht unsere erste Reaktion für gewöhnlich in einem »O nein!«. Wir können nicht glauben, was wir gerade gehört haben. Wir erstarren.

Diese Fähigkeit zur Ablehnung und Erstarrung ist ein Segen. Katastrophale Verluste sind zu schwer, um spontan ertragen werden zu können. Es wurde vermutet, daß bei manchen Menschen tödliche Krankheiten sehr langsam verlaufen, weil sie lange Zeit brauchen, sich zu verabschieden.

Die nächste Phase Zorn/Depression wird am häufigsten mit Verlust assoziiert. Wir begehren gegen Situationen, Menschen, Dinge und das »unfreundliche Schicksal« auf, die den Verlust »verursacht« haben. Wir weinen. Wir sind traurig. Wir empfinden Schmerz. Wir empfinden kaum noch Lust zum Weitermachen (Depressionen).

Am schwierigsten ist es wohl, den Zorn zu akzeptieren, den man – ausgerechnet – gegen den Menschen empfindet, der stirbt (selbst wenn es sich dabei um einen selbst handelt). »Warum läßt du mich allein?« will eine innere Stimme wissen. Es ist so schwer, weil wir in unserer Kultur niemanden als verantwortlich für den eigenen Tod halten – es sei denn, es handelt sich eindeutig um einen Selbstmord. Selbst Menschen, die an Lungenkrebs sterben, nachdem sie dreißig Jahre lang täglich zwei Schachteln Zigaretten geraucht haben, werden irgendwie für den eigenen Tod nicht als verantwortlich gesehen.

Wir behaupten durchaus nicht, daß jemand tatsächlich schuld zu sprechen wäre – außerdem sind Schuldzuweisungen eine so sinnlose Aktivität. Sie sollten jedoch wissen, daß es absolut normal ist, auf einen Menschen zornig zu sein, wenn er stirbt – oder wütend auf sich selbst wegen des eigenen Todes. Das ist ein natürliches Stadium der Erholung, das man durchlaufen muß. Wie gesagt: durchlaufen, nicht darin verharren.

Schließlich gelangen wir zum Sichfügen, zur Einsicht. Wir

akzeptieren die Realität. Was ist, ist schließlich, was es ist, ob wir uns deshalb nun elend fühlen oder nicht. Daß wir uns elend fühlen, ändert nichts an der Realität. Wir kommen zur Einsicht, daß unser Aufbegehren, unser Klagen das Geschehene nicht ändern wird, es macht uns nur noch elender. Und was hätte das schon für einen Sinn?

JOHN-ROGER: Ein ganz ausgezeichnetes Buch zum Thema emotionale Verluste, Weiterleben, Trauern und Wiederherstellung ist eine von Peters früheren Veröffentlichungen mit dem Titel »How to Survive the Loss of a Love«.

PETER: Ich bin bei weitem zu bescheiden, es zu erwähnen, aber da es John-Roger nun einmal angesprochen hat, möchte ich Ihnen mitteilen, daß Melba Colgrove Mitautor ist. Man erhält das Buch in den meisten größeren Buchhandlungen. (Es ist bei Bantam Books, New York, deutsche Erstausgabe 1993 im Verlag Ullstein, erschienen.)

Unsere Informationen über das Trauern fügen wir in das Kapitel »Betonen Sie das Positive« ein, weil Trauern eine positive menschliche Eigenschaft ist. Es gibt uns die Flexibilität, auf eine Veränderung zu reagieren. Es ist durchaus nicht negativ, über einen Verlust Schmerz und Zorn zu empfinden. Das ist eine ganz natürliche menschliche Reaktion. Negativ wird es erst, wenn der Heilungsprozeß – der im Grunde ein Geschenk ist – verweigert wird.

Akzeptieren Sie den Prozeß. Akzeptieren Sie die Erstarrung, den Schmerz, den Zorn, die Trauer, die Tränen, und akzeptieren Sie schließlich das Akzeptieren. Das Akzeptieren des Akzeptierens kann schwierig sein. Menschen werden vielleicht von Ihnen erwarten, daß Sie länger trauern, als Sie selbst es für nötig halten, oder auch verlangen, daß Sie früher »damit aufhören«. Menschen bieten Trost häufig aus der eigenen Trostlosigkeit heraus an. »Nun, nun«, sagen sie, »es ist ja schon alles gut«, wenn im Grunde ganz und gar nichts gut ist.

Trauern braucht seine Zeit. Eine Verleugnung der Wahrheit, daß Verlust schmerzt, verzögert diesen Prozeß nur. Nehmen Sie

sich Zeit zum Trauern, sich »ordentlich« zu verabschieden. Wenn
Sie an dem Punkt angelangt sind, Ihren eigenen Tod zu verstehen
und zu akzeptieren (wirklich zu verstehen und zu akzeptieren,
kein mental konstruiertes Verständnis zu zeigen), liegt darin die
Fähigkeit, den gesamten Lebensprozeß zu verstehen und zu
akzeptieren.

> Scheine freundlich hier,
> Warme Sommersonne;
> Weh sanft hier, warmer Südwind;
> Grünes Erdreich, lieg leicht, sei leicht –
> Gute Nacht, geliebtes Herz,
> Gut Nacht, gut Nacht.
>
> *Mark Twain*
> (Grabinschrift für seine Tochter)

Entscheiden Sie sich jetzt

Ich habe euch Leben und Tod,
Segen und Fluch vorgelegt, daß du
das Leben erwählest und du und dein Same
leben möget.

5. Buch Mose, 30,19

Es ist Zeit für Sie, eine Entscheidung zu treffen. Die Wahl, die wir meinen, ist die große Entscheidung: zu leben oder zu sterben (»Sein oder Nichtsein«). Und wie entschieden Sie sich, wenn Sie diese Wahl unwiderruflich treffen müßten?

Das Problem ist nur, diese Entscheidung hat einen gewissen Pferdefuß.

Wenn Sie sich im tiefsten Innern klar sind - aus welchen Gründen auch immer -, nicht mehr weiterleben zu wollen, kann dieses ganz bewußte Wissen dazu beitragen, Ihnen eine Menge Verwirrung, Qual und Pein zu ersparen. Wenn Sie ein Flugzeug nach Cleveland besteigen, hat es doch auch nur wenig Sinn, sich selbst und anderen gegenüber zu klagen: »Aber ich will doch gar nicht nach Cleveland.«

Doch selbst wenn Sie zum Sterben entschlossen sind, ist das Vermeiden negativen Denkens dennoch wichtig. Negative Gedanken vergiften »den Augenblick«, und die Zeit zwischen dem Jetzt und Ihrem Tod können Sie auch auf angenehme Weise verbringen.

Die Ironie liegt darin, daß Menschen, die »aufgegeben« haben und den Augenblick genießen, sehr häufig erkennen, daß das Leben an sich eine ganz wunderbare Sache ist. Sie begreifen, daß es nicht das Leben an sich war, das den Todeswunsch ausgelöst hat, sondern ihre *Reaktion* auf das Leben.

Dann übernehmen sie mitunter ein negatives Denkmuster nach dem Schema »Ich will ja eigentlich gar nicht sterben«, das nun wiederum den Augenblick vergiftet und das Leben weniger lebenswert macht. Also fragen sie sich nun, warum sie überhaupt noch leben, sie könnten genausogut sterben und so weiter und so weiter.

Auf die Frage, ob sie leben oder sterben wollen, erwidern andere Menschen – spontan und mit großer Emphase: »Ich will leben!« Diese Menschen könnten nun wiederum sehr viel Zeit damit zubringen, gegen den Tod anzukämpfen, so daß ihr Leben zur Qual wird, zum peinigenden Ringen, bis sie sich schließlich ebenfalls fragen: »Was soll's eigentlich?«

Sehen Sie nun den Pferdefuß, der in der Wahl steckt, sich unwiderruflich für das Leben oder für den Tod zu entscheiden?

Die Entscheidung zu leben oder zu sterben ist keine, die spontan und auf Dauer getroffen werden kann. Das ist nun einmal so. Sie wird in jedem individuellen Moment gefällt – so oder so. Und diese Entscheidung zeigt sich *in Handlungen*.

Wenn Sie an lebensabträglichen Aktivitäten teilnehmen, wenn Sie sich in Pessimismus vergraben und negativem Denken anhängen – unabhängig davon, welche Einstellung Sie zu Ihrem Denken haben –, dann, ja dann würden wir sagen, Sie sind im Moment dabei, sich für das Sterben zu entscheiden.

Wenn Sie jedoch an lebensbestätigenden Aktivitäten teilnehmen und sie mit positiver Einstellung und Begeisterung genießen, dann – ja dann würden wir sagen, daß Sie sich in diesem Moment für das Leben entscheiden. (Enthusiasmus ist ein herrliches Wort. Es kommt vom griechischen *en-theos* und heißt eins [*en*] mit Gott [*theos*] oder von Gott inspiriert zu sein. Wir übersetzen es gern mit »eins mit der göttlichen Energie sein«.) Sollten Sie sich in diesem Moment fragen: »Will ich leben oder sterben?«, dann erwidern wir: »Prüfen Sie, was Sie gerade tun, empfinden und denken, dann wissen Sie die Antwort.« Unternehmen Sie alles Ihnen Mögliche für Ihre Gesundheit, Ihr Glück und Ihre positive Einstellung? Und tun Sie es mit der Einstellung: »Das wird mich gesünder, glücklicher und zuversichtlicher machen«? Oder stöhnen Sie eher: »Wenn ich dieses verdammte Gesundheitszeug nicht mache, werde ich dahinsiechen und sterben. Ich will aber nicht sterben. Also, was bleibt mir übrig?«

Prüfen Sie häufiger Ihre Gedanken, Gefühle und Aktivitäten. Stellen Sie sich einen Wecker – sagen wir mal auf zeitliche Abstände von jeweils einer Stunde. Und wenn der Wecker klingelt, halten Sie – egal, was Sie gerade tun – inne und erforschen Sie ganz aufrichtig, wo Sie sind und was sie – geistig, emotional und physisch – getan haben, seit der Wecker das letzte Mal geklingelt hat.

Wenn es lebensbestätigend, erfreulich und positiv war, können Sie sich gratulieren. Wenn nicht, können Sie Kurskorrekturen vornehmen. (Passagierflugzeuge befinden sich bei ihrem Flug über Wasser während 95 Prozent der Zeit abseits ihres Kurses, gelangen aber trotzdem ans Ziel. Das Navigationssystem an Bord nimmt ständig kleine Kurskorrekturen vor.)

Sollte Ihre Beurteilung der Zeit zwischen dem Weckerklingeln eine gewisse negative Haltung andeuten – seien Sie nicht überrascht. Ärgern Sie sich nicht. Ändern Sie ganz einfach die Situation.

Negativ über die eigene Negativität zu denken ist eine der trickreichsten Fallen, die das Negative bereit hält. Es sieht so aus, als würden Sie durchaus der Meinung sein, daß negatives Denken schädlich ist – in der Tat so schädlich, daß es sich lohnt, über sein Auftreten verärgert zu sein. Und wenn Sie feststellen, daß Sie sich darüber ärgern, verärgert zu sein, ärgern Sie sich wiederum darüber. Und so weiter und so fort.

Lassen Sie es. Verzeihen Sie sich. Nehmen Sie die Korrekturen vor, die Ihnen notwendig erscheinen. Aber tun Sie etwas. Bewegen Sie sich vorwärts. (Später werden wir Ihnen dazu besondere Techniken an die Hand geben.)

> Bestimmung ist keine Frage des Zufalls,
> es ist eine Frage der Entscheidung. Sie
> ist nichts, auf das man warten könnte,
> sondern etwas, das errungen werden muß.
> *William Jennings Bryan*

Sagen Sie ja
zum Leben

Bis man sich aufrichtig verpflichtet hat,
zögert man, bleibt ineffektiv
und klammert sich immer an die Möglichkeit,
einen Rückzieher zu machen.
Im Hinblick auf jegliche Initiativen
und kreative Akte gibt es aber
eine elementare Wahrheit,
und dadurch, daß viele nicht um sie wissen,
scheitern zahllose Ideen und großartige Pläne.
Sie besagt, daß in dem Moment,
in dem man eine wirkliche Verpflichtung eingeht,
auch die Vorsehung das Ihrige zu tun beginnt.
Es ergeben sich plötzlich alle möglichen Hilfen,
die einem sonst nie zuteil geworden wären.
Die Entscheidung hat eine regelrechte Flut
von Ereignissen zur Folge. Sie bewirkt
zu unseren Gunsten unterschiedlichste,
unvorhergesehene Vorkommnisse, Begegnungen
und materielle Hilfeleistungen,
von denen sich zuvor niemand etwas
hätte träumen lassen.
Und so habe ich für einen Goethe-Vers
größte Achtung entwickelt:
Säume nicht, dich zu erdreisten,
wenn die Menge zaudernd schweigt!
Alles kann der Edle leisten,
der versteht und rasch ergreift.

W. H. Murray
in »The Scottisch Himalayan Expedition«

Egal, wie Ihrer *Meinung* nach Ihre Entscheidung über Leben oder Tod ausfällt: Sagen Sie ja zum Leben.

Damit meinen wir keineswegs die feste Absicht, viele, viele Jahre weiterleben zu wollen. (Wie viele Jahre »sollten« wir übrigens leben?) Wir meinen vielmehr, daß Sie jeden Augenblick bewußt, produktiv, glücklich und erfüllt leben – daß Sie sich der Gesundheit, dem Wohlergehen und dem Glück widmen sollten, nicht als fernem Traum, sondern als Hier-und-heute-Realität.

Sie wissen vielleicht nicht ganz genau, wie das anzustellen ist, aber das »Wie« sind nur Techniken. Wenn erst einmal das Engagement da ist, entsteht aus diesem Engagement ein Verlangen, und dann stellen sich die Techniken von selbst ein. Anstatt zu sagen: »Ich weiß nicht, wie ich ein erfülltes Leben führen soll, daher kann ich mich auch nicht dafür stark machen«, sollten Sie sich erst einmal engagieren, um dann herauszufinden, wie das Engagement am besten zu verwirklichen ist.

Das alles kann in einer unserer Lieblingsaussagen zusammengefaßt werden: »Der Wille, etwas zu tun, schafft die Fähigkeit, es zu tun.« Seien Sie willens, Ihr Leben so erfüllt wie möglich zu leben. Dann werden sich die Fähigkeiten, Methoden und Möglichkeiten zeigen.

Leben Sie
Ihr Leben jetzt

Verschiebe nichts auf morgen, was du auch
noch übermorgen tun kannst.

Mark Twain

Verschieben Sie Ihr Leben nicht auf Zeiten, in denen es Ihnen
»besser geht«. Das ist vermutlich nur der neueste in einer Reihe
von Gründen dafür, daß Sie bislang noch nicht erfüllt, nicht
»richtig« gelebt haben. (»Das mache ich, wenn ich älter bin.«
»Das mache ich, wenn ich mehr weiß.« »Das mache ich, wenn ich
ein bißchen mehr Geld habe.« »Das mache ich, wenn ich einen
wirklich guten Freund gefunden habe.« »Das mache ich, wenn
ich die Zeit dazu habe.« »Das mache ich, wenn . . .«)

Erinnern Sie sich an all die Dinge, die Sie bereits auf »später«
verschoben haben, und vergessen Sie nicht: Inzwischen ist es
längst »später«.

Fangen Sie endlich an, die Dinge zu tun, die Sie schon immer
tun wollten. Fangen Sie endlich an, den Augenblick zu genießen
(indem Sie an jedem einzelnen etwas Erfreuliches finden).

Wir erwarten keineswegs von Ihnen, daß Sie unverzüglich alle
großartigen Pläne in die Tat umsetzen, die Ihre blühende Phantasie je erdacht hat. (»Ich wollte schon immer der Herrscher der
Welt sein.«) Wir erwarten lediglich von Ihnen, daß Sie entschieden gegen die Versuchung ankämpfen zu sagen: »Wenn mein
Leben etwas besser läuft, werde ich auch in der Lage sein, mich
auf positive Dinge zu konzentrieren.«

Fangen Sie jetzt damit an.

Wir haben einen Hang zu Verzögerungstaktiken. Wir schieben
zu gern unangenehme Aktivitäten auf, aber leider auch die erfreulichen. Wir knausern mit Freude, Zufriedenheit und Glück,
als wären sie rationiert. Aber der Vorrat daran ist unbegrenzt (wie

übrigens auch der Vorrat an Elend, Schmerzen und Leid). Wir rationieren freiwillig und grundlos.

Wenn Sie sich nur genügend umsehen, finden Sie all die »einsichtigen« Gründe, aus denen Sie Ihr Leben nicht so genießen können, bis sich bestimmte Dinge geändert haben. Wir vertreten jedoch die Ansicht, daß sich lediglich Ihr Blickwinkel ändern muß, damit Sie sich Ihres Lebens freuen können. Halten Sie Ausschau nach all den positiven Dingen, die *gerade jetzt* in Ihnen und um Sie herum geschehen. Wenn Sie die erst entdeckt haben, werden Sie sich logischerweise sehr viel wohler fühlen.

Im Leben gibt es für uns entweder Gründe oder Resultate. Haben wir nicht, was wir haben wollen (Resultate), halten wir für gewöhnlich eine lange Liste von durchaus einsichtigen Gründen dafür parat, warum wir über die Resultate nicht verfügen. Wir neigen zum Erklären. Doch das ist a) eine Energieverschwendung, b) ein überzeugendes Argument dafür, daß wir nicht haben können, was wir uns wünschen, was c) wiederum ein Grund sein kann, nicht mehr leben zu wollen.

Wir schlagen daher vor: Wenn Sie nicht bekommen, was Sie sich wünschen, sollten Sie weder Zeit noch Energie auf die Suche nach möglichen Erklärungen verwenden, sondern nach einem anderen Weg suchen, es doch noch zu bekommen. Sollten Sie um sich herum nichts Positives entdecken können, blicken Sie einfach noch einmal um sich, mit »neuen Augen«. Nehmen Sie einen neuen Blickwinkel ein. Was halten Sie für selbstverständlich und können es daher nicht mehr richtig schätzen? Und wenn Sie noch immer nichts finden, dann halten Sie einfach die Luft an. Nach wenigen Minuten werden Sie es sehr zu schätzen wissen, wieder atmen zu können.

> Das ist die wahre Freude im Leben:
> für einen Zweck benutzt
> zu werden, den man selbst als einen großen erkannt hat;
> völlig verbraucht zu werden, bevor man auf den

Abfallhaufen geworfen wird, eine Naturkraft
zu sein statt eines selbstsüchtigen kleinen
Häufchens von Leiden und Beschwerden,
das sich darüber beklagt, daß sich nicht
die ganze Welt damit beschäftigt, einen
glücklich zu machen.

George Bernard Shaw

Stärken Sie
Ihren Lebenswillen

Der Tod ist nicht der größte Verlust.
Der größte Verlust ist das, was in uns
stirbt, während wir leben.
Norman Cousins

Der Lebenswille kann gestärkt und gekräftigt werden. Mit Sicherheit haben Sie zumindest ein bißchen Willen zum Leben, denn sonst wären Sie längst nicht mehr unter uns. (Wenn Menschen ihren Lebenswillen verlieren, siechen sie sehr schnell dahin.)

Darüber hinaus sind Sie schon recht weit in einem Buch gekommen, dessen Thema ganz offenliegend ein Plädoyer fürs Leben ist. Mit den Lebenshilfe-Büchern ist es eigenartig: Menschen, die für sie noch nicht reif sind, lesen sie nicht. Ihr Verlangen zur Selbstverwirklichung ist noch nicht geweckt. Daher würden sie ein solches Buch zur Seite legen und nicht wieder zur Hand nehmen. Da Sie jedoch schon so weit mit der Lektüre gekommen sind, würden wir behaupten: Ihr Lebenswillen ist bereits recht ausgeprägt.

Der Lebenswille kann durch eine sehr einfache, aber oft unangenehme Methode gestärkt werden.

Die Methode besteht darin, vor einen Spiegel zu treten, sich in die Augen zu sehen und laut immer wieder zu sagen: »Ich will leben.«

Für gewöhnlich kommen dann die vielen Überlegungen, Gefühle und Einstellungen an die Oberfläche, die das Verlangen, *nicht* leben zu wollen, bewirkt haben. Sie werden sich unter Umständen verlegen, ängstlich, minderwertig, töricht, dumm, wütend oder deprimiert fühlen. Das sind durchaus keine angenehmen Empfindungen, und daher neigt man dazu, sie zu vermeiden, den Prozeß zu stoppen.

Wir schlagen Ihnen jedoch vor, bei der Stange zu bleiben.

Denn hinter der ganzen Angst, dem Zorn, dem Gefühl der Unwürdigkeit und der Frustration steckt das ganz natürliche Verlangen, zu leben – die Liebe, die Sie für sich selbst und für Ihr Leben empfinden. Wenn Sie diese Liebe mit Ihrem Lebenswillen verbinden und bestätigen, dann wird dieser Lebenswille gekräftigt. Ihr Verlangen zu leben wird stärker.

Sie können es sooft Sie wollen wiederholen, aber gehen Sie es langsam an. Setzen Sie sich eine Zeitspanne, sagen wir eine Minute. Wenn Sie mit dieser Minute gut auskommen können, dann verlängern Sie auf zwei Minuten. Dann drei. Dann vier.

Wir schlagen vor, daß Sie vor Beginn darum bitten, daß ein weißes Licht Sie umgibt, erfüllt und beschützt – damit alles, was sich während dieses Prozesses ereignet, nur zu Ihrem Besten ist. (Mehr über das weiße Licht später.)

Obwohl zeitweise unangenehm, verschafft Ihnen die Aussage »Ich will leben« nicht nur ein verstärktes Verlangen zu leben, sondern auch ein Diagramm Ihrer eigenen Negativität. Sehen Sie da vor allem Zorn und Angst? Mit welchen Argumenten überzeugen Sie sich selbst, minderwertig zu sein? Welche Gefühle und Gedanken haben Sie dazu gebracht, vor dem Leben davonlaufen zu wollen? Der Prozeß vor dem Spiegel wird diese Fragen schon nach kurzer Zeit beantworten.

Vor allem geht es dabei darum, Ihren Lebenswillen zu stärken – nicht notwendigerweise um eine bestimmte Anzahl von Jahren zu leben, sondern jeden Moment des Lebens voll auszukosten.

Wenn Sie sich nur sorgsam um den Augenblick kümmern, werden die Jahre schon für sich selbst sorgen.

> Der Mensch, der leben will,
> kann nahezu alles ertragen.
> *Friedrich Nietzsche*

Der Wille
zur Veränderung

Trotz Krankheit, sogar trotz des Erzfeindes Leid,
kann man lange über den üblichen Zeitpunkt des Zerfalls hinaus vital bleiben,
wenn man Veränderungen nicht fürchtet,
intellektuell unersättlich neugierig bleibt,
an großen Dingen interessiert
und über kleine glücklich ist.

Edith Wharton

»Das Universum ist Veränderung; unser Leben ist, was unsere Gedanken daraus machen.« Klingt das in Ihren Ohren nicht wie ein radikales Motto des New Age? Es war nicht einmal so neu, als Mark Aurel (121–180) es gesagt hat.

Das Überwinden negativen Denkens mag ein paar größere Veränderungen – nicht nur mentale, auch emotionale und physische – an dem abverlangen, was man im allgemeinen als Lebensstil bezeichnet. Vielleicht müssen Sie Ihren Job wechseln, Ihre Wohnung, die Stadt, in der Sie leben, Freunde, Kleidung, Gewohnheiten, alles mögliche. »Gott verändert nicht den Zustand eines Volkes, bis es selbst seinen eigenen Zustand verändert«, heißt es im Koran, Sure 13,11.

Wollen Sie, daß es Ihnen besser geht, dann seien Sie bereit für Veränderungen, halten Sie sich für den Wechsel offen. Laden Sie positive Veränderungen in Ihr Leben ein, begrüßen Sie sie. Vergessen Sie nicht: »Im Leben ist nichts so beständig wie der Wechsel.« (Noch mehr metaphysisches Psycho-Blabla? »Alles fließt«, sagte Heraklit um 500 vor Christi Geburt.)

Wenn Sie sich in eingefahrenen Gleisen bewegen, wenn Sie gewohnt sind, unerträgliche Situationen zu ertragen, sind Veränderungen unter Umständen ganz und gar nicht angenehm und gar nicht so leicht. Es bedarf Mut, einen ehrlichen Blick auf das eigene Leben zu werfen und zu entdecken, was da nicht mehr funktioniert, um das dann zu ändern. »Mut ist Überwindung der Angst – nicht die Abwesenheit von Angst«, mahnt uns Mark Twain.

Sollten Sie mit einer lebensgefährlichen Krankheit konfrontiert sein, bleibt Ihnen – offengestanden – gar keine Wahl. (Wir gehen davon aus, daß Sie sich zum Leben entschlossen haben.)

Was auch immer Sie im Moment als Ihr Leben vorfinden, ist das Ergebnis Ihrer Gedanken, Gefühle und Handlungen bis zum heutigen Tag. Wenn Sie wollen, daß sich Ihr Leben ändert, besser wird, müssen Sie Ihr Denken, Empfinden und Handeln ändern.

So einfach ist das? Einfach, aber nicht notwendigerweise leicht. Nicht notwendigerweise leicht, aber notwendig. »Das Leben schrumpft oder expandiert in den Proportionen des persönlichen Mutes«, hat Anais Nin gesagt.

Werfen Sie einen gründlichen, aufrichtigen Blick auf alles in Ihrem Leben. Entscheiden Sie, über welche Dinge, Situationen und Menschen Sie am häufigsten negativ denken. Lösen Sie sich davon. Ja, auch davon. Das, von dem Sie gerade noch gedacht haben: »Wenn ich nur . . . loswerden könnte . . . Aber ich traue mich nicht!«

Auch davon. Trauen Sie sich.

Werfen Sie's raus. Setzen Sie's vor die Tür.

Mit anderen Worten: Ändern Sie.

> Mut ist der Preis, den das Leben dafür fordert,
> daß es Frieden gewährt.
> Die Seele, die das nicht weiß,
> kennt keine Erlösungen
> von Kleinlichkeiten;
> kennt nicht die bleiche
> Einsamkeit der Angst,
> noch Bergesgipfel, wo wilde Freude
> das Rauschen von Schwingen hören kann.
>
> *Amelia Earhart*

Sie *müssen* gar nichts tun

Das richtige Wort ist ein machtvolles Mittel.
Wann immer wir auf eines dieser ungemein
wichtigen Worte kommen, ist die Wirkung
sowohl physisch wie geistig und blitzschnell.
Mark Twain

Was Sie auch tun: Tun Sie es nur, weil Sie sich dazu entschlossen haben, nicht aus einem falsch verstandenen Pflichtgefühl heraus oder auf eine Anordnung hin.

Mitunter müssen Menschen sehr weit getrieben werden, bis sie endlich erkennen, daß ihr Leben ihnen gehört, nicht den Anforderungen und Wünschen anderer. Wenn Sie an einer möglicherweise lebensgefährlichen Krankheit leiden, dann sind Sie sehr weit getrieben worden. Wenn Sie einsehen, daß es *Ihr* Leben ist, wird es Ihnen sehr viel leichter fallen, die nötigen Schritte zu tun, um wieder »zurück«, zu sich selbst zu kommen.

Sagen Sie sich – und das laut und vernehmlich: »Ich *muß* gar nichts tun.« Sprechen Sie es ein paarmal aus. Spüren Sie das Gefühl von Erleichterung, von Freiheit, von Entlastung?

Sie können hinzufügen: »Und was ich tun möchte, kann ich auch tun.«

Zusammengenommen sind diese beiden Sätze eine hübsche (und vielleicht notwendige) Bestätigung: »Ich muß gar nichts tun. Und was ich tun will, kann ich auch tun.«

Wiederholen Sie das – laut oder auch für sich – möglichst häufig.

Gehen Sie Menschen und Situationen aus dem Wege, die Sie aufregen

Ich habe nur »Ja«-Männer um mich.
Wer braucht schon »Nein«-Männer?
Mae West

Meiden Sie Dinge, Menschen, Situationen und Ereignisse, die Sie ablehnen. Drehen Sie ihnen den Rücken zu. Beschäftigen Sie sich mit etwas anderem.

Manche werden das vielleicht Feigheit nennen. Wir nennen es Weisheit. Die Welt ist randvoll von Dingen, Menschen und Ereignissen. Wir könnten sie gar nicht alle kennenlernen und erleben, selbst wenn wir zehntausend Jahre alt werden würden. Warum befassen Sie sich also nicht mit denen, die Ihnen gefallen, die Sie erfreuen?

Sicher, es gibt gewisse Situationen, in denen Sie C wollen, aber A und B passieren müssen, um C zu erreichen. In diesen Fällen konzentrieren Sie sich fest auf C. Rufen Sie sich beständig in Erinnerung, warum Sie sich auf A und B einlassen. Sagen Sie sich, daß Sie C bald erreicht haben werden und daß C die Anstrengung wert ist.

Ein paar Beispiele für Sachen, die Sie meiden sollten: Partys, die Sie nicht besuchen wollen, Menschen, mit denen Sie nicht zusammen sein wollen, Fernsehsendungen, die Sie nicht sehen wollen (aber glauben, es tun zu müssen), Filme, die sich alle Welt angeschaut hat, die aber auf Sie keinerlei Reiz ausüben, und so weiter.

Dieser Vorschlag ist das exakte Gegenteil zu der »Stell dich den Dingen«-Haltung mancher Lebenshilfebücher. Diese Veröffentlichungen behaupten, daß Konfrontation den Menschen weiterbringt.

Sicher, Widrigkeiten und Konflikte sind hervorragende Lehrer. Wir müssen jedoch tagtäglich mit genügend Widrigkeiten fertig werden. Wir brauchen sie nicht auch noch zu *suchen*. Im Gegenteil: Die Widrigkeiten suchen Sie, und viele davon werden leider nicht vermeidbar sein. Das ist dann der Zeitpunkt dafür, Gelassenheit, Geduld und Nachsicht zu praktizieren.

Wenn Sie aber Unerfreulichkeiten vermeiden können, dann tun Sie es auf jeden Fall.

> Liebe deinen Nächsten wie dich selbst,
> aber wähle dir deine Nachbarschaft aus.
> *Louise Beal*

Beten Sie nicht die Meinung anderer nach

Sie heißt Öffentliche Meinung. Sie erfreut
sich großer Wertschätzung. Sie regelt alles.
Für manche ist es Gottes Wort. Doch Loyalität
zu versteinerten Ansichten hat noch nie eine
Kette zerbrochen oder einen Menschen befreit.

Mark Twain

Manche Menschen (seien wir ehrlich: die *meisten* Menschen) tun
Dinge, die sie eigentlich gar nicht tun wollen (oder unterlassen
Dinge, die sie im Grunde tun wollen), weil sie Angst davor
haben, was andere über sie sagen oder von ihnen halten könnten.

Wir nennen das »Nachbetung der Meinung anderer Menschen«. Die Ansichten anderer werden wichtiger als die eigenen
Wünsche, Sehnsüchte und Bedürfnisse. »Die öffentliche Meinung ist mächtiger als die Gesetzgebung und fast so mächtig wie
die Zehn Gebote«, hat Charles Dudley Warner gesagt. Wir opfern dem Großen Gott der Meinung viel: Glück, Selbstachtung,
Freiheit. Und diese Meinung ist oft genug ungenau. »Die Wahrheit ist absolut«, schrieb Wendell Phillips, »aber Meinungen
werden von der Stimmung, von Temperament und Disposition
des Betrachters beeinflußt.«

Ist Ihr Selbstvertrauen ausgeprägt, dann wird die Meinung
anderer (die diese wiederum von anderen übernommen haben,
die diese wiederum von wieder anderen bezogen hatten) nicht
so einflußreich sein. »Die öffentliche Meinung ist im Vergleich
mit unserer privaten Meinung ein schwacher Tyrann. Was der
Mensch von sich hält, entscheidet sein Geschick«, hat Thoreau
gesagt.

Und wenn man schon Thoreau zitiert, dann sollte man auch
Emerson nicht vergessen: »Es ist einfach, auf Erden der Weltmei-
nung entsprechend zu leben; es ist einfach, in der Abgeschlos-
senheit der eigenen Meinung entsprechend zu leben; doch der

wahrhaft großartige Mensch ist der, der sich inmitten der Masse die Unabhängigkeit der Einsamkeit bewahrt.«

George John Whyte-Melville hat es einfacher ausgedrückt: »Bei der Wahl eines Pferdes und einer Frau sollte ein Mann nur auf sich hören und die Meinung und den Rat von Freunden mißachten.«

Aber wenn Sie in der Freiheit Ihrer Gedanken und Wünsche leben wollen, müssen Sie die gleichen Freiheiten natürlich anderen zubilligen. Lernen Sie, das Verhalten anderer Menschen zu akzeptieren, die nicht in die Schablone Ihrer eigenen Ansichten passen. (Beispielsweise die Meinung, daß andere Menschen keine Ansichten über Sie haben sollten.)

Immer wenn Sie merken, daß Sie an anderen etwas auszusetzen haben, sollten Sie Ihre Ansichten überprüfen. Betrachten Sie Ihre Meinungen als das, was sie sind: Meinungen, keine Wahrheiten. Und Meinungen sind es nicht wert, sich über sie zu erregen.

Die Ansichten anderer über Sie und Ihre Ansichten über andere können die Ursachen für eine Menge höchst überflüssiger Gedanken sein. (Alle negativen Gedanken sind überflüssig, aber die Schuldgefühle, Ängste und Verärgerungen, die aus Meinungen entstehen, sind besonders überflüssig.)

Lernen Sie dagegen die Verschiedenartigkeit der Menschen zu schätzen. Stellen Sie sich doch einmal vor, wie langweilig es auf der Welt wäre, wenn wir alle gleich denken, sprechen und handeln würden. (Verbringen Sie doch einmal einen Sommerurlaub in Maine, dann wissen Sie, was wir meinen. Doch nein, lassen Sie es – glauben Sie einfach unserer Überzeugung.)

»Es wäre ganz und gar nicht gut, wenn wir alle gleich wären«, sagt uns Mark Twain. »Es ist die Vielfalt der Meinungen, die uns die Pferderennen gebracht haben.« Freuen Sie sich über Unabhängigkeit, wo immer sie sich zeigt. Lernen Sie die Eigenheiten schätzen, die Launen, Schrullen und Ticks der anderen Menschen. Das wird Ihnen helfen, die eigenen anzuerkennen.

Man spricht von der Tyrannei Neros und
Tiberius'; aber die wahre Tyrannei ist
die Ihres Nachbarn. Die öffentliche Meinung
übt einen durchdringenden Einfluß aus und
fordert Gehorsam. Sie verlangt von uns,
die Gedanken anderer Menschen zu denken,
die Sprache anderer Menschen zu sprechen,
den Gewohnheiten anderer Menschen zu folgen.

Walter Bagehot

Gefällt
Ihnen Ihr Job?

Ich möchte auf meine eigene Weise arbeiten,
dem Licht entsprechend, das in mir ist.

Lydia Maria Child

Die Heimkehr von deiner Arbeit sollte in der
Befriedigung geschehen, die diese Arbeit dir
und den Bedürfnissen der Welt nach dieser Arbeit bringt.
So ist das Leben ein Paradies oder kommt diesem sehr
nahe. Ohne das – mit einer Arbeit, die du verachtest,
die dich langweilt, die die Welt nicht braucht – ist
das Leben die Hölle.

William Edward Burghardt Du Bois

Mister Du Bois wußte, wovon er sprach: Diese Erkenntnis teilte
er seinem neugeborenen Urenkel an seinem neunzigsten Geburtstag mit. Er liebte seine Arbeit (unter anderem war er Grün-
der der NAACP, der Nationalen Vereinigung zur Förderung der
farbigen Bevölkerung) und dachte gar nicht daran, vor seinem
fünfundneunzigsten Geburtstag den Geist (und seine Arbeit)
aufzugeben.

Die meisten Menschen stellen sich die Trennung zwischen
Arbeit und Spiel vor wie Mark Twain: »Arbeit ist das, was der
Körper aus einer Verpflichtung heraus tut. Spiel ist das, wozu der
Körper nicht verpflichtet ist.«

Andere halten sich jedoch eher an Shakespeare, der heraus-
fand: »Wäre das ganze Jahr ein reines Vergnügen, wäre Kurzweil
so mühsam wie Arbeit.« Oder mit den Worten von Jerome
Klapka Jerome: »Es ist unmöglich, sich uneingeschränkt am
süßen Nichtstun zu erfreuen, wenn man nicht sehr viel Arbeit zu
erledigen hat.«

Wenn Sie einen Job haben, den Sie verabscheuen, sich mit
Dingen befassen müssen, die Sie verachten, mit Menschen, die Sie
nicht mögen, suchen Sie sich eine andere Arbeit. »Wenn du nicht

117

mit Liebe bei deiner Arbeit bist, sondern nur mit Widerwillen«, sagt uns Kahlil Gibran, »wäre es besser, deine Arbeit aufzugeben.«

Arbeit beansprucht nun einmal zuviel von Ihren wachen Stunden, als daß Sie sie zu einer Plackerei werden lassen sollten. »Jeder wirklich fähige Mensch, egal auf welchem Gebiet er tätig ist«, schrieb Emerson, »beschreibt, wenn man offen mit ihm spricht, seine Arbeit, wie sehr er sie auch bewundern mag, als weit weniger als das, was sie sein sollte.« (Wenn man Thoreau zitiert, sollte man auch Emerson zitieren, aber nicht unbedingt andersherum.)

Suchen Sie sich einen Job, der Ihnen Freude bereitet. Aber bevor Sie ihn gefunden haben, werden Sie unter Umständen erst einmal Ihren Beruf finden, Ihre Berufung. »Gesegnet der Mensch, der seinen Beruf gefunden hat«, sagt Carlyle, »mehr Segnungen darf er nicht erwarten.«

»Damit Menschen mit ihrer Arbeit zufrieden sind«, sagt uns John Ruskin, »sind drei Dinge erforderlich: Sie müssen dafür geeignet sein. Sie dürfen nicht allzuviel davon tun. Und sie sollten ein Erfolgsgefühl daraus ziehen können.«

Die Vorstellung von »Arbeit« beinhaltet irgendwie, daß Sie da etwas tun, das Sie ohne Belohnung nicht tun würden. Für die meisten Menschen ist diese Belohnung Geld. Sollten auch Sie die Belohnung für Arbeit vorrangig mit Geld assoziieren, raten wir Ihnen, die Belohnung zu ändern. Versuchen Sie es doch einmal mit Freude. Oder mit »Dienst« – dem Wissen, daß Sie anderen Menschen etwas geben, was die wirklich brauchen.

Vielleicht brauchen Sie Ihren Job gar nicht zu wechseln. Vielleicht sollten Sie nur Ihre *Einstellung* zur Arbeit ändern. Über Arbeit und Arbeiten ist im Lauf der Jahre viel Gutes gesagt worden: »Hinter der Arbeit: Der Träumer, der seinen Traum verwirklicht!« (Berton Braley) »Arbeit bewahrt uns vor drei großen Übeln: Langeweile, Laster und Not.« (Voltaire) »Arbeit ist die Sense der Zeit«. (Napoleon)

Wenn Sie Ihre Träume verwirklichen wollen, wird dazu Arbeit nötig sein: Sie müssen etwas tun, von dem Sie nicht übermäßig begeistert sind, um ein ersehntes Ziel zu erreichen. Einer, der es wissen sollte, Thomas Alva Edison, sagt uns: »Für harte Arbeit gibt es keinen Ersatz.«

Manche Menschen sehen Arbeit religiös. Der Wahlspruch des Benediktinerordens ist: »Orare est laborare, laborare est orare.« (Beten ist Arbeiten, Arbeiten ist Beten.) Andere, wie Carlyle, sahen sie poetisch: »Alle Arbeit ist gesäte Saat; sie keimt und wächst und sät sich wieder aus.« Während wieder andere wie unser guter alter Freund Mark Aurel unumwunden schroff äußern: »Wenn du morgens zu träge bist aufzustehen, halte dir stets vor: Ich erhebe mich zu menschlicher Arbeit.«

Wir bezweifeln, daß das einen von uns aus den Federn bringen würde, aber das würde vielleicht Gibran mit seinem Ausspruch gelingen: »Arbeit ist sichtbar gemachte Liebe.«

Wenn wir uns Arbeit als Ausdruck von Liebe vorstellen, kann jede Arbeit erfüllend und befriedigend sein.

Als Angestellter bei McDonald's könnten Sie beispielsweise statt »O Gott, laß bloß keine neue Busladung von Touristen einen neuen Big-Mac-Angriff starten!« auch denken: »Ich trage dazu bei, Nahrungsmittel zur Verfügung zu stellen, damit diese Menschen ihre Reise besser genießen können.« In beiden Fällen wickeln Sie die gleiche Anzahl Hamburger ein, packen genauso viele Fritten in Tüten. Doch mit der einen Einstellung fühlen Sie sich mies, mit der anderen besser, da Sie »fürs Gemeinwohl sorgen«.

Wenn Sie also Ihre Arbeit verabscheuen, wechseln Sie entweder den Job, oder ändern Sie Ihre Einstellung zu Ihrem Job. Verlieren Sie sich nicht in negativen Gedanken darüber.

Vielleicht sagen Sie nun: »Ich kann es mir nicht leisten, diesen Job aufzugeben.« Wenn Sie Ihre Arbeit aber hoffnungslos verabscheuen, können Sie es sich nicht leisten, ihn zu behalten.

Falls Sie unter einer lebensbedrohlichen Krankheit leiden, ist die Wiederherstellung Ihrer Gesundheit Ihr Job Nummer eins. Und bis Job Nummer eins getan ist, bleibt alles andere nur Stückwerk.

Ich arbeite nicht gern – das tut keiner –,
aber ich mag das, was in der Arbeit liegt:
die Möglichkeit, sich selbst zu finden.
Die eigene Wirklichkeit – für sich, nicht
für andere – etwas, was kein anderer Mensch
je kennen wird.

Joseph Conrad

Was Sie auch tun –
es macht Sie stärker

Der Geist der Selbsthilfe ist die Wurzel aller echten
Vervollkommnung des Individuums und bildet –
wie sich im Leben so vieler zeigt –
die wahre Quelle nationaler Vitalität
und Kraft. Hilfe von außen ist in ihrer Wirkung häufig
schwächend, aber Hilfe von innen stärkt und kräftigt
ausnahmslos.

Samuel Smiles

Eine kraftvolle Geisteshaltung wird auf die gleiche Weise erworben wie körperliche Kraft: durch Wiederholung. Die Handhabung von Gewichten stärkt die physische Kondition. Die Handhabung der Gedanken stärkt die geistige Kondition.

Sie haben sich vielleicht angewöhnt, negativ zu denken. Diese Gewohnheit hat sich durch die Wiederholung negativer Gedanken über Jahre hinweg verfestigt. Erst die Wiederholung hat die Gewohnheit ausgebildet.

Ihre Konzentration auf Positives könnte daher nur schwach ausgeprägt sein; sie könnte sogar kaum mehr vorhanden sein. Um sie zu stärken, sollten Sie üben. Und zwar oft. Im Gegensatz zu sportlichen Übungen werden Sie danach am Morgen nur selten mit einem Muskelkater aufwachen.

Entscheiden Sie, auf welchem Gebiet Sie stärker werden sollen, und Sie werden stärker werden: durch Handeln.

Verpflichtungen

Ich bin anders als Washington. Ich habe
höhere, wertvollere Prinzipien.
Washington könnte nicht lügen.
Ich kann lügen, aber ich will nicht.

Mark Twain

Wenn Sie in Ihrem Leben glücklich sein wollen, halten Sie alle
Verpflichtungen ein, aber erwarten Sie nicht, daß die anderen
ihre einhalten.

Wenn wir uns zu etwas verpflichten, geben wir »unser Wort«.
Und etwas so Wichtiges und Schwerwiegendes wie Ihr Wort
sollte nicht auf die leichte Schulter genommen werden. Wenn wir
unser Wort nicht halten, fängt etwas in uns an, uns selbst zu
mißtrauen. Und im Lauf der Zeit sammelt sich die Wirkung nicht
eingelöster Versprechen an. Man beginnt, ernsthafte Selbstzweifel zu entwickeln und fühlt sich absolut nicht mehr wohl.

Die Selbstzweifel nähren Minderwertigkeitsgefühle und verursachen Erschöpfung, Verwirrung, einen Mangel an Eindeutigkeit
und ein ganz allgemeines Gefühl von »Ich schaffe es nicht«.

Parallel zu dieser Auflösung unserer Beziehung zu uns selbst,
kommt es zu einer Zerstörung unserer Beziehungen zu anderen
Menschen. Wenn Sie eine Reihe von Verpflichtungen eingehen,
Versprechen abgeben, die aber nicht halten, vertrauen Ihnen die
Menschen nicht mehr – bestenfalls. Im schlimmsten Fall kommt
es zu jeder Menge Enttäuschungen, verletzter Gefühle, Verärgerung, Verrat, Isolation und so weiter.

Daher liegt es auf der Hand: Wenn Sie allzu freigebig mit Ihren
Verpflichtungen (entweder sich selbst oder anderen gegenüber)
sind, pflügen, wässern und düngen Sie den Boden, auf dem
negatives Denken gedeiht.

Um das zu ändern – und weitere Düngung zu vermeiden –,
haben wir hier ein paar Vorschläge:

1. *Versprechen Sie nichts, was Sie nicht einhalten können.* Wenn

Sie nicht sicher sind, dann sagen Sie es. Wird ein aufrichtiges Vielleicht als nicht ausreichend angesehen, dann sagen Sie lieber nein.

2. *Gehen Sie nur Verpflichtungen ein, die Ihnen wichtig sind.* Ist eine Verpflichtung wichtig genug, werden Sie sie auch einhalten. Ist sie nicht bedeutsam genug, gehen Sie sie erst gar nicht ein.

3. *Lernen Sie nein zu sagen.* Versprechen Sie nichts, das zwar für einen anderen Menschen wichtig ist, aber nicht für Sie, nur um die Gefühle anderer nicht zu verletzen. Denn wenn Sie es tun, werden Sie entweder a) das Versprechen nicht halten und so weitere Enttäuschungen verursachen oder b) das Versprechen halten, aber Ihre eigenen Gefühle verletzen. Es ist besser, von vornherein nein zu sagen.

4. *Bleiben Sie im Gespräch.* Sobald Sie wissen, daß Sie eine Verpflichtung nicht einhalten können, sagen Sie es dem anderen. Auch wenn Sie *glauben*, sich nicht an Ihr Versprechen halten zu können, lassen Sie das den anderen wissen. Und erklären Sie nicht nur: »Ich schaffe es nicht, Entschuldigung.« Sprechen Sie ausführlich darüber, »verhandeln« Sie neu. Ein Versprechen zu verändern ist eine Bitte um einen Gefallen. Bitten Sie freundlich.

5. *Schreiben Sie Ihre Verpflichtungen anderen gegenüber auf.* Führen Sie ein Notizbuch und halten Sie Ihre Versprechen fest; a) hilft das, sie nicht zu vergessen, und b) vermeidet es Terminkonflikte.

6. *Schreiben Sie Ihre Verpflichtungen sich selbst gegenüber auf.* Halten Sie folgendes auf der ersten Seite Ihres Notizbuches fest: »Alle Verpflichtungen mir gegenüber bedürfen der Schriftform. Alles andere sind lediglich gute Einfälle.« Das verhindert, daß Sie den guten Einfall, am nächsten morgen um sechs Uhr früh joggen zu gehen, bereits für eine Verpflichtung halten. Wenn es aber eine Verpflichtung ist, dann notieren Sie: »Jogging, sechs Uhr früh.« Und halten Sie sich daran.

7. *Erklären Sie Dinge für beendet.* Sollten bei Ihnen ein halbes Dutzend angefangene Bücher aufgeschlagen herumliegen und Staub fangen, erklären Sie Ihre Lektüre daran für beendet. Verse-

hen Sie sie mit Lesezeichen und legen Sie sie fort. Sagen Sie sich: »Vorerst bin ich mit ihnen fertig.« Sie können sie jederzeit wieder zur Hand nehmen, doch im Moment befreien Sie sich von einer Verpflichtung sich selbst gegenüber, die so wichtig nicht ist. Das gleiche gilt auch für Verpflichtungen anderer gegenüber. Wenn Sie ganz sicher sind, an etwas nicht teilnehmen zu wollen, obwohl andere das von Ihnen erwarten, sagen Sie ihnen, daß Sie fernbleiben werden. Es ist verblüffend, wieviel Energie es in Ihnen freisetzen kann, bestimmte Dinge für beendet zu erklären.

8. *Verzeihen Sie sich.* Verzeihen Sie sich alle in der Vergangenheit nicht eingelösten Versprechen. Verzeihen Sie sich auch, daß sie wütend auf sich waren, diese Versprechen nicht gehalten zu haben. Und wenn Sie schon einmal dabei sind, verzeihen Sie sich auch gleich alle Versprechen, die Sie in Zukunft nicht einhalten werden. (Mehr über die Methode des Verzeihens später.)

Es könnte für das Einhalten Ihrer Verpflichtungen durchaus nützlich sein, die drei Hauptgründe zu kennen, aus denen Menschen Versprechen brechen. Es sind

1. *Anerkennung.* Wir versprechen etwas, das wir im Grunde nicht tun wollen, weil wir befürchten, andernfalls könnte jemand auf uns ärgerlich werden. Das Problem ist nur, daß wir damit unsere Selbstachtung verlieren – ein schlechtes Geschäft;

2. *Bequemlichkeit.* Es ist bequemer, sich nicht an eine Verpflichtung zu halten. Das ist eigentlich falsch verstandene Bequemlichkeit. Wollen Sie beispielsweise abnehmen, und es erscheint Ihnen ganz bequem, trotzdem ein Stück Kuchen zu essen, ist die Post-Kuchen-Un-behaglichkeit mit Sicherheit größer als die, auf den Kuchen zu verzichten;

3. *Rebellion.* Für Rebellen ist das Nichteinhalten von Versprechen ein automatischer Reflex auf das Gefühl, beschränkt, eingegrenzt und behindert zu sein. Besonders widerspenstig reagieren Rebellen auf a) Autoritäten und b) Forderungen. Unglückseligerweise kann Rebellion gegen ärztliche Anweisungen (eine Autorität, die etwas fordert) fatale Auswirkungen haben.

Vereinbarungen zu halten und solche, die Sie gar nicht einhalten wollen, erst gar nicht zu treffen, ist eine gute Möglichkeit, etwas über Ihr Verlangen nach der Anerkennung anderer zu erfahren und darüber, wie man das durch Selbstanerkennung ersetzt, wie Sie Ihre *»Behaglichkeitszone«* erweitern können, um dadurch mehr Freiheit zu haben und sich von automatischem, gedankenlosem Aufbegehren zu bewußter, absichtsvoller Kooperation weiterzuentwickeln.

Der zweite Teil unseres kleinen »Geheimnisses des Glücks« ist simpel: Immer, wenn jemand ein Versprechen Ihnen gegenüber nicht einhält – vergessen Sie es. Entlassen Sie die andere Person innerlich sofort aus ihrer Verpflichtung. Stellen Sie sich einfach vor, sie hätte Ihnen gegenüber die logischste Begründung und die beste Entschuldigung der Welt vorgebracht.

Zu erwarten, daß Menschen ihre Versprechungen halten, ist a) nicht realistisch und b) eine Einladung für Ärgernisse.

Wenn jemand ein Versprechen nicht hält – besonders jemand, den Sie sehr schätzen –, könnte das Erinnerungen an frühere Ereignisse und Gefühle wachrufen, bei denen Sie sich im Stich gelassen, verraten und verkauft vorgekommen sind. Nutzen Sie vielmehr die Gelegenheit, diese Erinnerungen zu heilen. Fügen Sie sich nicht weitere Ungerechtigkeiten zu. (Mehr über das Heilen von Erinnerungen später.)

> Um herauszufinden, ob jemand ehrlich
> ist, stellen Sie ihm diese Frage. Wenn er ja sagt,
> wissen Sie, daß er ein Gauner ist.
> *Groucho Marx*

> Liebe die Wahrheit,
> aber entschuldige den Irrtum.
> *Voltaire*

Die Denken-Fühlen-Handeln-Pyramide

Tom betrat den Bürgersteig mit einem Eimer Farbe
und einem langstieligen Pinsel. Er betrachtete
den Zaun, und aller Frohsinn fiel von ihm ab.
Eine tiefe Melancholie überkam sein Gemüt.
Dreißig Meter Lattenzaun, zweieinhalb Meter hoch.
Das Leben erschien ihm leer,
das Dasein eine einzige Bürde.

Mark Twain

Um in dieser materiellen Welt voranzukommen, sind drei Dinge
nötig: ein Gedanke, ein Gefühl und eine Handlung (zielge-
richtete Aktivität). Sie bilden eine Pyramide.

DENKEN   FÜHLEN

HANDELN

Wenn wir einen Gedanken haben und ein dazu passendes Gefühl, aber nicht handeln, laufen wir ins Leere. Sind die Gedanken und Gefühle negativ, führt das für gewöhnlich zu Sorgen,
Depression und einem »Schmoren im eigenen Saft«. Sind die
Gedanken und Gefühle positiv, handelt es sich üblicherweise
lediglich um unproduktives »positives Denken«. (Meditation,
Kontemplation, Vergegenwärtigung und spirituelle Übungen fallen nicht in die Kategorie »unproduktiv«. Mehr darüber später.)
Um etwas zu Realität zu machen, ist eine *physische Aktion* nötig.

Wenn Sie einen Gedanken haben und ohne Gefühl handeln,
wird die Aktion vermutlich nicht sehr beständig sein. Unsere
Gefühle sind unsere größten Antriebskräfte. Der Verstand kann
die Gefühle entfachen, aber die Gefühle setzen den Körper in

Bewegung. Für eine dauerhafte physische Aktion müssen wir im Hinblick auf unser Tun etwas *empfinden*.

Wenn wir aus einem Gefühl heraus handeln, uns aber das Denken fehlt, sind wir wie ein Motorboot ohne Steuerrad. Es gibt kein logisches, vernünftiges Vorgehen. Wir treiben ziellos dahin. Das ist bei vielen Abhängigkeiten der Fall: Drogenmißbrauch, Alkoholismus, übermäßiges Essen, zwanghafter Sex. Die Gefühle sagen:»Ich will das.« Der Körper sagt:»Du bekommst es«, bevor noch der Verstand einsetzen kann. Später wird der Verstand vielleicht einwenden:»Du weißt, daß du das nicht hättest tun sollen.« Wir wußten, hatten es aber »vergessen«. Blackout. Vorübergehende Unzurechnungsfähigkeit.

Fehlt eine der drei Seiten der Pyramide, bricht die gesamte Konstruktion in sich zusammen. Wir können keine produktive, beständige, lebensbereichernde Arbeit leisten. Das Leben wird frustrierend. Wir bringen nicht zuwege, was wir zuwege bringen wollen.

In Kenntnis dessen geben wir Ihnen folgenden Rat: Wenn Sie nicht über alle drei gleichzeitig verfügen – einen Gedanken, ein Gefühl, eine Handlung –, vergessen Sie die anderen. Wenn Ihnen ein passender Gedanke, ein passendes Gefühl oder die nötige Handlungsmöglichkeit fehlt, befreien Sie sich von den anderen.

Kommt Ihnen beispielsweise der Gedanke:»Ich würde gern schwimmen gehen«, und Ihr Gefühl sagt:»O ja, schwimmen!«, Ihnen aber keine Schwimmgelegenheit zur Verfügung steht, schicken Sie den Einfall und Ihre Gefühle in die Wüste. Und Sie geben sie auf, indem Sie sich auf etwas physisch leichter Erreichbares konzentrieren.

Halten Sie sich im Badeanzug an einem See auf, und Ihr Verstand sagt Ihnen:»Schwimmen würde uns gut tun«, und der Körper meint:»In Ordnung«, während die Gefühle erklären: »Ich bin emotional im Moment nicht auf das kalte Wasser vorbereitet«, vergessen Sie den vernünftigen Einfall und die körperliche Bereitschaft.

Wenn die Emotionen schwimmen wollen, der Körper nichts

einzuwenden hat, aber der Verstand sagt: »Ich glaube, das Wasser ist nicht sauber. Es könnte gesundheitsschädlich sein«, verabschieden Sie sich von dem Gefühl und dem körperlichen Einverständnis.

Sie verabschieden sich davon, indem Sie sich auf etwas konzentrieren, wozu der Verstand, die Gefühle und der Körper bereit sind und was sie *gemeinsam* tun können.

Wenn wir uns an nur eine oder zwei Seiten der Pyramide klammern, während uns die anderen beiden oder die letzte fehlt, fördern wir Frustration, Sinnlosigkeit, Wirkungslosigkeit, Krankheit, Verzweiflung, Mutlosigkeit, Depression, Melancholie und Schuldgefühle. Und sie wirken sich verheerend auf unseren Verstand, unseren Körper und unsere Gefühle aus.

Wenn wir über die Wichtigkeit des Abnehmens nachdenken, unsere Gefühle und unser Körper jedoch für das Essen von Schokoladentorte plädieren, müssen entweder Emotionen und Körper auf die Schlemmerei verzichten (auch auf die Sehnsucht danach), oder der Verstand muß seine Pläne zur Gewichtsreduzierung aufgeben, um das Gleichgewicht wiederherzustellen. Wenn die Dinge bleiben, wie sie sind – die Vernunftsgründe des Verstandes contra Gefühle und Körper –, ist das ein perfekter Nährboden für Schuldgefühle. (Mehr über Schuldgefühle und Schokoladentorte später.)

Hatten Sie je den Eindruck, gleichzeitig in drei Richtungen zu gehen? Vielleicht haben Sie das sogar getan. Vielleicht hatte Ihr Kopf ein Vorhaben (die Garage aufzuräumen), die Emotionen ein anderes (Tanzen), während der Körper noch etwas ganz anderes plante (ein Nickerchen beispielsweise). Aber ein Mensch kann nicht drei Dinge zur selben Zeit tun. Zwei der drei werden das Nachsehen haben müssen. Vielleicht werden aber auch alle drei aufgegeben, und das Triumvirat aus Geist, Gefühlen und Körper kommt überein, etwas gänzlich anderes zu tun.

Mitunter will es scheinen, als hätten Verstand, Körper und Emotionen sehr eigene »Köpfe«. Mitunter müssen Sie schon den inneren Henry Kissinger bitten vorzutreten und an Ihrer Stelle zu verhandeln (vielleicht bevorzugen Sie Donald Trump?): »Erst einmal machen wir jetzt ein Nickerchen, dann räumen wir die Garage auf, und schließlich gehen wir ein bißchen tanzen – in Ordnung?«

Manchmal müssen Sie aber auch einfach mit der Faust auf den Tisch hauen und dem Körper sagen: »Kein Nickerchen!«, den Gefühlen: »Es wird nicht getanzt!«, oder auch dem Verstand: »Die Garage ist ordentlich genug!«

Aber wie Sie auch entscheiden, wie Sie es anstellen – auf keinen Fall sollten Sie sich dazu verleiten lassen, in unproduktives Denken, Fühlen oder Tun zu verfallen. Das Resultat wäre Ineffektivität. Ineffektivität fördert gewisse Minderwertigkeitsgefühle (»Ich wußte doch, daß ich es einfach nicht schaffe!«), was wiederum zu weiterem negativem Denken führt, was dann eine Kampf-oder-Flucht-Reaktion auslöst, was ... Aber diesen Teil des Buches haben Sie ja bereits gelesen.

> Gott, gib uns die Demut, die Dinge mit
> Würde hinzunehmen, die nicht zu ändern sind,
> den Mut, die Dinge zu ändern, die veränderbar
> sind, und die Weisheit, zwischen beidem zu
> unterscheiden.
>
> *Reinhold Niebuhr*

> Harmonie ist reine Liebe,
> da Liebe absolute Übereinstimmung ist.
>
> *Lope de Vega*

Wenn Sie sich gut fühlen wollen, dann tun Sie Gutes

Mein größtes Vergnügen ist es,
heimlich etwas gut zu machen,
was dann rein zufällig entdeckt wird.
Charles Lamb

Wir leben – Madonna war so freundlich, singend darauf hinzuweisen – nun einmal in einer materiellen Welt. Eine der simpelsten Möglichkeiten, sich so richtig gut zu fühlen, besteht darin, seine Sache gut zu machen. Das entscheidende Wort dabei ist »machen«.

Aber was ist *gut*? Diese Entscheidung überlassen wir Ihnen. Solange es Ihnen und anderen nicht schadet, sind wir mit allem einverstanden, wofür Sie sich entscheiden.

Sie könnten beispielsweise sich selbst mental etwas Gutes tun (etwas Neues lernen, sich auf Positives konzentrieren, ein gutes Buch lesen – nun, das tun Sie ja bereits), körperlich (sportliche Betätigungen, Massage, Meditation) oder auch emotional (Verzeihen lernen und praktizieren, Zeit mit einem lieben Menschen verbringen, einen wirklich guten Film sehen).

Sie können aber auch etwas anderes für jemanden tun, den Sie kennen, oder jemanden, den Sie nicht kennen, für eine gemeinnützige Sache, für die Natur, für die Wale, für den Weltfrieden oder für den Planeten ganz allgemein.

Auch hier ist das Entscheidende die Aktion, das Handeln, das Engagement. »Let's get physical« hat Madonnas geistige Lehrerin Olivia Newton-John einst gesungen. Sicher, es ist wirklich nett, freundlich an einen anderen zu denken – aber ihm eine Nachricht darüber zukommen zu lassen, wie liebenswert Sie ihn doch finden, ist sehr viel freundlicher.

Halten Sie das Gute schriftlich fest

Ich sage stets: Führen Sie ein
Tagebuch – eines Tages wird es
Sie führen.

Mae West

Immer wenn sich etwas Gutes ereignet – schreiben Sie es auf. Aber in einem besonderen Notizbuch – vielleicht in einem dieser modischen Tagebücher mit Leineneinband. Nutzen Sie es, um all das Gute in Ihrem Leben festzuhalten.

Einschließlich der guten Dinge, die Ihnen widerfahren, sowie jener, die Sie für sich oder andere tun. Nehmen Sie sich am Tag wenigstens zehn Minuten – oder mehr – Zeit, sich zu erinnern und das Positive zu notieren.

Die Eintragungen müssen nicht lang sein. Sie brauchen für niemanden außer Ihnen einen Sinn ergeben. »Wundervollen Sonnenaufgang beobachtet«, »Mit Großmama telefoniert«, »Sah wirklich gute Fernsehsendung«, »Weniger Schmerzen im linken Arm«, »John hat geschrieben.«

Beginnen Sie Ihr Tagebuch über das Gute mit der Eintragung: »Habe mir das wunderbarste Buch gekauft«, gefolgt von »und schreibe nun das wundervollste Buch« – weil Sie das ja auch tun werden.

Wir neigen so leicht dazu, das Gute zu vergessen, uns an das Schlechte aber zu erinnern. Darauf scheinen wir programmiert zu sein. Das Gute niederzuschreiben hilft, uns neu zu programmieren. Wir lernen, uns auf das Positive zu konzentrieren und dann mit dieser positiven Einstellung auf physische, materielle Art zu arbeiten (zu schreiben).

Schlagen Sie das Buch immer dann auf, wenn Sie sich niedergeschlagen oder deprimiert fühlen. Lesen Sie darin. Erinnern Sie sich bewußt an das Gute. Das wird Ihre Stimmung bald heben.

Etwas mit Freude zu tun, schafft mehr Freude

> Es gibt Tage, an denen ich
> glaube, an einer Überdosis
> Befriedigung zu sterben.
> *Salvador Dali*

Wenn Sie mehr Freude in Ihrem Leben haben wollen, dann machen Sie alles, was Sie tun, mit mehr Freude.

Wie? *Tun* Sie's einfach. Wie verhalten Sie sich, wenn Sie froh sind? Verhalten Sie sich so. Wie denken Sie, wenn Sie froh sind? Denken Sie so. Wie fühlen Sie sich, wenn Sie froh sind? Empfinden Sie so.

Das Frohsein, die Freude, setzt einen Kreislauf der Freude in Bewegung, der weitere Freude produziert.

Ganz egal, was Sie tun – sei das nun Autofahren, Bettenmachen oder ein Buch lesen: Versuchen Sie, all das mit Freude zu tun.

Das gleiche gilt für Liebe, Glücklichsein, Mitgefühl – eben all die positiven Einstellungen im Leben. Dinge mit Liebe zu tun, erzeugt mehr Liebe. Dinge glücklich und zufrieden zu tun, produziert weiteres Glücksgefühl. Dinge mit Mitgefühl anzugehen, produziert mehr Mitgefühl.

Es ist wie eine wundervolle, nach oben führende Spirale, und sie beginnt da, wo Sie es entscheiden und wann Sie es beschließen. Wie wäre es mit jetzt gleich?

Sie können haben, was Sie wollen – Sie können nicht alles haben, was Sie wollen

Die Formel für Erfolg kann ich
Ihnen leider nicht geben – aber
ich kann Ihnen die Formel für Mißerfolg
verraten: Bemühen Sie sich, allen zu gefallen.
Herbert Bayard Swope

Wie mächtig wir Menschen auch sein mögen, wir haben doch auch ein paar entscheidende Beschränkungen.

1. Wir können nur an einem Ort zur selben Zeit sein.

2. Uns stehen nur vierundzwanzig Stunden am Tag und 365 Tage im Jahr zur Verfügung. (Mit Ausnahme jedes vierten Jahres, wenn wir einen Tag mehr bekommen.)

3. Wir halten uns nur soundso lange auf diesem Planeten auf. (Der Zeitraum liegt irgendwo zwischen null und höchstens 150 Jahren.)

In Anbetracht dessen liegt es klar auf der Hand, daß wir – im Gegensatz zu den Behauptungen einiger Positivdenker, Lebenshilfebücher und Fernsehwerbespots – nicht »alles haben« können. Es gibt einfach zuviel »alles«, aber nicht genügend Zeit.

Aber Sie können – im Gegensatz zu den Behauptungen der Negativdenker, Grundschullehrer und allen, die stets nur Vernunft predigen – das haben, was Sie wollen. Einzige Einschränkung sind die Fragen: »Kann das überhaupt jemand bekommen?« und »Ist es erhältlich?« Wenn die Antworten auf beide Fragen »Ja« lauten, dann gilt das auch für Sie. Verlieren Sie sich nicht in Diskussionen über »möglich« oder »unmöglich«. Wenn Sie kein Geld besitzen und sagen: »Ich würde gern zehn Millionen Dollar besitzen«, könnten manche das unter Umständen für unmöglich halten. Aber das ist nicht so. Viele Menschen haben ohne einen Pfennig angefangen und zehn Millionen Dollar »gemacht«.

Geben Sie sich einfach mit »machbar« und »nicht machbar« ab. »Ich möchte der erste Mann auf dem Mond sein« ist nicht machbar. Da war bereits jemand oben. Aber die erste Frau auf dem Mond zu sein – das wäre machbar. Weiblichen Besuch hatte der Mond noch nicht.

Um zu bekommen, was Sie sich wünschen, müssen Sie zehn einfache Schritte tun. Sie sind simpel, aber für den Fall, daß Ihr Wunsch gewaltig ist (nicht unbedingt unerfüllbar, nur gewaltig), auch nicht gerade leicht. Die zehn Schritte funktionieren auch bei weniger gewaltigen Wünschen, in welchem Fall die Erfüllung leichter sein wird.

Vergessen Sie nicht, daß Sie nicht *alles* haben können, doch hier nun, wie Sie bekommen können, was Sie sich wünschen:

1. Konzentrieren Sie sich auf das, was Sie haben wollen. Fixieren Sie Ihre Aufmerksamkeit darauf. Werden Sie »besessen«.

2. Seien Sie überzeugt davon, das Erwünschte auch zu bekommen.

3. Machen Sie sich ganz klar, was Sie eigentlich wollen. Fertigen Sie eine ausführliche Beschreibung davon an. Malen/Zeichnen Sie. Bauen Sie ein Modell.

5. Setzen Sie das Erwünschte an die Spitze Ihres Sehnens und Trachtens. Wünschen Sie es sich mehr als alles andere. Mehr als alles.

6. Seien Sie zuversichtlich, daß Sie es bekommen werden. *Wissen* Sie, daß Sie es erreichen werden, daß es Ihnen im Grunde schon gehört. Konzentrieren Sie sich auf die Mittel, mit deren Hilfe Sie den Wunsch erfüllen können.

7. Erledigen Sie die notwendigen Arbeiten. Wissen Sie, wie groß der Aufwand sein wird? Wenn der Wunsch erfüllt ist, hat der Aufwand ausgereicht. Bevor es soweit ist, haben Sie nicht genug aufgewendet.

8. Trennen Sie sich von allem, was Ihrem Ziel im Wege steht.

9. Tun Sie so, als hätten Sie es bereits erreicht.

10. Seien Sie dankbar für das, was Sie bereits haben.

Falls Sie an einer lebensgefährlichen Krankheit leiden, kann das der Plan für Ihre Genesung sein. Wenn auch nur ein anderer die Krankheit bewältigt hat, unter der Sie im Moment leiden, können Sie die Nummer Zwei sein. Und sollte niemand die Krankheit überlebt haben, können Sie die Nummer Eins sein.

Ehrlich gesagt ist der Pferdefuß – das Kleingedruckte, wenn Sie so wollen – Punkt 5: »Wünschen Sie es sich mehr als alles andere.« Unter der Belastung einer lebensgefährlichen Krankheit fragen sich manche Menschen, ob nach dieser materiellen Welt noch etwas anderes kommt. Sie fangen an, sich – mehr als alles andere – eine Antwort auf die Frage zu ersehnen: »Was passiert nach dem Tod?«

Wenn Sie gläubig sind, möchten Sie – mehr als alles andere – Gott näher kommen, seine Anwesenheit deutlicher spüren und sich darauf vorbereiten, »ihrem Schöpfer gegenüberzutreten«, wie man so sagt.

Selbst W. C. Fields wurde kurz vor seinem Tod von einem Freund beim Lesen der Bibel im Bett angetroffen. »Bill«, wunderte sich der Freund, »du glaubst doch gar nicht an Gott. Warum liest du denn dann die Bibel?«

»Ich suche nach Schlupflöchern«, erwiderte Fields. Wir würden gern glauben, daß er sein Schlupfloch gefunden hat.

Die Auseinandersetzung findet nicht nur zwischen der Gewohnheit, negativ zu denken, und jener positiven Einstellung statt, die nötig ist, um Ihren Körper zu heilen: Die Auseinandersetzung findet auch zwischen dem Hierbleiben (in diesem Körper, auf dieser Erde) und dem Aufbruch zu einem Ort statt, den viele, viele Menschen als wesentlich herrlicher beschrieben haben als das irdische Dasein.

»Ist eine verwirrende Frage«, wie der König in *Der König und ich* meinte.

»Alle Menschen wollen in den Himmel«, wurde und wird im Schlager gesungen, »aber sterben woll'n sie nicht.«

»Sie können haben, was Sie wollen«, sagen wir, »aber Sie können nicht alles haben, das Sie wollen.«

Man darf seine Wünsche nicht verlieren.
Sie sind mächtige Antriebskräfte für
die Kreativität, die Liebe und ein
langes Leben.

Alexander Bogomoletz

Tagelang haben wir auf nichts
hingelebt als auf Essen und Wasser.

W. C. Fields

Was ist Ihr Lebenszweck?

Ein jegliches hat seine Zeit, und alles Vornehmen
unter dem Himmel hat seine Stunde.
Geboren werden und sterben, pflanzen und ausrotten,
was gepflanzt ist.
Würgen und heilen, brechen und bauen,
Weinen und lachen, klagen und tanzen,
Steine zerstreuen und Steine sammeln,
herzen und ferne sein von Herzen,
Suchen und verlieren, behalten und wegwerfen,
Zerreißen und zunähen, schweigen und reden,
Lieben und hassen, Streit und Friede
hat seine Zeit.

Prediger, 3, 1/8

Jeder Mensch hat seinen Lebenszweck. Aber nur wenige kennen
den ihren. Wissen Sie, was Ihr Lebenszweck ist?

Ein Zweck kann für gewöhnlich mit knappen Worten umrissen
werden. Im allgemeinen beginnt das mit »Ich bin . . .«. Es ist die
einfache, aber zwingende Feststellung, warum Sie auf der Welt
sind, was Sie hier zu tun haben.

Im Grunde ist es das, was Sie schon immer getan haben. Sie
erfüllen Ihren Lebenszweck, seit Sie auf der Welt sind – selbst
wenn Sie Ihren Lebenszweck bewußt nicht kennen.

Ein Zweck ist kein Ziel. Ein Zweck kann weder erreicht noch
abgehakt werden. Ein Zweck wird erfüllt, ständig, in jeder Minute. Ziele können definiert, erreicht und festgehalten werden,
sind aber dennoch nur Stationen auf dem Weg des Lebenszwecks.

Erklärungen zum Lebenszweck hören sich so an: »Ich bin ein
freudiger Entdecker«, »Ich bin ein lebensfroher Mensch«, »Ich
bin ein Diener des Geistigen«, »Ich bin ein Glücksbringer«, »Ich
bin ein emsiger Schüler des Lebens«, »Ich bin ein Suchender«,
»Ich bin ein Diener der Humanität«, »Ich bin ein fröhlicher
Geber«, »Ich lerne und lehre«, »Ich wachse mit wachsendem
Wissen«, »Ich bin ein stiller Spender«, »Ich bin ein freudiger

Schüler«, »Ich kann anerkennen und würdigen«, »Ich bin ein frohgemuter Schaffender« und so weiter. Verstehen Sie, was wir meinen?

Vielleicht *wollen* Sie, daß Ihr Leben eine ganz bestimmte Richtung nimmt. Das ist nicht unbedingt Ihr Lebenszweck. Erklärungen darüber, was Sie sich von Ihrem Leben erwarten, werden Beteuerungen genannt. Ihr Lebenszweck ist das, was Sie *bereits tun*. Sie halten Rückschau auf Ihr bisheriges Leben und sagen: »Ja, das habe ich schon immer gemacht.« Sie können aber auch nach vorn blicken und sagen: »Ja, das ist es, was ich künftig tun werde.«

Der Lebenszweck impliziert auch zielgerichtetes Handeln, Bestrebungen, Bemühen. »Ich bin da« oder »Ich bin ein Mensch« oder »Ich bin ein Kind Gottes« mögen zutreffend sein, aber diese Erklärungen sagen nichts über Bemühungen aus. Ein Zweck beinhaltet sowohl Bewegung als auch Richtung.

Um Ihren Lebenszweck zu entdecken, sagen Sie sich zunächst einmal: »Ich möchte meinen Lebenszweck erfahren.« Unter Umständen gibt er sich unverzüglich zu erkennen, es kann jedoch auch eine Weile dauern, bis Sie ihn erkennen.

Halten Sie Rückschau auf Ihr bisheriges Leben. Schreiben Sie die Worte nieder (möglichst erbauliche, bitte), die Ihre bisherigen Aktivitäten und Bestrebungen am besten beschreiben. Beim Schreiben werden Sie vielleicht ein paar der Bezeichnungen als »richtig« empfinden. Sie können auch Menschen bitten, die Sie gut kennen, Worte (möglichst aufbauende, bitte) vorzuschlagen, die auf Sie am besten zutreffen.

Die Wörter, die Ihnen »richtig« erscheinen, schreiben Sie nun auf ein anderes Blatt Papier. Denken Sie über sie nach, lesen Sie sie wieder und wieder. Schließlich werden sich die zwei oder drei Begriffe herausstellen, die am besten auf Sie und Ihre bisherige Lebenseinstellung zutreffen.

Einen Lebenszweck *schaffen* Sie sich nicht, Sie *entdecken* ihn.

Und wenn Sie Ihren Lebenszweck erst einmal kennen, wird er zu einer goldenen Wünschelrute. Sobald Sie sich die Frage stellen: »Soll ich nun dies oder lieber das tun?«, sehen Sie sich Ihren Lebenszweck an. Sobald sich eine der beiden Möglichkeiten mit Ihrem Lebenszweck konform verhält, ist die Richtung klar, in die Sie gehen sollten. Sollte keine der beiden Optionen zu Ihrem Lebenszweck passen, sehen Sie sich nach weiteren um. Aber wenn beide Ihrem Lebenszweck entsprechen, sollten Sie würfeln.

Es könnte unter Umständen ganz ratsam sein, Ihren Lebenszweck für sich zu behalten.

Sie können ihn zu Ihrem kleinen Geheimnis machen. Das erhält seine Kraft und vermeidet beispielsweise Kommentare wie diesen: »Mir gegenüber verhältst du dich aber durchaus nicht wie ein fröhlicher Geber.« Außerdem bewahrt das Ihren Lebenszweck davor, lediglich unter Aspekten der Imagepflege gesehen zu werden. (»Wir wollen doch mal sehen, was sich am besten anhört . . .«)

Und wenn Sie erst einmal Ihren Lebenszweck erkannt haben, beantworten Sie damit auch die altehrwürdige Frage: »Wozu bin ich eigentlich auf der Welt?«

Wenn Sie Ihren Lebenszweck kennen, ihn bislang jedoch noch nicht so erfüllen, wie es eigentlich sein sollte, könnte das durchaus ein Faktor für Gefühle der Unzufriedenheit sein.

Haben Sie beispielsweise erkannt, daß Sie »ein fröhlicher Geber« sind, sich jedoch bisher eher wie ein Knicker verhalten haben, kann das durchaus Energien blockieren und das Gefühl verursachen, »daß etwas nicht stimmt« (dazu all die negativen Gedanken, die solche Gefühle gemeinhin begleiten) – und das bedeutet: Unwohlsein.

Sobald Sie sich in eine größere Übereinstimmung mit Ihrer eigentlichen Lebensaufgabe bringen – auf eine engagierte, aktive, nach vorn gerichtete Weise –, werden Sie vermutlich schon bald feststellen können, daß die Blockierungen und Verspannungen in Ihrem Körper nachlassen und Sie aktiver, lebhafter und interessierter werden – also: gesünder.

Nichts trägt mehr zu einem zufriedenen,
gelassenen Geist bei als eine beständige
Aufgabe – ein Punkt, auf den die Seele
ihren intellektuellen Blick richten kann.

Mary Wollstonecraft Shelley

Das Geheimnis des Erfolges
ist die Beständigkeit einer Aufgabe.

Benjamin Disraeli

Was wollen Sie?

Wir müssen unseren Garten bestellen.
Voltaire

Die meisten Menschen wissen nicht, was sie wollen. Sie denken zwar, sie wüßten es, doch in Wahrheit wissen sie es nicht. Ein Gespräch wie das folgende ist sehr typisch.

»Was wollen Sie?«

»Ich hätte gern eine Million Dollar.«

»Was würden Sie damit machen?«

»Meinen Job kündigen.«

»Und dann?«

»Ich würde mir etwas anschaffen.«

»Beispielsweise was?«

»Ein Auto. Ein Haus. Möbel.«

»Und dann?«

»Würde ich reisen.«

»Wohin?«

»Naja – nach Europa, Hawaii . . .«

»Und dann?«

»Komme ich wieder zurück und genieße mein Leben.«

»In welcher Weise?«

»Ich fahre mit meinem Auto, wohne in meinem Haus, schwimme in meinem Pool, sehe fern.«

»Ständig?«

»Natürlich nicht ewig. Irgendwann gehe ich dann wieder auf Reisen.«

»Wohin?«

»Ach, ich weiß auch nicht. Es ist doch völlig egal wohin. Lassen Sie mich endlich in Frieden!!«

Die meisten Menschen wissen wirklich nicht, was sie vom Leben wollen. Sie wären nicht einmal in der Lage, eine Liste der Dinge aufzustellen, die sie sich wünschen: von eins bis zehn und in der Reihenfolge der Wichtigkeit.

Aber eine solche Liste ist unschätzbar. Sie hilft uns dabei, die Chancen zu erkennen, wenn sie uns über den Weg laufen. (Im Gegensatz zur allgemeinen Meinung klopft das Glück nicht nur einmal an unsere Tür, es hämmert auf uns ein . . .) Die Liste hilft uns, Ziele zu setzen. Sie erleichtert unsere Planung. Sie beantwortet die brennende Frage: »Was werde ich mit dem Rest meines Lebens anfangen?«

Vermeiden Sie die Irrtümer, zu denen Menschen in verzweifelten Situationen neigen. Sagen Sie nicht: »Hätte ich nur meine Gesundheit wieder (oder etwas anderes, das kürzlich verlorengegangen ist), dann würde ich mir nie wieder im Leben etwas wünschen!« Machen Sie sich nichts vor. Wären Sie wieder gesund, würden Sie sich schon sehr bald neue Dinge wünschen. Also stellen Sie fest, was diese anderen Dinge sind. Indem Sie diese Sachen herausfinden, indem Sie sich um ihre Verwirklichung bemühen, werden Sie vielleicht erleben, daß Ihre Gesundheit auf »mysteriöse Weise« zurückkehrt.

Für die Anfertigung dieser Liste schreiben Sie zunächst einmal alles auf, was Sie haben oder machen möchten. Frei von der Leber weg. Es gibt keine Beschränkungen irgendeiner Art. Schreiben Sie alle Ihre Träume auf, Ihre Ziele, Sehnsüchte, Wünsche. Lassen Sie sich damit Zeit. Nehmen Sie materielle, mentale, emotionale, physische und geistige Ziele mit hinzu. Schließen Sie diese Liste ab.

Und jetzt überprüfen Sie Ihre Liste. Wie viele der dort notierten Dinge wollen Sie wirklich, und wie viele haben Sie aufgeschrieben, weil Sie annahmen, Sie sollten sie sich wünschen? Möchten Sie denn wirklich einen Rolls Royce haben, oder ist der nur ein Symbol für etwas ganz anderes? (Haben Sie schon je hinter dem Steuerrad eines Rolls Royce gesessen?) Streichen Sie die Sachen von der Liste, die Sie eigentlich gar nicht wirklich wollen.

Lesen Sie die Liste noch einmal, und fragen Sie sich anhand der zehn Schritte aus dem Kapitel »Sie können haben, was Sie wollen . . .« bei jedem einzelnen Punkt: »Bin ich wirklich bereit, die dafür nötigen Anstrengungen zu unternehmen?« und »Bin ich bereit, einen Plan aufzustellen und den zehn Stufen zu folgen, um das zu bekommen?« Wenn Sie Ihren Lebenzweck kennen, dann fragen Sie sich auch: »Entspricht das auch meinem Lebenszweck?« Sollten Sie auf eine dieser Fragen mit Nein antworten, streichen Sie den betreffenden Punkt von der Liste und vergessen Sie ihn. Falls Sie danach wieder einmal an diesen Wunsch denken, dann rufen Sie sich zur Ordnung: »Ich habe darüber nachgedacht und beschlossen, es nicht zu wollen!«

Und nun überprüfen Sie, ob einer der Punkte auf Ihrer Liste einem anderen widerspricht. »Ich hätte gern eine Süßwarenfabrik, um so viele Bonbons wie möglich essen zu können« stünde beispielsweise in einem gewissen Widerspruch zu: »Ich wünsche mir einen schlanken, sportlichen Körper.« Ähnlich ist es mit den folgenden beiden Aussagen: »Ich wäre zu gern ein Konzertpianist« und »Ich würde liebend gern Olympiasieger.« (Beides erfordert jede Menge tägliches Training.) »Ich möchte jeden Abend auf eine Party gehen« und »Ich hätte gern ein ruhiges Zuhause« widerspricht sich nur scheinbar. (Wenn Sie jeden Abend feten, können Sie durchaus ein ruhiges Zuhause haben – Sie sind nicht da ...) Von zwei einander widersprechenden Wünschen streichen Sie den von der Liste, den Sie sich nicht ganz so intensiv ersehnen wie den anderen.

Dann sortieren Sie Ihre Wünsche nach Dringlichkeit. Versehen Sie jeden Punkt auf Ihrer Liste mit A (wünsche ich mir sehr, sehr fest), B (wünsche ich mir sehr) oder C (wünsche ich mir).

Wenn Sie fertig sind, zählen Sie die As, Bs und Cs. Haben Sie mehr als zehn As, streichen Sie alle Bs und Cs. Haben Sie zehn As und Bs, trennen Sie sich von den Cs. (Die Menschen kommen ohnehin nur sehr selten zu den Cs, also warum so tun, als ob?) Streichen Sie Ihre Liste zusammen, bis zehn Punkte übrig sind.

Übertragen Sie diese zehn Punkte auf ein neues Blatt Papier. Gehen Sie dann die Liste durch und wählen Sie das aus, was für Sie das Allerwichtigste ist. Schreiben Sie das auf ein wiederum neues Blatt Papier und streichen Sie es auf Ihrer zweiten Liste.

Dann übertragen Sie auch die restlichen neun Punkte in der Reihenfolge ihrer Bedeutung für Sie.

Bei der Übertragung in der Reihenfolge der Priorität fragen Sie sich bei jedem einzelnen Punkt: »Woran werde ich merken, daß ich dieses Ziel erreicht habe?« Seien Sie präzise, damit Sie wissen, wann Sie den Punkt von der Liste streichen können, um so Platz für einen neuen zu schaffen.

Sehen Sie in dieser Liste: Ihren Lebensplan.

In Anbetracht der Tatsache, daß wir nur vierundzwanzig Stunden am Tag, 365 (oder 366) Tage im Jahr und soundso viele Jahre auf diesem Planeten haben, könnte die Anfertigung dieser Liste alles sein, wozu Ihnen Zeit bleibt. Gewisse materielle Dinge werden mit Sicherheit erreicht und durch andere ersetzt, während andere Vorhaben – gesund zu bleiben, sich glücklich zu fühlen und Gott näher zu kommen – den Rest Ihres Lebens in Anspruch nehmen könnten – selbst wenn das 99 Jahre sein sollten.

> Der wichtigste Punkt des Glücks ist die Bereitschaft des Menschen, das zu sein, was er ist.
> *Desiderius Erasmus*

> Legen Sie alle Ihre Eier in einen Korb
> – und passen Sie gut auf den Korb auf!
> *Mark Twain*

Werden Sie aktiv

Dringt man zum Kern der Bedeutung
des Wortes »erfolgreich sein« vor,
stellt man fest, daß es einfach
bedeutet, beharrlich zu sein.

F. W. Nichol

Da Sie jetzt wissen, was Sie wollen, machen Sie einen Plan und setzen Sie ihn um: Werden Sie aktiv, um das zu bekommen, was Sie sich wünschen. Unternehmen Sie alles, was dazu nötig ist. Ran an den Speck! Der Unterschied zwischen Effizienz und Effektivität ist der: »Effizienz sorgt dafür, daß eine Aufgabe richtig erledigt wird, Effektivität dafür, daß die richtige Aufgabe gemacht wird.« Jetzt, da Sie wissen, was für Sie der »richtige Job« ist (anhand Ihrer Zehn-Punkte-Liste), sollten Sie effektiv handeln.

Hier nun ein paar beiläufige Überlegungen zum Thema erfolgreich handeln:

1. *Gliedern Sie das Erreichen eines Ziels in machbare Schritte.* Wollen Sie Anwalt werden, ohne die Hochschulreife zu besitzen, könnte Ihr naheliegender erster machbarer Schritt darin bestehen, sich nach Möglichkeiten für einen zum Abitur führenden Kursus zu erkundigen. Danach werden Sie vielleicht einen Eignungstest machen. Auf der Grundlage des Testergebnisses werden sich die folgenden machbaren Schritte dann fast von allein ergeben.

2. *Machen Sie einen Plan.* Sobald Ihre Ziele in schriftlicher Form vor Ihnen liegen und Sie für alle erste *machbare* Schritte skizziert haben, nehmen Sie eine Zeitplanung vor. Besorgen Sie sich einen Kalender, einen Notizblock oder ein Terminbuch (falls Sie nicht bereits eins besitzen) und tragen Sie die Termine ein.

3. *Bleiben Sie flexibel.* Bei Ihren *machbaren* Schritten erhalten Sie neue Informationen, die durchaus zu Veränderungen bei anderen anfixierten Schritten führen können.

4. *Seien Sie entschlossen.* Denken Sie daran: »Die Entschlossenheit zum Handeln schafft die Fähigkeit zum Tun.«

5. *Lassen Sie sich durch nichts davon abhalten, das zur Verwirklichung Ihrer Wünsche Nötige zu tun.* Stellen Sie sich den Empfindungen (Angst, Trägheit, Widerwillen und so weiter), halten Sie aber dennoch an Ihrem Vorhaben fest. Bewegen Sie sich – physisch – auf Ihr Ziel zu. Unternehmen Sie die nächsten Schritte. Die Gefühle mögen sich beschweren. Rechnen Sie damit, daß sie es tun. Danken Sie ihnen für ihre »Ratschläge«, und machen Sie unverdrossen weiter.

6. *Machen Sie aus der Angst Aufregung.* Wie schon gesagt: Wenn Sie ganz sensibel »nachfühlen«, werden Sie feststellen, daß das physiologische Empfinden, das wir »Angst« nennen, das gleiche ist, das wir »Aufregung« nennen. Eins bezeichnen wir als »schlecht«, das andere als »gut«. Sollten Sie von diesem Gefühl überwältigt werden und es ganz spontan »Angst« nennen wollen, dann bezeichnen Sie es ganz schnell statt dessen als »Aufregung«. Und immer, wenn Sie sich (zu sich selbst oder anderen) sagen hören: »Ich habe Angst . . .«, ändern Sie das in »Ich bin aufgeregt«. Diese oft verleumdete Empfindung ist im Grunde ein Segen. Sie stellt Energie bereit. Sie hält Ihren Geist rege, Ihre Energien aktiv, Ihre Aufmerksamkeit scharf – und genau das brauchen Sie, um neue und »aufregende« Dinge zu tun.

7. *Verändern Sie Starrsinn in Entschlossenheit.* Wie Angst und Aufregung sind auch Starrsinn und Entschlossenheit die gleiche Energie. Beide beinhalten Festigkeit, Beständigkeit, Kraft und Dynamik. Für die meisten Menschen geht es darum, Antiwillenskraft (Starrsinn) in Willenskraft (Entschlossenheit) zu ändern. Wenn Sie sich dabei ertappen, starrsinnig zu sein (Ich *will* das nicht!), dann finden Sie heraus, *was* Sie wollen, und bewegen Sie sich unter Ausnutzung derselben Energie auf Ihr Ziel zu.

8. *Tun Sie so, als würden Sie einen anderen Menschen unterrichten.* Geben Sie ein gutes Beispiel – selbst wenn niemand in der

Nähe ist. Verfolgen Sie Ihr Vorhaben mit der Genauigkeit, Hingabe, dem Mut, der Freundlichkeit und Beharrlichkeit, die man von einem guten Lehrer gegenüber einem beliebten Schüler erwartet. Und im gewissen Sinne ist es ja auch genau das, was Sie tun: Sie lehren Ihre verschiedenen Bereiche (Geist, Körper, Emotionen) erfüllter zu leben.

9. *Bleiben Sie reaktionsfähig.* Seien Sie offen, auf *alles* zu reagieren, was Ihnen auf dem Weg zu Ihrem Ziel begegnet. Laufen Sie nicht in die Falle des Negativdenkens, bestimmte Vorfälle als »Rückschläge«, »Enttäuschungen« oder »Krisen« zu bezeichnen. Betrachten Sie sie statt dessen als Herausforderungen. Reagieren Sie auf sie in einer Weise, durch die Sie das bekommen, was Sie sich wünschen. Das ist Reaktionsfähigkeit.

10. *Bitten Sie.* Lernen Sie es, um das zu bitten, was Sie haben wollen. Bitten Sie um Hilfe, Anleitung, Instruktionen – um alles eben, was Sie brauchen. Im schlimmsten Fall gibt man Ihnen nicht, was Sie haben wollen. Doch das wäre dann genau die Situation, in der Sie sich auch vor der Bitte befunden haben. »Sie können nur gewinnen!« heißt es in den Spielshows des Fernsehens immer. Also setzen Sie nicht voraus, daß Menschen (besonders solche, die Ihnen nahestehen) Gedanken lesen können. Gehen Sie nicht davon aus, daß sie es wissen »müßten, wenn sie mich wirklich gern hätten«. Sie können Sie sogar sehr gern haben, müssen aber noch längst nicht wissen, was Sie brauchen. Fragen und bitten Sie sie.

11. *Tun Sie es – mit Liebe.* Seien Sie liebevoll zu sich selbst und anderen. Konzentrieren Sie sich nicht so verkniffen auf Ihr Ziel, daß Ihnen die ganze Sache keinen Spaß mehr macht. Lassen Sie Ihren Weg zum Ziel vom Licht Ihrer Liebe beleuchten. Und wenn Sie dort ankommen, wird Ihnen Ihre Freundlichkeit sehr vieles viel leichter machen. Verhalten Sie sich freundlich, sanft und – genießen Sie das Vorhaben.

Die Bestimmung der Menschheit wird nicht
durch materielle Kalkulation entschieden.
Wir lernen, daß wir Geist haben, keine
Tiere sind, daß in Zeit und Raum etwas
vor sich geht und sich jenseits von Zeit und Raum
– ob uns das nun gefällt oder nicht –
etwas befindet, das Pflicht heißt.

Winston Churchill

Wenn Sie sich nicht aktiv bemühen, wollen Sie im Grunde nicht . . .

Wir können weder unsere Übel
ertragen noch deren Gegenmittel.
Titus Livius
59 v. Chr. – 17 n. Chr.

Schreiben Sie sich diese These in Großbuchstaben irgendwohin, wo Sie sie häufig vor Augen haben. Ein Großteil negativen Denkens, viele Depressionen, Frustrationen, Krankheiten und ähnliches stammen von Menschen, die *glauben*, Sie würden sich etwas wünschen, das aber eigentlich gar nicht tun.

Woher Sie wissen, was Sie sich tatsächlich wünschen? Das, wofür Sie sich aktiv einsetzen, ist auch das, was Sie sich wirklich wünschen. Von allem anderen *glauben* Sie lediglich, Sie würden es sich wünschen. Wenn Sie der Ansicht anhängen, Sie würden sich etwas wünschen, aber keine aktiven Initiativen zur Erlangung des Erwünschten einleiten, machen Sie sich nur etwas vor.

Sicher, Sie können nicht pausenlos damit beschäftigt sein, aktiv und energisch etwas zur Verwirklichung aller Ihrer Wünsche zu tun. Woher sollen Sie also wissen, bei welcher Sache Sie tatsächlich aktiv engagiert sind?

Und hier kommt Ihr Kalender ins Spiel. Haben Sie alle Aktivitäten zur Unterstützung Ihrer Ziele eingezeichnet? Sind da die »nächsten machbaren Schritte« notiert, die Sie in der nächsten Zeit, sagen wir in den nächsten beiden Wochen, beschreiten wollen? Wenn nicht, dann fragen Sie sich: »Wird das vielleicht eins meiner ›späteren‹ Ziele?« (»Das mache ich später, das mache ich später« – doch dann wird es nie in Angriff genommen.)

Wir sind Pragmatiker. Erklärt uns jemand: »Du kannst dich auf mich verlassen!«, erwidern wir: »Na, großartig« und warten erst einmal ab. Wenn sie (beim letzten Beispiel war es ein »er«, also entscheiden wir uns diesmal für die weibliche Form) dann dreimal hintereinander zu spät kommt, aber weiterhin versichert, sie sei zuverlässig, neigen wir doch dazu, ihrem Handeln mehr zu trauen als ihren Worten. Damit wollen wir keineswegs behaupten, sie hätte die Absicht, uns zu hintergehen. Aber sie könnte sich selbst hintergehen.

Wenn Menschen erklären, sie wünschen sich Gesundheit, dann überprüfen Sie, was sie wirklich dafür *tun*. Beteiligen sie sich aktiv an ihrem Heilungsprozeß? Tun sie wirklich alles, um gesunde Vorstellungen, gesunde Emotionen und gesunde Aktivitäten in ihrem Leben zu fördern? Forschen Sie genügend nach immer mehr Möglichkeiten für mehr Gesundheit? Wenn das so ist, können wir uneingeschränkt zustimmen, daß sich diese Menschen aufrichtig Gesundheit wünschen. Wenn nicht, dann nicht.

Aber sobald sie sich lebensgefährlichen Aktivitäten hingeben – diese sind für die verschiedenen Krankheiten und Individuen höchst unterschiedlich –, würden wir behaupten, daß sie nicht nur kein Verlangen nach mehr Gesundheit haben, sondern eines nach ausgesprochen weniger Gesundheit.

Wir sind mehr als unser Verstand, mehr als unser Denken. Wir sind auch mehr als unsere Gefühle und mehr als unser Körper. Die meisten Menschen verbringen so viel Zeit mit Denken und Fühlen, daß sie *denken*, der Gedanke oder das Gefühl wäre *sie* selbst. Das ist nicht so. Es handelt sich lediglich um einen Gedanken oder ein Gefühl. Wenn Sie *denken*, Sie wünschen sich etwas, oder wenn Sie das Gefühl haben, sich etwas zu wünschen, dann heißt das noch längst nicht, daß es auch das ist, was Sie tatsächlich *wollen*.

Was Sie sich wünschen – was Sie sich tatsächlich wünschen –, ist das, was Sie aktiv in Ihrem Leben ausdrücken; also das, was Sie durch Handeln in Wirklichkeit umsetzen.

Falls Sie denken, etwas haben zu wollen, aber nicht besonders viel unternehmen, um es auch wirklich zu bekommen, dann gibt es für Sie drei Möglichkeiten:

1. Sie können weitermachen wie bisher: sich etwas vormachen und so tun, als würden Sie etwas wirklich wollen, das Sie

aber – da alle Resultate fehlen – im Grunde gar nicht wollen. Das verursacht Frustrationen (»Warum kann ich nicht haben, was ich mir so wünsche?«), Verärgerung (»Andere bekommen, was sie wollen – warum denn ich nicht?«) und Minderwertigkeitsgefühle (»Wahrscheinlich verdiene ich es gar nicht«).

2. Geben Sie dieses Ziel auf. Sagen Sie sich: »Es ist eine ganz schöne Sache, und wenn es im Nebenzimmer wäre, würde ich auch hinübergehen und es mir holen . . .« Doch wenn Sie ganz aufrichtig sind, verlangt es Sie danach nicht mehr als nach anderen Dingen, die Sie energischer vorantreiben. Sie sollten sich klarmachen, daß Sie Ihre Zeit mit der Verfolgung anderer Ziele verbringen, also müssen die Ihnen weit mehr am Herzen liegen. Daher trennen Sie sich – für den Moment – davon.

3. Unternehmen Sie alles Notwendige, um an Ihr Ziel zu kommen. Stellen Sie geplante Aktivitäten zum Erreichen anderer Vorhaben zunächst zurück. Konzentrieren Sie sich ganz auf das eine. Während Sie so energisch auf Ihr Ziel zusteuern, werden Sie gewisse geistige, emotionale und physische Hürden wahrnehmen. Doch gleichgültig, welche Beschwerden Ihr Verstand, Ihre Gefühle und Ihr Körper vorbringen mögen: Wenn Sie wissen, daß Sie es tun müssen, dann sollten Sie es auch machen. Sanft, aber entschieden, liebevoll, aber entschlossen sollten Sie die widerstrebenden Bereiche in Ihnen davon überzeugen, daß Sie nun einmal ein neues Ziel haben, eine neue Priorität, und daß alle Ihre Aktionen nur einem dienen: dieses Vorhaben zu verwirklichen.

Das sind Ihre drei Möglichkeiten. Die meisten Menschen entscheiden sich durch Unterlassung: Sie »wählen« Punkt eins, indem sie nicht wählen – und alles läuft weiter wie gehabt. Wir raten Ihnen, sich zwischen Option zwei oder drei zu entscheiden. Beide setzen in Ihnen entscheidende Energien frei, um Ihr Leben, Ihr Denken, Ihre Gefühle und Handlungen zu verändern.

Ein letzter Punkt: Falls Gesundheit, Glück und Zufriedenheit, Freude und/oder Liebe auf der Liste Ihrer Wünsche stehen, haben Sie damit ein ständiges »Barometer«, das Ihnen sagt, ob

Sie sich auf diese Ziele zu bewegen: worauf Sie gegebenenfalls Ihre Aufmerksamkeit richten.

Beschäftigen Sie sich mit Dingen, die nicht richtig sind, nicht gut, nicht so, wie Sie es sich wünschen? Wenn das so ist, könnten Gesundheit, Glück, Freude und Liebe unvereinbar mit diesem Verhalten sein.

Beschäftigen Sie sich aber mit etwas, das gut, richtig, erfreulich ist, das um Sie herum und in Ihnen Wohlbehagen schafft, dann würden wir doch behaupten, daß Sie eine Menge tun, um Gesundheit, Glück und Zufriedenheit, Freude und Liebe zu fördern.

Es gibt kein Scheitern –
es sei denn, es nicht weiter zu versuchen.
Elbert Hubbard

Vertrauen

Vertrauen ist anregend und begeisternd:
Es ist ein Zustand intellektueller Größe,
an der wir festhalten müssen wie an einem
Schatz, den wir nicht in der kleinen Münze
leerer Worte vergeuden dürfen.

George Sand

Vertrauen kann – für sich genommen – ein bißchen passiv sein. Wir sähen es gern, wenn Vertrauen ein aktiver Prozeß wäre: Vertrauen haben.

Vertrauen haben, das ist die Sicherheit, daß alles zum Besten aller Beteiligten ausgeht. Darüber hinaus ist Vertrauen die Sicherheit, daß sich *bereits* alles zum Besten aller Beteiligten entwickelt. Unter Umständen gefällt uns nicht, wie es sich entwickelt, aber durch unser Vertrauen sehen wir ein, daß unsere Meinung, unsere Wünsche nicht unbedingt der Maßstab der Entwicklung sind, wie sich alles zum Besten fügt.

Vertrauen haben bedeutet, unsere persönlichen Zwänge, bewußte Meinungen und Überzeugungen beseite zu lassen und sich dem Lauf der Dinge zu überlassen, die wirklich passieren. Indem wir vertrauen, stellen wir die Akzeptanz der Dinge, wie sie tatsächlich eintreten, über unsere Vorstellung, wie sie sich ereignen müßten.

Wenn wir darauf vertrauen, daß sich alles zum Besten entwickelt, ergibt sich daraus ganz logisch, daß bereits alles richtig *ist*. Unsere augenblickliche Situation ist das »Gute«, auf das wir während irgendeines vergangenen Augenblickes vertraut haben.

Passives Vertrauen wird von manchen Menschen jedoch dazu benutzt, den Augenblick zu negieren. »Sobald sich die Realität ein bißchen mehr meinen Vorstellungen vom Idealzustand anpassen würde, dann wäre alles in Ordnung.« Aber vielleicht ist Ihnen schon mal aufgefallen: »Wenn eine verdammte Sache nicht passiert, dann mit Sicherheit eine andere« – um Roseanna Roseannadanna zu zitieren.

Der Augenblick ist gut, so wie er nun einmal ist.

Vertrauen wirkt hier und jetzt. Es erkennt an, daß es da einen Plan gibt und daß sich dieser Plan fehlerlos abspult. Auch wenn uns die Art und Weise nicht gefällt, spult er sich dennoch in seiner ganzen Perfektion ab. Vertrauen ist Nicht-Wehren gegen das, was vor sich geht – was immer das auch sein mag.

> Denn gleichwie der Leib ohne Geist tot ist,
> also ist auch der Glaube ohne Werke tot.
> *Jakobus, 2,26*

Die zwei Seiten
der Hoffnung

Wer von Hoffnung lebt,
wird an Auszehrung sterben.
Benjamin Franklin

Erinnern Sie sich an die Büchse der Pandora?

Pandora war eine Art Eva der griechischen Mythologie: die erste Frau, der von Gott (in diesem Fall von Zeus) gesagt wurde, sie möge etwas nicht tun, die es aber dennoch getan hat.

Pandora bekam eine Büchse (eigentlich einen Krug) und den dringenden Rat, sie keinesfalls zu öffnen, weil sich darin alle Übel der Welt befänden. Pandora nahm die Büchse/den Krug mit in die Flitterwochen. Da es recht langweilige Flitterwochen waren, öffnete sie den Deckel.

Es war genau wie in Jäger des verlorenen Schatzes, als die Nazis die Arche öffneten und alle Geister in Dolby Surround-Sound herausgezischt kamen: Als Pandora die Büchse/den Krug öffnete, entkamen alle Übel dieser Welt. Das letzte Übel in der Büchse/dem Krug war die Hoffnung. Was mit der Hoffnung geschah, ist nicht ganz klar. In manchen Überlieferungen heißt es, sie blieb drinnen, in anderen, sie kam heraus. Doch alle stimmen darin überein, daß die Hoffnung die letzte Sache in der Büchse/dem Krug war.

Die meisten Leute interpretieren das als gute Nachricht: Sicher, zusätzliches Übel ist in die Welt gekommen, aber es wurde uns auch die Hoffnung gegeben, daß wir dieses Übel irgendwie in den Griff bekommen.

Haben Sie schon einmal darüber nachgedacht, daß die Hoffnung eines der Übel dieser Welt sein könnte? Die Hoffnung hat nur eine bessere Werbeagentur als die anderen. (Die anderen Übel müssen sich mit Mundpropaganda zufriedengeben – und sie kommen damit auch ganz gut zurecht.)

155

Wenn die Hoffnung nicht wäre, hätten wir vielleicht mit den anderen Übeln schon vor langer Zeit aufgeräumt. Wir wären es überdrüssig, ihrer überdrüssig zu sein und hätten sie fortgejagt: »Zurück in die Büchse/den Krug!«

Doch statt dessen tolerieren wir manchmal das Übel, das Böse und *hoffen*, es würde verschwinden. »Ich hoffe, es wird morgen besser sein«, seufzen wir, unternehmen aber durchaus nichts, »es« heute schon loszuwerden. (»Es« ist immer das Übel, über das wir gerade wieder einmal geseufzt haben.)

Die Hoffnung, über die wir gerade sprechen, ist die Art von Hoffnung, die Passivität, Resignation und Stagnation bewirkt.

Es gibt aber auch Menschen, die das Wort Hoffnung anders einsetzen, fast wie ein Gebet: »Ich hoffe, es regnet nicht, aber ich werde trotzdem meinen Schirm mitnehmen.« Sie hoffen das Beste, befürchten das Schlimmste und landen irgendwo dazwischen, heißt es im Sprichwort.

Wenn es eine Situation in Ihrem Leben gibt – sei das eine lebensgefährliche Krankheit oder irgendein anderes »Übel« –, und Sie setzen die Hoffnung dazu ein, sich tiefer und tiefer in Untätigkeit, Lethargie und Trägheit hineintreiben zu lassen, dann hat Sie die dunkle Seite der Hoffnung in den Fängen.

Befreien Sie sich davon. Werden Sie aktiv. Unternehmen Sie etwas, das das Übel durch etwas ersetzt, was Sie sich wirklich wünschen. Streben Sie eine positive Situation an, in der das Übel nicht existieren kann. (Werden Sie das Übel nicht einfach »los« – ersetzen Sie es durch etwas, das Sie bevorzugen, und konzentrieren Sie sich auf das Positive daran.) Drehen Sie das Übel um. Im Englischen heißt Übel »evil«, und »evil« liest sich rückwärts »live« wie leben.

Sie können durchaus auf eine Besserung der Situation hoffen – als Aufrechterhaltung der positiven Vorstellung von Vollendung; dagegen ist nichts einzuwenden. Aber wenn Sie keine eindeutigen, energischen und wiederholten Aktionen unternehmen, um die Dinge zu verbessern, geben Sie sich der falschen Form von Hoffnung hin.

Wir hoffen unverdrossen auf den Tag, an dem sich die Menschen nicht mehr von der Hoffnung abhalten lassen, endlich das zu tun, was getan werden muß. Die Kombination von Hoffen (einen positiven Ausgang zu erwarten) und Handeln ist eine zwingende Möglichkeit, das zu bekommen, was man sich erhofft.

Bitte nutzen Sie diese Informationen über Hoffnung zu Ihrer Unterstützung und nicht als Munition gegen andere (oder gegen sich selbst). Sollte jemand zu Ihnen sagen: »Ich hoffe, es geht Ihnen bald besser«, dann antworten Sie nicht: »Ach ja? Und was *tun* Sie dafür?« Erkennen Sie den Kern der Aussage: Man wünscht Ihnen Glück. Also danken Sie dafür.

Hören Sie vor allem auch auf sich. Sobald Sie das Wort Hoffen benutzen, dann sollten Sie sich fragen: »Verwende ich es als Ersatz für aktives Handeln oder als Beigabe zum Handeln?« Wenn es ein Ersatz ist, dann kommen Sie endlich in die Gänge. Wenn es eine Beigabe ist, geben Sie weiter Gas.

> Nichts ist so bekannt wie die Tatsache,
> daß wir für nichts auch nichts erwarten
> dürfen – doch wir tun es alle und
> nennen es Hoffnung.
>
> *Edgar Watson Howe*

> Die Armut und die Hoffnung sind Mutter
> und Tochter. Indem man sich mit der Tochter
> unterhält, vergißt man die andere.
>
> *Jean Paul*

Nächstenliebe

Jene, die den menschlichen Geist zufriedenstellen
wollen, indem sie ihn mit Zeremonien
und Musik behindern,
Wohltaten und Ehrerbietung erweisen, haben ihre wahre
Natur verloren.

Tschuang-Zu, 368–286 v. Chr.

Nächstenliebe oder Caritas ist ein wundervolles Wort. Caritas ist
lateinisch und bedeutet: Liebe, Zuwendung, Rücksicht.

Inzwischen ist die Nächstenliebe (Caritas) zur Wohltätigkeit
verkommen. Damit tut sich eine Kluft zwischen Geber und
Empfänger auf. Selbst wenn die materiellen Bedürfnisse des
Empfängers durchaus befriedigt werden können, werden doch
Geber und Empfänger scharf voneinander getrennt. »Ich Guter
unter den Menschen gebe dir armen, notleidenden Wesen gern
von meinem Reichtum.« »Ich arme, notleidende Kreatur nehme
untertänig dieses Geschenk von dir entgegen, du großherziger,
wohltätiger, reicher Mensch.«

Es liegt keineswegs in unserer Absicht, die Caritas oder wohltätige Gefühle zu beleidigen. Es ist jedoch eine Tatsache, daß ein
durchweg gutes Wort – eines, das anfangs Liebe, Zuwendung und
Rücksicht bedeutete – für viele Menschen zu fast schäbiger
Barmherzigkeit verkommen ist.

Die Stigmatisierung des Wortes wirkt sich auf die Menschen
aus, die »auf Wohltätigkeit angewiesen sind«, wie es so schön
heißt. (Beachten Sie die implizierte Hilflosigkeit!) Mitunter brauchen Menschen die wie auch immer gearteten Zuwendungen der
Wohlfahrtsinstitutionen ebenso, wie wir unser tägliches Wasser
von den Wasserwerken und unseren Strom vom Elektrizitäts-
werk brauchen.

Die Notwendigkeit, auf eine Wohlfahrtsorganisation angewiesen zu sein, kann aufgrund der allgemeinen Fehlinterpretation
des Wortes dem Selbstwertgefühl eines Menschen erheblichen

Schaden zufügen – etwas, das man in einer Notlage am allerwenigsten brauchen kann.

Ironischerweise sind die meisten wohltätigen Organisationen – vorausgesetzt, sie haben entsprechende Mittel – mehr als glücklich, Menschen Hilfe zu gewähren, die sie nötig haben. Schließlich wurden diese Institutionen ja aus diesem Grund ins Leben gerufen. Auch die meisten Menschen, die für gemeinnützige Organisationen tätig sind, fühlten sich aus echter und tiefempfundener Hilfsbereitschaft zu ihrer Aufgabe berufen.

Wir fürchten jedoch, daß Caritas auch künftig mit der menschlichen Einstellung verbunden sein wird, die sich in Emma Lazarus' Inschrift an der Freiheitsstatue ausdrückt:

Schick mir deine Erschöpften und Armen,

deine zusammengepferchten Massen, die sich danach sehnen, frei zu atmen,

den unglücklichen Abfall deiner wimmelnden Küsten,

schick sie, die Heimatlosen, Sturmzerzausten, zu mir:

Ich häng meine Lampe neben die goldene Tür.

Selbstverständlich war dies viele Jahre lang ganz und gar nicht die Politik der Einwanderungsbehörde (falls sie überhaupt je so aussah). Es ist aber die Art und Weise, in der sich unzählige wohltätige Organisationen darstellen, wenn sie um Geld bitten. Es ist eine erfolgreiche Taktik. Sie funktioniert. Und zweifellos wird sie auch künftig funktionieren.

Wir begrüßen die guten Taten der Wohltätigkeitsorganisationen. Wir haben nur etwas gegen das Bild von den »Privilegierten«, die den »Notleidenden« helfen. Auf der einen oder anderen Ebene sind wir nämlich *alle* auf gegenseitige Hilfe angewiesen.

Doch anstatt das Wort Caritas zu rehabilitieren, lassen Sie uns doch ein anderes Wort dafür einführen: Dienen.

> Wohltätigkeit erniedrigt die, die sie erhalten,
> und verhärtet die, die sie austeilen.
> *George Sand*

Wohltätigkeit begründet
eine Vielzahl von Sünden.
Oscar Wilde

Wohltätigkeit beginnt zu Hause.
Publius Terentius Afer, 190–159 v. Chr.

Die Freude am Dienen

Tu alles Gute, was du kannst,
mit allen Mitteln, die du hast,
auf alle Arten, die dir möglich sind,
an allen Orten, an denen du kannst,
zu allen Zeiten, an denen du kannst,
allen Menschen, die dir erreichbar sind,
solange du kannst.

John Wesley

Wie aber sollen wir Wohltätigkeit
gegenüber anderen erwarten, wenn wir
uns selbst gegenüber so wenig wohltätig sind?
Wohltätigkeit beginnt zu Hause, sie ist die
Stimme der Welt; und doch ist jeder Mensch
sich selbst der größte Feind und – wie sich
zeigt – auch sein eigener Henker.

Sir Thomas Browne

Ironischerweise scheint das Wort Dienen heute einen eher freien Austausch zwischen Gleichgestellten anzudeuten. »Womit kann ich Ihnen dienen?« hat eine ganz andere Tendenz als »Würden Sie meine Wohltätigkeit annehmen?«.

Dienen – so wie wir es hier meinen – ist die Kunst, sich so gut um sich selbst zu kümmern, daß man gar nicht umhin kann, sich auch um andere zu kümmern. Wenn Sie mit Liebe, Glück und Mitgefühl erfüllt sind, kommt das Verlangen, den Überfluß davon mit anderen zu teilen, ganz automatisch.

Es ist eins der großen offenen Geheimnisse der Welt: Wenn man anderen dient, dient man sich selbst. »Es ist eine der wunderbaren Vergütungen dieses Lebens, daß niemand ernsthaft versuchen kann, anderen zu helfen, ohne sich selbst zu helfen«, hat Emerson gesagt. Diejenigen, die aus Freude am Geben anderen gegeben haben, wissen, daß die Belohnung dafür genau das ist: Freude.

Dienen ist im wahrsten Sinne des Wortes eine eigennützige Sache. Wir tun es, weil es ein gutes Gefühl vermittelt. Und weil dieses gute Gefühl so schön ist, wollen wir mehr tun. »Das größte Geschenk«, hat einmal ein Dichter geschrieben, »ist es, unerkannte Not zu lindern.« Das Geschenk wird beiden zuteil, dem Geber und dem Empfänger. »Die Liebe, die ich gebe, ist aus zweiter Hand: Ich empfinde sie als erster.«

Jene, die anderen Menschen »gegeben« haben, und das als nicht erfüllend empfanden, haben sich nicht die Zeit genommen, zunächst sich selbst zu erfüllen. Also geben Sie anderen stets nur vom eigenen Überschuß. Und wenn Sie als erstes bedingungslos für sich selbst da sind, wird es später mehr als genug sein.

Beim wahren Dienen sind Dienende und »Dienstempfangende« eins. Sie sind absolut gleichwertig. Wenn Sie anderen Menschen gestatten, Ihnen zu dienen, dienen auch Sie. Indem Sie anderen Menschen dienen, wird auch Ihnen gedient. Es ist ein wunderbarer Kreislauf von Geben und Empfangen. Schon bald ist schwer festzustellen, wer gibt und wer empfängt. Alles wird zu einem Strom.

Abgesehen davon, daß es Wohlbefinden schafft, anderen Menschen etwas Gutes getan zu haben, wird in einem Artikel in der Mai-Ausgabe 1988 der Zeitschrift *American Health* auch behauptet, daß gute Taten sich physiologisch gut für den Menschen auswirken.

Danach ergab eine Untersuchung in Tecumseh, Michigan, daß regelmäßiger Dienst am Nächsten beispielsweise – mehr als jede andere Tätigkeit – die Lebenserwartung entscheidend erhöht: »Menschen, die nichts für ihre Mitmenschen taten, starben während des Untersuchungszeitraumes zweieinhalbmal so häufig wie jene, die sich auf diese Weise wenigstens einmal pro Woche betätigten.«

In dem Artikel wurde auch betont, daß gute Taten das Immunsystem stärken, die Cholesterinwerte senken, das Herz kräftigen und ganz allgemein Streß-Symptome abbauen. Eine ähnlich interessante Untersuchung der Harvard University bewies, daß sogar schon die Absicht, Gutes zu tun, positive physiologische Ergebnisse erbrachte.

Dienen kann man auf unterschiedlichste Art und Weise. Sogar vom Bett aus. Das Telefon ist ein ganz ausgezeichnetes Mittel des Dienens.

> Herr, mach mich zum Werkzeug Deines Friedens.
> Wo da Haß ist, laß mich Liebe säen;
> wo Ungerechtigkeit ist, verzeihen;
> wo Zweifel ist, vertrauen;
> wo Verzweiflung ist, hoffen;
> wo dunkel ist, erleuchten,
> und wo da Kummer ist, Freude verbreiten.
>
> *Franz von Assisi*

Lassen Sie zu,
daß andere Ihnen dienen

Solange wir lieben, dienen wir;
solange wir von anderen geliebt werden,
sind wir unverzichtbar, würde ich fast sagen.
Und kein Mensch ist nutzlos,
solange er einen Freund hat.

Robert Louis Stevenson

Eine der besten Formen des Dienens besteht darin, anderen Menschen zu gestatten, einem dienlich zu sein. Vielleicht wird ihr »Geben« zunächst von der »karitativen« Art sein, doch mit der Zeit werden sie die Freude des Gebens erlernen; und indem Sie ihnen gestatten, Ihnen etwas zu geben, sind Sie für die anderen auch eine Art Lehrer gewesen.

Anderen zu geben vermittelt ein gutes Gefühl. Es kräftigt die Physiologie und stärkt das Selbstwertgefühl. Wenn Sie anderen Menschen erlauben, Ihnen etwas zu geben, erhalten Sie dafür das Geschenk eines Wohlgefühls, einer gekräftigten Physiologie und eines gestärkten Selbstwertgefühls.

Sagen Sie sich jedesmal, wenn jemand etwas für Sie tut: »Ich habe es verdient.« Denn wenn Sie es nicht verdient hätten, würde es gar nicht geschehen. Sie *sind* es wert. Nehmen Sie also diesen »Dienst« an.

Sobald Sie erst einmal erfahren haben, wieviel dabei gewonnen werden kann, anderen zu Diensten zu sein, werden Sie auch bereitwillig zulassen, daß andere Menschen etwas für Sie tun. Sie können aber auch durch einen Blick in die Gesichter der Menschen, die Ihnen »dienen«, erkennen, wie positiv und wertvoll so etwas ist.

Wenn sie sich mit Ihnen treffen, haben Sie vielleicht einen Tag hinter sich, an dem es vor allem darum ging, zu kriegen, solange man etwas kriegen kann. Doch innerhalb weniger Minuten, ohne jeden Gedanken daran, für alles eine Gegenleistung zu erhalten, entspannen sich die Gesichter, die Atmung wird gelassener, Verspannungen lösen sich; Liebe, Freude und Lachen herrschen vor. Und das alles, weil Sie bereit sind, das Geschenk ihres Gebens anzunehmen.

Einer der größten Mythen unserer Kultur ist der vom »robusten Individualisten«, dem Unabhängigen, der »alles selbst und allein machen kann«. Das ist eine Schimäre. Stellen Sie sich doch einmal vor, wie Ihr Leben aussehen würde, wenn Sie alle Ihre Bedürfnisse selbst und allein befriedigen würden.

Machen Sie sich Ihre Kleidung? Weben Sie Ihre Stoffe? Bauen Sie Ihre eigene Baumwolle an? Halten Sie Schafe? Fällen Sie die Bäume für den Webstuhl und fördern Sie das Metall, aus dem die Nadeln hergestellt werden? Produzieren Sie die Werkzeuge, mit denen die Bäume gefällt und Bergbau betrieben wird? Haben Sie die etwa alle auch noch selbst erfunden?

Wenn wir nur ein bißchen ausführlicher darüber nachdenken, löst sich der Mythos von der »Unabhängigkeit« sehr schnell in Nichts auf. Wir sind im Gegenteil extrem *abhängig*. Bei fast allem in unserem Leben sind wir auf etwas angewiesen, das ein anderer Mensch erfunden oder getan hat – oder noch tut. Und andere Menschen hängen wiederum von Dingen ab, die wir getan haben oder noch tun.

Wenn Sie anderen Menschen helfen können, ohne sich dabei überzubewerten oder sich zu sehr zu verausgaben, dann tun Sie es. Und wenn Sie Hilfe und Beistand von anderen wollen, bitten Sie einfach darum – und nehmen Sie es an. Das alles gehört zum Fluß menschlichen Miteinanders, zur Interaktion, zur gegenseitigen Abhängigkeit, der Verflochtenheit des Lebens.

> Unabhängigkeit? Das ist blasphemischer Unsinn der Mittelklasse.
> Wir sind alle voneinander abhängig – jeder einzelne auf dieser Welt.
>
> *George Bernard Shaw*

Ersparen Sie sich
die Reizüberflutung

Das »Überflüssige« ist
höchst notwendig.
Voltaire

Manche Menschen werden von Erregungen und Reizen abhängig, von mental-emotional-physischen Anreizen jeder Art. Etliches davon ist »positiv«, anderes »negativ«, aber alles ist *erregend*.

Wie jede andere Abhängigkeit auch, bedingt Erregungsabhängigkeit, daß die Reize mit der Zeit immer intensiver werden müssen.

Die Resultate sind plastisch in einem Film geschildert, in dem eine unglückselige Maus Hauptdarsteller ist. (Nein, es handelte sich um keinen dieser Antidrogen-Filme von Disney. Es war ein Streifen über eine sehr reale Maus.)

Die Maus war an ein Kabel angeschlossen. Jedesmal wenn sie in ihrem Käfig einen Schalter berührte, wurde der Genußbereich ihres Hirns durch einen elektrischen Schlag stimuliert: Die Maus fiel auf den Rücken und wand sich vor Entzücken.

Zunächst reichte ein »Schlag« eine ganze Weile aus. Die Maus lag danach einfach da, ließ sich eine Zigarette schmecken und fragte sich, ob sie sich am nächsten Morgen würde im Spiegel betrachten können, holte sich was zu essen und sah nach, welche Gäste Johnny Carson ins Studio geladen hatte.

Mit der Zeit jedoch wurden die Intervalle zwischen den Schlägen kürzer und der Zeitraum länger, in der die Maus den Schalter betätigte. Schließlich kümmerte sich das Nagetier überhaupt nicht mehr um seine Nahrung, sondern drückte fast zwanghaft hundertmal pro Minute auf den Schalter.

Menschen, die von der Erregung abhängig geworden sind, tun nahezu das gleiche. Sie brauchen mehr und mehr Reize, immer mehr – und erhalten doch immer weniger Genuß.

Wenn Sie feststellen, daß Sie in einer solchen Tretmühle sind, steigen Sie aus. Gehen Sie es langsamer an. Immer mit der Ruhe. Lernen Sie, die ruhigeren, subtileren, einfacheren Freuden des Lebens zu schätzen.

Die Methode ist eine, über die wir bereits gesprochen haben: Konzentrieren Sie sich auf Positives. Und das Positive ist nicht unbedingt das, was Sie zu einem »Donnerwetter!« veranlaßt. Das Positive kann darin bestehen, einmal über das Wunder der Pflanzen nachzudenken oder auch über die Produktion so gewöhnlicher Dinge wie ein Trinkglas.

Ersetzen Sie für sich die Vokabel »Erregung« durch »Freude«. Wenn Ihnen der Sinn nach Aufregungen steht, sehen Sie sich doch einmal um, ob Sie statt dessen nicht etwas »Erfreuliches« finden. Zuviel Erregung laugt den Organismus aus. Freude kräftigt ihn durch ihre besondere, ruhige Art.

> In Rom sehnt man sich nach dem Land.
> Auf dem Land lobt man – o Wankelmütigkeit! –
> die ferne Stadt in den Himmel.
>
> *Horaz*

> In den Tälern hält man nach Bergen Ausschau,
> in den Bergen trachtet man nach den Flüssen.
> Es gibt aber keine fernen Ziele.
> Du bist dort, wohin du gehörst.
> Du kannst das Leben deiner Träume leben.
>
> *Judy Collins*

Immer mit der Ruhe

Nehmen Sie das Leben nicht allzu ernst.
Sie kommen unter keinen Umständen lebend davon.

Elbert Hubbard

Seien Sie gnädiger zu sich selbst, zu allem und jedem. Bemühen Sie sich, Ihre Vorstellungen darüber, wie etwas »zu sein hat«, »sein sollte«, möglichst zu den Akten zu legen. Derartige Vorstellungen können zu all jenen Mißhelligkeiten beitragen, die in Ihrem Leben vorkommen.

Betrachten Sie Ruhe als Heilmittel gegen Unruhe.

Beschäftigen Sie sich mit Dingen, die Ruhe in Ihr Leben bringen: gemächliche Spaziergänge, Ruhepausen, ein warmes Bad, ein Zusammensein mit Freunden, Meditationen, Nachdenken, Lesen, Schreiben.

Treten Sie dem Leben mit neuen Einstellungen entgegen: Gelassenheit, Geduld, Akzeptanz, Geben, Wohlwollen, Lässigkeit, Anerkennung, Hingabe, Verzeihen.

Schreiben Sie diese Worte – und ähnliche – auf Zettel, und deponieren Sie diese an Stellen, wo Sie sie möglichst häufig zu Gesicht bekommen. Suchen Sie sich an jedem Tag eine dieser Einstellungen aus, und begegnen Sie diesem Tag – ganz gleich, was auch passiert – mit dieser Haltung.

Was würde der Meister tun?

Häufig wache ich nachts auf, denke über ein Problem nach und komme zu dem Entschluß, darüber mit dem Papst sprechen zu müssen. Dann werde ich völlig wach und erinnere mich, daß ich der Papst bin.

Johannes XXIII

Sehen Sie sich einer Situation gegenüber, in der Sie nicht ganz sicher sind, wie Sie reagieren sollen, dann fragen Sie sich einfach: »Wie würde der perfekte ... jetzt reagieren?« (Füllen Sie die Lücke mit der »Rolle«, die Sie gerade spielen; der perfekte Freund, der perfekte Chef, der perfekte Angestellte, der perfekte Liebhaber, der perfekte Patient und so weiter.)

Wenn Sie religiös oder gläubig sind, dann fragen Sie sich, wie derjenige, den Sie verehren, in der betreffenden Situation reagieren würde. Sollten Sie bestimmte Politiker oder Meister ihres Faches bewundern, dann fragen Sie sich eben, was diese tun würden.

Sie werden mit großer Wahrscheinlichkeit eine Antwort erhalten. Sie sind keineswegs verpflichtet, sich dementsprechend zu verhalten, aber sie zeigt Ihnen doch zumindest eine von vielen Möglichkeiten auf.

Meistens ärgern sich Meister jedoch nicht. Sie verfügen über die berühmte »Weisheit Salomos«, die »Geduld Hiobs« und »Christi Liebe«. Wenn Sie über diese Liebe, diese Geduld, diese Weisheit verfügen – über was sollten Sie sich da wohl noch aufregen?

Wir sind davon überzeugt, daß wir alle – innerlich – diese Art von Weisheit, Geduld und Liebe besitzen. Es geht lediglich darum, sie einzusetzen.

Mit der Frage: »Wie würde der perfekte ... jetzt reagieren?« oder auch: »Was würde der Meister nun tun?«, setzen Sie sie ein – und dann halten Sie sich an die Antwort.

Klagen und Beschwerden

Das Leben ist zu kurz,
um es zu vergeuden
mit kreischender Kritik
oder zynischem Geschrei,
mit Streit oder Tadel:
Bald wird es dunkel sein;
auf! Sorg dich um dein eigenes Ziel –
und Gott sei mit dir.

Ralph Waldo Emerson

Es gibt Leute, die wissen nicht nur ganz genau, was an einer Situation nicht stimmt, sondern auch, wo und bei wem man sich darüber zu beschweren hat. Diese Leute nennen wir »erfolgreiche Nörgler«. Ihr Nörgeln führt häufig zu spürbaren Verbesserungen.

Die meisten Menschen sind jedoch nur Nörgler. Sie stöhnen, ächzen, jammern und nörgeln jedem gegenüber, der sich nur die Mühe macht, ihnen zuzuhören.

Dieses Phänomen kann an jedem beliebigen Werktag zwischen vier Uhr nachmittags und sieben Uhr abends beobachtet werden. Dann findet beispielsweise in den Vereinigten Staaten die tägliche Nationalversammlung des »Ist-es-nicht-zum-Verzweifeln?-Clubs« statt. Das Vereinsmotto lautet: Miseria Libere Companio (Elend liebt Gesellschaft). Überall in den Bars und Kneipen des Landes werden Getränke zum halben Preis ausgeschenkt, und zu diesem Spottpreis erzählen sich die Menschen ihre Kümmernisse. Aus irgendeinem unerfindlichen Grund wird diese Zeitspanne *Happy hour* genannt, »glückliche Stunde«.

Die Gespräche vieler Menschen sind häufig nichts anderes als eine einzige Litanei darüber, wie ungerecht im Grunde doch alles ist. Wenn manche Leute fragen: »Was gibt's Neues?«, meinen sie damit eher: »Irgendwelche Neuigkeit über irgendwelche brandaktuellen Katastrophen?«

Im Sinne der Konzentration auf Positives ist es jedoch notwendig, was das Nörgeln betrifft, nicht mit den Wölfen zu heulen, sondern gegen den Strom zu schwimmen. Denn wenn Sie nach Dingen suchen, über die Sie sich beschweren können, dann finden Sie die auch – aber auch die Folgen negativen Denkens.

Zum Abgewöhnen dieser Gewohnheit möchten wir zwei Vorschläge machen:

1. *Beschweren Sie sich nur bei jemandem, der auch Abhilfe schaffen kann.* Wenn Sie Ihre Wasserrechnung für zu hoch halten, hat es doch wenig Sinn, sich woanders als bei den Wasserwerken zu beschweren. Und sollte der Empfang Ihres Kabelfernsehgerätes nicht Ihren Erwartungen entsprechen, ist es kaum erfolgversprechend, sich bei einem Freund darüber auszulassen – es sei denn, dieser Freund ist zufällig beim Fernsehfachhändler beschäftigt.

2. *Loben Sie wenigstens ebenso häufig, wie Sie sich beschweren.* Wenn Sie ein Nörgler sein sollten, der es versteht, die Dinge durch kreatives Nörgeln wieder ins Lot zu bringen – sehr schön. Es ist eine gute Sache, genau zu wissen, wo und wie man sich beschweren muß. Wir empfehlen dennoch, jeder negativen Kommunikation etwas Positives hinzuzufügen: Loben Sie mindestens so häufig, wie Sie sich beschweren. Für jeden Brief, in dem Sie irgend etwas reklamieren, schreiben Sie auch einen Brief der Anerkennung. (Er muß keineswegs an dieselbe Person oder Institution gerichtet sein.) Jedesmal, wenn Sie den Oberkellner an Ihren Tisch zitieren, um das Essen mieszumachen, holen Sie denselben Kellner zu sich, um etwas lobend hervorzuheben.

Sollte es Ihnen gar gelingen, etwas zum Loben zu entdecken, *bevor* Sie Ihre Kritik anbringen, werden Sie feststellen können, daß der Kritisierte offener auf die Beschwerde reagiert (und bereit ist, Abhilfe zu schaffen). Noch wichtiger ist jedoch, daß Sie dabei lernen, selbst in Situationen nach Positivem Ausschau zu halten, die durchaus kritikwürdig sind.

Ein paar von euch jungen Typen haben mich gefragt:
»Hör mal, Opa, was meinst du eigentlich damit, daß es

eine ›herrliche Welt‹ ist? Was ist denn mit den Kriegen überall? Nennst du die etwa herrlich? Und wie steht's mit dem Hunger und der Umweltverschmutzung? Das ist auch nicht gerade herrlich.« Wie wär's, wenn ihr dem Alten mal eine Minute lang zuhört? Mir scheint es, als sei die Welt nicht so schlimm wie die Dinge, die wir mit ihr anstellen. Ich sage lediglich: Seht euch an, wie schön die Welt sein könnte, wenn wir ihr nur eine Chance geben würden. Liebe, Baby, Liebe – das ist das Geheimnis. Yeeeaaahhh. Wenn mehr von uns mehr lieben würden, könnten wir eine Menge Probleme lösen. Und dann wäre diese Welt eine tolle Sache.

Louis Armstrong

Was später komisch ist,
ist auch jetzt komisch

Du bist erwachsen, wenn du zum ersten Mal
herzhaft lachst – über dich selbst.

Ethel Barrymorde

Die besten Anekdoten in Ihrem persönlichen Repertoire sind vermutlich jene, in denen Sie von irgendwelchen Katastrophen heimgesucht wurden. Die meisten Tragödien haben es an sich, im Lauf der Zeit komische Elemente zu entwickeln.

JOHN-ROGER: Einmal reiste ich zu einem Vortrag. Nachdem schon das Flugzeug zu spät gelandet war, landete natürlich auch unser Gepäck als letztes auf dem Band. Irgendwo am anderen Ende der Stadt warteten in einem gemieteten Saal einige hundert Leute darauf, daß ich endlich das Wort ergriff – vielleicht noch zum Thema Pünktlichkeit . . . –, aber es wurde immer später.

Endlich tauchte unser Gepäck dann doch noch auf. (Wir hatten eine eigene Tonausrüstung dabei, also hätte es kaum Sinn gemacht, schon vorauszueilen.) Prompt sprang ein Koffer auf, und Kleidung verteilte sich auf dem gesamten Transportband. Ein weiteres Gepäckstück war beschädigt. Die Leute in meiner Begleitung wurden immer nervöser. Schließlich sagte ich: »Immer mit der Ruhe. Das ist doch ausgesprochen komisch. In ein paar Wochen werde ich die Ereignisse von heute zum besten geben und darüber lachen. Aber was später komisch ist, ist auch jetzt komisch.« Und dann fingen wir an, die ganze Situation so zu sehen, als wären wir in einem Film von Woody Allen. Als ein paar Gepäckstücke gar nicht erschienen, grinsten wir nur. Als die Autovermietung unsere Buchung nicht vorliegen hatte (und auch keine Wagen), lachten wir. Als wir hörten, daß die Taxifahrer streikten, brüllten wir vor Lachen.

Sicher, unsere Umgebung hielt uns für übergeschnappt, aber wir amüsierten uns blendend. Und als wir schließlich in dem

Vortragssaal waren, hatte ich ganz ausgezeichnetes »Material«
für meine Eröffnungssätze.

Gewöhnen Sie sich an, unangenehme Situationen im Leben
als Material für »Eröffnungssätze« zu sehen. Ist Ihnen schon
aufgefallen, wie viele Witze auf Mißgeschicken basieren? Was
macht den Unterschied aus, ob man darüber lacht oder weint?
Nur die Einstellung. Was würden Sie lieber tun?

Zugegeben, mitunter ist Weinen passend. Wir erwarten von
Ihnen keineswegs, daß Sie Lachen als Abwehr benutzen. Doch
häufig genug ist Lachen die beste Reaktion auf die Tücken und
Fallstricke des Alltags. Und wenn es einmal ganz dick kommen
sollte, dann sagen Sie sich: »Das ist ja köstlich! Ich kann es kaum
erwarten, Soundso davon zu erzählen!«

Unterhalten Sie sich häufig mit den Menschen, von denen Sie
wissen, daß sie gern und häufig lachen.

> Unsere Freunde schätzen wir nicht sosehr
> wegen ihrer Fähigkeiten, uns zu amüsieren,
> als vielmehr wegen unserer, sie zu
> erheitern.
>
> *Evelyn Waugh*

Lachen

Die Entwicklung des menschlichen Geistes
ist noch immer ein Abenteuer –
in vielerlei Hinsicht das größte
Abenteuer auf Erden.

Norman Cousins

Vor vielen Jahren sagten die Ärzte zu Norman Cousins, er sei
»unheilbar krank«. Man gab ihm höchstens noch sechs Monate.
Seine Chancen auf Heilung standen eins zu fünfhundert.

Er machte sich bewußt, daß die Aufregungen, die Depressionen und der Ärger in seinem Leben zu seiner Krankheit beigetragen, sie unter Umständen sogar verursacht hatten, und stellte
sich die entscheidende Frage: »Wenn Krankheit durch Negatives
verursacht wird, kann dann Positives Gesundheit bewirken?«

Cousins entschloß sich zu einem Selbstversuch. Lachen war
eine der positivsten Aktivitäten, die er kannte. Also lieh er sich
alle Lustspielfilme aus, derer er habhaft werden konnte. (Das war
vor dem Zeitalter der Videokassetten, also mußte er sich die
Originalfilme besorgen.) Er las witzige Geschichten oder ließ sie
sich von Freunden vorlesen. Er gab seinen Freunden und Bekannten den Auftrag, ihn unverzüglich anzurufen, sobald sie
etwas Komisches sagten, hörten oder taten.

Er litt unter großen Schmerzen. Sie waren so stark, daß er
nachts kaum schlafen konnte. Doch schon bald stellte er fest, daß
es seine Schmerzen für etliche Stunden linderte, wenn er nur
gute fünf Minuten herzhaft lachte. So konnte er endlich wieder
einschlafen.

Norman Cousins wurde völlig gesund. Heute ist er springle-
bendig und in bester Verfassung. (Seine Erfahrungen sind ausführlich in seinem Buch *Anatomy of an Illness* beschrieben.) Für
seine Genesung macht er Erkenntnis, die Liebe seiner Familie
und seiner Freunde, aber auch das Lachen verantwortlich.

Manche Menschen halten Lachen für eine »Zeitverschwendung«. Es sei Luxus, sagen sie, etwas Frivoles, Leichtsinniges, Oberflächliches – also etwas, dem man sich nicht allzu oft hingeben sollte.

Nichts könnte weiter von der Wahrheit entfernt sein. Lachen ist unverzichtbar für unser inneres Gleichgewicht, für unser Wohlbefinden, für unsere Existenz. Wenn es uns nicht gutgeht, trägt Lachen zur Besserung bei. Geht es uns gut, so hilft Lachen, daß es auch so bleibt.

Nach Cousins' bahnbrechendem »subjektivem« Selbstversuch haben auch wissenschaftliche Studien bewiesen, daß Lachen eine heilsame Wirkung auf Körper, Geist und Gefühle hat.

Wenn Sie also gern lachen, so betrachten Sie die wissenschaftlichen Erkenntnisse als Ansporn: Lachen Sie, so oft Ihnen danach zumute ist. Lachen Sie aber nicht gerade gern, so schlucken Sie die bittere Pille: Lachen Sie trotzdem.

Nutzen Sie alles, was Sie zum Lachen bringt: Filme, witzige Situationen, Monty Python, Schallplatten, Bücher, Karikaturen, Witze, Freunde. Gestatten Sie sich zu lachen: lang anhaltend, laut und unüberhörbar – immer, wenn Ihnen irgend etwas komisch vorkommt. Vielleicht werden die Menschen in Ihrer Umgebung Sie für ein bißchen komisch halten. Aber früher oder später werden sie einstimmen, selbst wenn sie nicht genau wissen, worüber sie eigentlich lachen.

Es gibt ansteckende Krankheiten, doch nichts ist so ansteckend wie das Heilmittel dagegen: Lachen.

> Ich habe mich nur mit einem einzigen
> Gebet an Gott gewandt, mit einem
> sehr kurzen: »Herr, laß meine Feinde
> lächerlich aussehen.«
> Und Gott war mir gnädig.
>
> *Voltaire*

Machen Sie alles,
was Sie fröhlich stimmt

Ein Mensch, der sich des Lebens freut,
ist kein Versager.

William Feather

Was Sie auch fröhlich und heiter stimmt – geben Sie sich ihm hin, solange es Ihnen oder anderen nicht schadet.

Planen Sie die angenehmen Aktivitäten in Ihren Alltag mit derselben Gründlichkeit ein, die Sie den weniger erfreulichen Aktivitäten widmen.

Manche glauben, daß Erfreuliches einfach so »passiert«, und bis zu einem bestimmten Punkt trifft das sogar zu. Doch das Erfreuliche hat eine noch größere Chance in Situationen, die Sie an sich schon als angenehm empfinden. Erfahrene »Positivisten« können selbst an einer Müllhalde noch etwas Erfreuliches entdecken, doch auch die finden es einfacher, sich in einem Museum (beim Lesen eines guten Buches, beim Betrachten einer guten Fernsehsendung oder ...) zu amüsieren.

Stellen Sie eine Liste der Dinge zusammen, die Sie gern tun. Unternehmen Sie diese Dinge so häufig wie möglich. Sie könnten feststellen, daß das aktive Streben nach Glück und Zufriedenheit dasselbe ist wie aktive Bemühungen um Gesundheit.

Lernen Sie wieder spielen

Weißt du, wie es ist, ein Kind zu sein?
Es ist ein anderes Sein als das des Mannes von heute.
Es ist ein Sein, in dem der Geist des Taufwassers
noch strömt,
in dem man an Liebe glaubt, an Herrlichkeit,
an Überzeugungen.
Du bist so klein, daß die Elfen dir etwas ins Ohr
flüstern können;
du machst aus Kürbissen Kutschen, aus Mäusen Pferde.
Niedriges wird zum Erhabenen
und nichts zu allem,
denn jedes Kind hat eine Feen-Patin
in der Seele.   *Francis Thompson*

Haben Sie einmal Kindern beim Spielen zugesehen? Sie bringen es fertig, sich mit allem, was gerade zur Hand ist, ungeheuren Spaß, Riesenfreude und große Begeisterung zu verschaffen. Ein Stock wird zum Zepter, ein Felsbrocken zum Thron. Zwei Minuten später ist der Stock ein Zauberstab und der Felsbrocken ein zahmer Drachen.

Irgendwann haben wir auf dem Weg zum Erwachsenwerden verlernt, wie man spielt. Erobern Sie sich das Gefühl für den Augenblick zurück – mit allem, was der Augenblick gerade zu bieten hat.

Eine Möglichkeit dazu besteht darin, mit kleinen Kindern zu spielen – vielleicht mit Fünf-, Sechs- oder Siebenjährigen. Sie werden Ihre Phantasie anregen und in Ihnen das Staunen wieder beleben, das Ihnen schon einmal – früher – eigen war.

Sie können sich sogar ein paar der Dinge besorgen, mit denen Sie früher gespielt haben: Fingerfarben, Baukästen, Buntstifte, Puppen. Gehen Sie in ein Spielwarengeschäft und kaufen Sie sich das, was Ihnen Spaß verspricht.

Seien Sie sich eine fürsorgliche Mutter, ein fürsorglicher Vater. Erlauben Sie sich zu spielen.

178

Seien Sie kreativ

Müßte ich Leben mit einem Wort beschreiben,
dann so: Leben ist Schaffen.

Claude Bernard
(Aus dem Bulletin der New York Academy of Medicine)

Eine der größten Freuden des Lebens ist die Kreativität. Informationen werden aufgenommen, verarbeitet und auf neue und interessante Weise wieder vorgebracht.

Wenn Sie schon immer etwas Kreatives tun wollten – tun Sie es jetzt. Schreiben, Malen, Bildhauern, Kochen, Gärtnern, Nähen, Stricken, Singen, ein Instrument spielen, Komponieren, Tanzen, Choreographieren, Entwerfen, Fotografieren, Darstellen, Regie führen – die Liste ist endlos.

Dabei ist es völlig unerheblich, wie »perfekt«, wie »gut« Sie darin sind. Was zählt, ist der Schaffensprozeß. Macht er Ihnen Freude? Gibt er Ihnen Befriedigung? Ist er Spaß? Vermittelt er Ihnen die Empfindung, mit den kreativen Strömungen des Lebens eins zu sein? Wenn Ihre Antwort auf irgendeine dieser Fragen »ja« ist, dann tun Sie es.

Sich von Kreativität durchströmen zu lassen, kann heilsam, kann therapeutisch wirken. »Durch einen Organismus strömende Energie hat die Eigenschaft, diesen Organismus zu ordnen«, heißt es im *Whole Earth Catalog*.

Schenken Sie sich jede Menge kreativer Zeit und jede Menge Möglichkeiten, kreativ zu sein.

Wählen Sie Ihre Begleiter
mit Bedacht aus

Ein nobler Mensch zieht noble Menschen an
und weiß, sie zu halten.

Johann Wolfgang von Goethe

Umgeben Sie sich mit Menschen, die in die gleiche Richtung streben wie Sie. Wenn Sie Menschen kennen, die ihrem Leben eine positive Wendung geben – oder sich darum bemühen –, werden Sie es vermutlich lohnender finden, mit ihnen zusammenzusein.

Im Gegensatz dazu kann von Menschen, die von ihrer negativen Einstellung abhängig sind – und die sich weigern, diese Abhängigkeit zu erkennen – geradezu ein Sog (nach unten) ausgehen. Sie werden Sie negativ beeinflussen und jeden positiven Schritt kritisieren, den Sie unternehmen.

Negativdenker können eine große Herausforderung sein. Nehmen Sie diese Herausforderung, wenn möglich, nicht an.

Bereichern Sie Ihr Leben mit Leuten, die jedem positiven Gedanken, Gefühl und jeder positiven Aktivität von Ihnen applaudieren, mit Leuten, die Sie zu Weiterem und Besseren anspornen, denen das Gute und Schöne wichtig ist.

Wie schon gesagt: Sie *müssen* Ihre Zeit nicht mit Menschen verbringen, an denen Ihnen nichts liegt. Wenn Sie sich aber dennoch entscheiden, mit ihnen zusammenzusein, dann haben Sie das Recht, gewisse Standpunkte klarzustellen: »Über negative Dinge möchte ich nicht diskutieren.« Sollte ihnen das nicht gefallen (und es wird ihnen nicht gefallen), dann haben sie das Recht, woanders hinzugehen und ihre Zeit mit Menschen zu verbringen, die so etwas gern tun.

Wenn Sie eine gewisse *Verpflichtung* fühlen, sich mit bestimmten Menschen (meistens Verwandten) abzugeben, dann versuchen Sie, das a) telefonisch zu erledigen und b) daraus etwas für sich selbst zu lernen. Zu beobachten, wie andere Menschen sich selbst negieren und sabotieren, kann Ihnen durchaus ein Muster für Ihr eigenes Verhalten liefern. Lassen Sie sich von deren Negativität nicht zu negativen Haltungen über sie hinreißen.

Es ist nicht nur besser, sich mit aufbauenden, positiv gestimmten Menschen zu umgeben – das gleiche trifft auch auf Bücher, Filme, Fernsehsendungen, Schallplatten, einfach alles zu. Das heißt keineswegs, daß Sie sich dreimal am Tag *Die Trapp-Familie* ansehen sollten – aber es ist nun einmal eine unbestreitbare Tatsache, daß bestimmte Informationen die Vorstellung erhärten, das Leben sei »einfach schrecklich«, während andere die Vorstellung nähren, das Leben sei »einfach herrlich«.

Aus welchen Informationsquellen Sie Ihr Leben bereichern, bleibt völlig Ihnen überlassen. Doch wie Sie sich vielleicht vorstellen können, raten wir zu der zweiten Art.

> Ich liebe ruhige Abgeschiedenheit
> und eine Gesellschaft,
> die ruhig, weise und gut ist.
> *Percy Bysshe Shelley*

Das Wunder
der modernen Medizin

Trotz ihres Wissens, daß ihr
Zustand bedenklich ist, erlangen
manche Patienten ihre Gesundheit
einfach durch ihr Vertrauen in
die Güte des Arztes wieder.

Hippokrates

Das klingt wie eine Artikelüberschrift aus *Reader's Digest,*
stimmt's? Unbestritten leistet die moderne Medizin vieles, das
noch vor einem Jahrhundert als »wahres Wunder« bezeichnet
worden wäre.

In manchen Fällen sogar noch vor nicht allzu langer Zeit: Vor
der Entdeckung des Penicillins im Jahr 1941 und seiner weitver-
breiteten Herstellung nach dem Zweiten Weltkrieg starben mehr
Menschen an Lungenentzündung als an jeder anderen Kompli-
kation. Die Menschen bekamen eine einfache Krankheit oder
erlitten einen Unfall, starben dann aber an Lungenentzündung.
Alexander der Große, der mächtigste Mann seiner Epoche, starb
an Lungenentzündung. König Henry VIII., der mächtigste Mann
seiner Epoche, starb an Syphilis. Nach Entdeckung des Penicillins ist die Zahl der Todesfälle durch Lungenentzündung entscheidend gesunken und die der Syphilistoten kaum noch regi-
strierbar. (Nach Angaben des *The World Almanac* beträgt sie
0,0 Prozent.)

Auch wenn die in den vergangenen 200 Jahren deutlich gestie-
gene Lebenserwartung mehr den sanitären Installationen und
den Transportsystemen als der Medizin zu verdanken ist (die
Abfallbeseitigung und die Bereicherung des täglichen Speisezet-
tels mit frischem Obst und Gemüse hat mehr als alles andere zur
Verlängerung der durchschnittlichen Lebensspanne beigetragen), können inzwischen jede Menge ehedem »unheilbarer«
Krankheiten ganz selbstverständlich geheilt werden.

182

Es ist höchst interessant, in einer Runde die Frage zu stellen: »Was glauben Sie – wären Sie noch am Leben, wenn sich die Medizin noch auf dem Stand von vor hundert Jahren befände?« Die meisten Menschen, die an Syphilis, Lungenentzündung, jeder früher tödlichen Infektionskrankheit gelitten haben, die einen schweren Unfall erlitten oder eine x-beliebige Operation – einschließlich Blinddarmentfernung und Kaiserschnitt – über sich ergehen lassen haben, müßten »nein« sagen.

Allein die Entdeckung der Großen Drei A – der Anästhesie, der Antiseptika und der Antibiotika – retten jährlich Millionen Menschen das Leben.

In der Medizin ereignen sich tagtäglich Wunder. Ihnen haben Sie – oder jemand, den Sie kennen – es zu verdanken, noch am Leben zu sein. Und wenn Sie an die Medizin denken, dann denken Sie nicht nur an die sterile Wissenschaft, an die Apparatemedizin, Laborkittel und Reagenzgläser. Bedenken Sie auch die Wunder der Medizin, und bewundern Sie, wie weit sie es doch gebracht hat. Verschließen Sie sich diesem Wunder nicht.

Die Geschichte der modernen Medizin ist weniger die eines vorhersehbaren, ausdauernden Fortschritts als vielmehr eine Chronik von Wunder.

Und diese Wunder wirken immer noch.

> Ehre den Arzt mit gebührender Verehrung,
> daß du ihn habest zur Not.
>
> *Sirach 38,1*

Informieren Sie sich
über medizinische Möglichkeiten

Ein Mann, der zielstrebig seine gerechte Sache
verfolgt, wird in seinem festen Entschluß auch
durch die Raserei seiner Mitbürger
nicht schwankend, die nach dem Falschen schreien,
noch durch die drohende Miene
des Tyrannen.

Horaz

Wie wir schon am Anfang des Buches erwähnten, soll und kann nichts darin eine ordentliche medizinische Behandlung ersetzen. Mit dieser Veröffentlichung geht es uns darum, die Wirkung der Therapie zu verstärken, der Sie sich möglicherweise gerade unterziehen, oder aber – wie sanitäre Installationen und frisches Gemüse – Krankheiten abzuwehren, damit Behandlungen von vornherein überflüssig werden.

Wenn Sie jedoch an einer lebensgefährlichen Krankheit leiden, informieren Sie sich über alle Möglichkeiten einer Behandlung, einer Heilung oder einer Verzögerung des Krankheitsverlaufes.

Erkunden Sie
die Krankheit

Das ganze Interesse an Krankheit und Tod
ist lediglich ein anderer Ausdruck eines
Interesses am Leben.

Thomas Mann

Ihr Arzt muß Hunderte von Krankheiten kennen und sich laufend über sie informieren – Sie haben nur eine. Erkunden Sie sie. Machen Sie sich schlau. Lernen Sie sie kennen. Schließlich ist sie so etwas wie ein Besucher. Und selbst mit einem nicht besonders willkommenen Besucher würden Sie vermutlich eine gewisse Zeit zubringen, um ihn näher kennenzulernen. Und je besser Sie Ihre Krankheit kennen, desto mehr Möglichkeiten haben Sie, sie auch wieder loszuwerden.

Sprechen Sie mit Ihrem Arzt über das Leiden, seine Therapie, die Heilung. Fragen Sie ihn aus. Sollten Sie dabei an die Grenzen des Wissens Ihres Arztes (oder seiner Geduld) stoßen, dann greifen Sie zu anderen Quellen. Lesen Sie Veröffentlichungen über die Krankheit, sprechen Sie mit Menschen, die sie auch haben – oder noch besser, überstanden haben.

Werden Sie zu einem »Mitschöpfer« Ihrer Heilung. Arbeiten Sie gemeinsam mit Ihrem Arzt die beste Therapie aus. Seien Sie kein passiver Patient, der nur Pillen schluckt und die Rechnungen begleicht. Werden Sie aktiv.

Jeder gute Arzt wird Ihnen gern bestätigen, daß Diagnose und Therapie einer Krankheit ebenso eine Kunst wie auch eine Wissenschaft sind.

Konzentrieren Sie
sich auf die Heilung

Gerechtigkeit ist der einzige Gottesdienst,
Liebe der einzige Priester.
Nichtwissen ist die einzige Sklaverei,
Glück das einzig Gute.
Der Zeitpunkt zum Glücklichsein ist jetzt,
der Ort zum Glücklichsein hier,
der Weg zum Glücklichsein: andere glücklich
zu machen.

Robert Green Ingersoll

Wenn Sie Ihre Krankheit kennen, können Sie sie auch heilen. Das ist der Grund, weshalb Sie sich gründlich über sie informieren sollten. Denken Sie bei Ihren Nachforschungen immer daran.

Völlig unabhängig davon, wie gerissen, mächtig und hartnäckig ein Leiden sein mag (und manche sind in dieser Hinsicht wirklich erstaunlich), führen Sie sich stets vor Augen: »Ich bin gerissener als die Krankheit, mächtiger als sie, hartnäckiger als sie.«

Denn das sind Sie auch.

Glauben Sie nicht alles, was die Presse (oder das Fernsehen) sagt

MARSBEWOHNER BAUTEN IN ZWEI JAHREN
ZWEI RIESIGE KANÄLE
Die Bewohner unseres Nachbarplaneten haben
in unglaublich kurzer Zeit unvorstellbare
Konstruktionsarbeiten geleistet.
Schlagzeile der New York Times, *27. August 1911*

Genaue Kenntnisse über Ihre Krankheit können Ihnen nicht nur helfen, den Weg zur Heilung zu finden; sie können Sie auch davor bewahren, daß sich Ihr Zustand aus Angst verschlechtert. Sobald Sie erst einmal über Ihr Leiden Bescheid wissen, können Ihnen Medienberichte, die zuvor durchaus Anlaß zur Panik gegeben hätten, nur noch ein Lächeln oder einen Seufzer entlocken. (Auch wenn die Versuchung groß ist: Lassen Sie es nicht zu, daß Ihre Reaktion negativer als ein kleiner Seufzer ausfällt!)

Die Medien sind in den meisten Fällen Übermittler schlechter Neuigkeiten. Diese Feststellung ist selbstverständlich längst keine Neuigkeit mehr. Und es ist keineswegs ausschließlich die Schuld der Medien: Schlechte Nachrichten verkaufen sich besser als gute. Sie erzielen die höheren Einschaltquoten. (»Drei Amerikaner von Amokschützen erschossen« bringt Umsatz, »238 829 439 Amerikaner entkamen Amokschützen« bringt keinen.)

Sollten Sie in den Medien etwas über Ihre Krankheit erfahren, dann vergessen Sie nie, daß die Berichterstattung dazu neigt, a) sich auf Negatives zu konzentrieren und b) allgemein-oberflächlich gehalten zu sein, um möglichst viele Menschen anzusprechen. Da Sie ein vitales Interesse daran haben, etwas über die Krankheit zu erfahren, können Sie durchaus besser und umfassender informiert sein als der Journalist, der über sie berichtet. (Der Reporter muß vermutlich auch über alle anderen Krankheiten und ferner über die Landungen des Space Shuttle schreiben.)

Häufig genug tappen die Medien in die »Ist-das-Glas-halbvoll-

oder-halbleer?«-Falle. Werden einer Krankheit fünfzigprozentige Heilungschancen eingeräumt, dann sprechen sie das gern so aus: »Jeder zweite Kranke wird an seinem Leiden sterben«, anstatt so zu formulieren: »Jeder Zweite kann geheilt werden!« Dieselbe Information, aber sehr unterschiedliche Deutungen.

Mitunter ist die Berichterstattung so allgemein gehalten, daß sie das Thema nahezu entstellt. Da die Medien beispielsweise lediglich veröffentlichen, daß Soundso »an Krebs gestorben« ist, wissen beispielsweise viele Menschen nicht, daß »Krebs« durchaus keine ausnahmslos tödliche Krankheit ist, sondern ein Begriff, unter dem eine ganze Reihe von Leiden zusammengefaßt werden, von denen die Mehrheit als heilbar angesehen wird.

Wenn nun Menschen, die jahrein, jahraus gelesen haben, daß auch reiche und berühmte Leute an »Krebs« sterben, erfahren, daß sie an Krebs leiden, geraten sie selbstverständlich in Panik. Selbst wenn bei ihrer speziellen Krebserkrankung hohe Heilungschancen eingeräumt werden, wenn ihnen ihr Arzt das ausdrücklich versichert hat, neigen sie durch die Jahre oberflächlicher, verallgemeinernder Berichterstattung dennoch zu der Überzeugung: »Ich habe Krebs! Ich werde sterben!«

Darüber hinaus ist der Medienberichterstattung über Krankheiten eines gemein: Jedes Leiden hat seinen Moment im Rampenlicht der Öffentlichkeit, um danach wieder im Desinteresse zu versinken. In den achtziger Jahren hatte Herpes seinen »Höhepunkt«. Obwohl auch heute noch Menschen Herpes bekommen oder darunter leiden, hört man kaum etwas davon. (Jedenfalls nicht aus den Medien. Und die Leute rufen einander nur sehr selten an, um zu sagen: »Rat mal, was ich habe!«) In den letzten fünf Jahren hat AIDS, nach einem Schweigen in den Medien, das schon fast verschwörerisch wirkte, im Rampenlicht der Öffentlichkeit gestanden. Neuerdings scheint es die Lyme-Krankheit zu sein.

Das Problem dieser Art Berichterstattung über »Modekrankheiten« hat drei Haken:

1. Gerüchte, Spekulationen und Vermutungen werden dabei

leicht als Tatsachen ausgegeben. So ist es nun mal, nun ja, sensationeller. Wie man dabei vorgeht? Man zitiert »Experten«. Doch Experten haben nur selten eine übereinstimmende Meinung, besonders in einem noch frühen Stadium der Erforschung einer Krankheit, und Sie können jederzeit einen »Experten« finden, der irgend etwas Unsinniges über irgend etwas von sich gibt.

2. Die ersten wissenschaftlichen Erfolge im Hinblick auf Therapiemöglichkeiten setzen meist erst dann ein, wenn die Krankheit schon wieder aus dem Blickpunkt der Öffentlichkeit verschwunden ist. Wenn also endlich eine Heilungsmöglichkeit entdeckt wird – üblicherweise durch schrittweise Therapieversuche und Vorsorgemaßnahmen –, ist die Krankheit längst im »Abseits« des Medieninteresses, und die Berichterstattung über Therapiemöglichkeiten beschränkt sich oft auf eine einzige Meldung kurz über dem Anzeigenteil, das heißt, falls man sich überhaupt die Mühe der Berichterstattung macht.

3. Wenn sich die furchteinflößenden Vermutungen dann als, sagen wir mal, übertrieben herausstellen, macht sich niemand die Mühe des Eingeständnisses: »Vor fünf Jahren sind wir einer groben Fehleinschätzung erlegen. Hoffentlich haben wir Sie, verehrte Leser, nicht allzusehr erschreckt.« (Erinnern Sie sich noch daran, daß Experten auf dem Höhepunkt der Herpes-Hysterie voraussagten, daß der Virus schließlich das Rückgrat angreifen würde und die Erkrankten einen entsetzlichen Tod zu erleiden hätten? Wie viele Berichtigungen haben Sie eigentlich zu diesem Thema gesehen?)

Doch auch die guten Nachrichten in den Medien sollten durchaus mit einer gewissen Skepsis zur Kenntnis genommen werden. Wenn ein Abweichen von der allgemeinen Einschätzung und das Zitieren eines hyperoptimistischen Experten für eine zugkräftige Schlagzeile gut ist, dann wird die auch erscheinen.

Fragen Sie einen Journalisten, er wird Ihnen sicher gern bestätigen, daß für die Berichterstattung über ein so problematisches Thema wie Krankheiten folgende Regeln gelten: »Verallgemeinern Sie, schreiben Sie verständlich und formulieren Sie möglichst knapp.«

Andererseits bewirkt das »Angstschüren« in den Medien auch häufig, daß mehr Geld und andere Mittel für die Erforschung von Heilungsmöglichkeiten bereitgestellt werden, als sonst zur Verfügung gestanden hätten. Wir wünschen uns nur, daß das auch ohne Angstmachen möglich wäre – besonders für jene Menschen, die nicht nur mit der Krankheit und ihrer eigenen Angst fertig werden müssen, sondern dann zusätzlich auch noch mit den Ängsten anderer.

> Die französische Armee ist noch immer
> die beste Rundum-Kampfmaschine Europas.
> *TIME, 12. Juni 1939*

Lernen Sie zwischen »Meinung« oder »Vermutung« und Tatsachen zu unterscheiden

> Wenn es um Heilmittel für soziale Leiden geht, sind die Prinzipien von Washingtons Abschieds- rede noch immer Quellen der Weisheit. Die Methoden von George Washingtons Ärzten wer- den jedoch längst nicht mehr diskutiert.
>
> *Thurman Arnold*

Jedem, der viel auf die Aussagen von Experten gibt, kann das Buch *The Experts Speak* nicht warm genug empfohlen werden. (Wenn Ihnen jemand erklärt, Sie hätten nur noch soundso lange zu leben, aber die und die Schmerzen zu erleiden, ist das eine *Vermutung,* eine *Meinung,* die auf einer statistischen Norm ba- siert. Mehr nicht.)

The Experts Speak (von Christopher Cerf und Victor Navansky bei Pantheon Books, New York, erschienen) umfaßt 392 kleinge- druckte Seiten, auf denen festgehalten ist, daß sich bekannte Experten in den letzten 7000 Jahren im Hinblick auf nahezu jedes größere Ereignis, jede Entdeckung und Erfindung geirrt haben. Nach Aussagen der »Experten« waren alle Symphonien von Beethoven Mist, die beiden Weltkriege hätten gar nicht ausbrechen können und *Vom Winde verweht* hätte keinen Penny eingespielt.

Eine kleine Auswahl. Edison: »Der Tonfilm wird den Stumm- film nicht verdrängen.« Aristoteles: »Frauen können als minder- wertige Menschen bezeichnet werden.« Edison: »Das Grammo- phon besitzt keinerlei ökonomischen Wert.« *Business Week* 1968: »Angesichts von mehr als fünfzig ausländischen Kraftfahrzeugen auf dem amerikanischen Markt wird die japanische Autoindu- strie höchstwahrscheinlich kein Bein auf US-Boden bekommen.« Edison: »Die Radio-Manie wird bald aussterben.«

Und hier noch ein paar Zitate, die uns mehr betreffen, aus dem Kapitel »Die Annalen der Medizin: Der Kampf des Menschen gegen die Krankheit«:

»Die Abschaffung des Schmerzes bei chirurgischen Eingriffen ist eine Schimäre. Es ist absurd, danach zu trachten ... *Messer* und *Schmerz* sind zwei Begriffe der Chirurgie, die im Bewußtsein des Patienten immer eine Einheit bilden müssen. An diese obligatorische Verbindung sollten wir uns gewöhnen.«
Dr. Alfred Velpeau, Chirurg, Professor der Pariser Medizinischen Fakultät, 1839

»Der Unterleib, der Brustkorb und das Gehirn werden dem Eindringen des weisen und humanen Chirurgen für immer verschlossen bleiben.«
Sir John Eric Erichsen, Chirurg, später Leibarzt von Queen Victoria, 1873

»Louis Pasteurs Bakterien-Theorie ist ein lächerliches Hirngespinst.«
Pierre Pachet, Professor der Physiologie in Toulouse, 1872

»Die Hälfte der Kinder sterben vor dem achten Lebensjahr. Das ist ein Naturgesetz; warum sollten wir uns dagegen auflehnen?«
Jean-Jacques Rousseau, Autor von *Emile,* dem meistgelesenen Pädagogikbuch seiner Zeit, 1762

»Jeder Mann, der zu zwei Frauen gleichzeitig sexuelle Beziehungen unterhält, riskiert Syphilis, selbst wenn ihm die beiden Frauen treu sind, denn libertinöses Verhalten läßt diese Krankheit spontan ausbrechen.«
Alexandre Weill, *The Laws and Mysteries of Love,* 1891

»Ein leidenschaftlicher Kuß erzeugt so viel Hitze, daß er Bakterien zerstört.«

Dr. S. L. Katzoff, Institute of Human Relations, San Francisco, 1940

»Wenn exzessives Rauchen tatsächlich eine Rolle beim Entstehen von Lungenkrebs spielt, dann scheint es eine kleine zu sein.«
Dr. W. C. Heuper, National Cancer Institute, 14. April 1954 in der *New York Times*

»Für die meisten Menschen hat Rauchen eine positive Wirkung.«
Dr. Ian G. Macdonald, Chirurg aus Los Angeles, 18. November 1963 in *Newsweek*

Wir zitieren diese Expertenmeinungen – und davon gibt es noch sehr viele –, um zu beweisen, daß sich Fachleute, selbst Ärzte, irren können. Irren ist menschlich, und auch Ärzte sind Menschen. Es gibt bestimmte medizinische *Fakten*, aber Vermutungen darüber, wie lange jemand noch zu leben hat, sind genau das: Vermutungen, Meinungen.

Wenn Menschen von einem Arzt – der immerhin eine außerordentliche Autorität ist – gesagt wird: »Ihre Krankheit ist unheilbar. Sie haben nur noch ungefähr sechs Monate zu leben«, können diese Menschen bedauerlicherweise so fest daran glauben, daß sie sich mit ihrem Denken, den Gefühlen, den Handlungen selbst dazu verurteilen, innerhalb von sechs Monaten zu sterben. Und sich daran halten.

Wir sind jedoch der festen Überzeugung, daß sie noch Jahre leben könnten, wenn man ihnen Jahre eingeräumt hätte, wenn der Arzt gesagt hätte: »Sie haben da etwas, aber wenn Sie mit mir zusammenarbeiten, können wir die Krankheit gemeinsam besiegen.« So hätten sie als Team die Krankheit besiegt – vorausgesetzt, es handelte sich um einen uneingeschränkt kooperativen Patienten, der wirklich bereit wäre, alles, aber auch wirklich alles Nötige zu tun.

Wenn eine Krankheit erst einmal als »unheilbar« eingestuft

wird, dann verwirklicht sich diese »Unheilbarkeit« leicht selbst. Und wenn sich Erkrankte dann selbst heilen, hören sie für gewöhnlich: »Ah, da haben wir uns wohl mit der Diagnose geirrt.« Und auf die Frage: »Woher wollen Sie wissen, daß Sie sich mit der Diagnose geirrt haben?«, kommt die Antwort: »Weil die von uns diagnostizierte Krankheit unheilbar ist. Und da Sie keinerlei Symptome dieses Leidens mehr zeigen, kann es die Krankheit gar nicht gewesen sein, denn diese Krankheit ist unheilbar.«

Eine gute Freundin von uns hat so etwas durchgemacht. 1971 wurde bei ihr Leukämie »festgestellt«, und man räumte ihr eine Lebensdauer von nur noch drei Jahren ein. Sie begann ihr Leben zu verändern, an sich zu arbeiten, und innerhalb eines Jahres waren sämtliche Symptome von Leukämie verschwunden. Man erklärte, es hätte da eine Fehldiagnose gegeben. Sie ist bis auf den heutigen Tag quicklebendig (und das ist sogar leicht untertrieben).

Manche Ärzte geben gar nicht gern zu, falsch diagnostiziert zu haben. Sie bezeichnen die Heilung als »spontanes Abklingen«, und das wär's dann auch. Sie behaupten, die Heilung hätte weder Sinn noch Verstand. Sie wäre »spontan«. Und darüber hinaus ist man keineswegs »geheilt«. Die Krankheit ist lediglich »abgeklungen«. Sie kann also jederzeit wieder ausbrechen. Man hat eben Glück gehabt, mehr nicht. Gehen Sie nach Hause und freuen Sie sich.

Andere Ärzte wollen jedoch wissen: »Was haben Sie denn getan? Wie haben Sie das fertig gebracht? Mal sehen, vielleicht können andere von Ihrem Fall lernen.« Dieser mittlerweile wachsenden Gruppe medizinischer Praktiker spenden wir lautstark Beifall.

AIDS wird zum Beispiel im Moment von den meisten Experten für »unheilbar« und »ausnahmslos tödlich« gehalten. Das Problem ist nur, daß es Menschen gibt, die AIDS hatten, bevor man dafür überhaupt einen Namen hatte, und die immer noch am Leben sind. Bis nicht auch der letzte Erkrankte gestorben ist, können wir nicht begreifen, daß man eine Krankheit als *ausnahmslos* tödlich bezeichnet.

Das Center for Desease Control in New York/City untersuchte 5833 AIDS-Infizierte. Dabei stellten sie fest, daß fünf Jahre (oder länger) nach der Diagnose 15 Prozent der Patienten noch lebten. Nachdem die schwarzen und hispanischen IV (intravenösen)-Rauschgiftkonsumenten (die offenbar schneller an der Krankheit sterben, doch darüber mehr später) herausgefiltert worden waren, zeigte es sich, daß 30,9 Prozent der weißen Homosexuellen, bei denen ein Kaposi-Syndrom festgestellt worden war (eines der Symptome, die auf AIDS hinweisen), fünf Jahre nach der Diagnose noch am Leben waren.

Natürlich sind das traurige Statistiken. Doch für uns reißen sie auch mit Sicherheit eine beträchtliche Lücke in die allgemein verbreitete Annahme, AIDS sei »ausnahmslos tödlich«. Und von diesem Blickpunkt aus sind die Zahlen durchaus ermutigend (es sei denn für schwarze oder hispanische IV-Drogenkonsumenten), besonders dann, wenn man sich die Tatsache in Erinnerung ruft, daß alle Überlebenden die »Steinzeit« von AIDS durchlebt haben, in der die Behandlungsmöglichkeiten für Menschen mit AIDS keineswegs so entwickelt waren wie heute – oder morgen sein werden.

Eine weitere Vermutung – die von den meisten Medien inzwischen als Tatsache behandelt wird – geht davon aus, daß 99 Prozent der Menschen mit einem HIV-positiven Testergebnis an AIDS-Komplikationen sterben werden. (Man stirbt nicht an AIDS. Man stirbt an den Komplikationen durch Infektionen, gegen die sich das durch AIDS geschwächte Immunsystem nicht wehren kann.)

Das sind katastrophale Informationen für jeden, der sich je einem »AIDS-Test« unterzogen und mit einem positiven Ergebnis konfrontiert wurde. (Es gibt keinen »AIDS-Test. Bei dem Test geht es um einen Nachweis von Antikörpern gegen den HIV-Virus, den Virus, den die meisten Experten für den Verursacher von AIDS halten. Der Test beweist lediglich, daß es Antikörper des Virus im Blut gibt. Er beweist keineswegs das Vorhandensein des AIDS-Virus oder der Krankheit AIDS.)

Bevor Sie sich diese 99 Prozent allzusehr zu Herzen nehmen (oder »zu Kopf« und damit negativen Gedanken nachhängen), sollten Sie sich eher mit den Tatsachen befassen.

Diesem Thema widmen wir uns deshalb so ausführlich, weil es ein gutes Beispiel für die Wichtigkeit ist, manchen Unheilsverkündungen gewisser Experten über Krankheiten auf den Grund zu gehen, um der Wahrheit ein bißchen näher zu kommen.

1978 wurde in einer Klinik für sexuell bedingte Krankheiten in San Francisco Tausenden von Patienten Blut entnommen und als Bestandteil einer Hepatitis-Studie gelagert. Als dann 1984 der HIV-Antikörper-Test entwickelt war, wurde mit 5000 homosexuellen Männern, in deren 1978 entnommenem Blut HIV-Antikörper vorhanden waren, ein Versuch begonnen.

Im Jahr 1988 wurde bei 48 Prozent der Menschen, deren Blut 1978 HIV-positiv war, AIDS festgestellt.

Das sind erschreckende Zahlen, doch das ist auch alles, was zum augenblicklichen Zeitpunkt bekannt ist. Die wissenschaftlichen Fakten haben damit ein Ende. Hier beginnen die Vermutungen und Meinungen.

Manche Experten sahen sich die Statistiken an und projizierten die Zunahme von AIDS-Fällen aufgrund von Ereignissen der Vergangenheit in die Zukunft. Von dieser *Annahme* ausgehend, sagten sie vorher, daß im Jahr 2000 nahezu jeder an dieser Studie Beteiligte AIDS haben wird.

Basierend auf dieser Vermutung gingen sie sogar noch weiter und behaupteten, daß 99 Prozent *aller* HIV-Positiven an durch AIDS verursachte Komplikationen sterben werden.

Doch diese Annahmen und Vermutungen aufgrund von Annahmen lassen das Folgende außer acht:

1. Eine Krankheit zieht zunähst die schwächsten und/oder empfänglichsten Teile einer Bevölkerung in Mitleidenschaft. Wenn sich unsere Experten die Pest zur Grundlage ihrer Hochrechnung genommen hätten (die zwischen 1348 und 1350 halb

Europa entvölkerte) oder die Grippe-Epidemie von 1918 (die doppelt so viele Opfer forderte wie der Erste Weltkrieg: 20 Millionen Menschen weltweit, allein 540 000 in den Vereinigten Staaten von Amerika), wäre Europa 1352 absolut menschenleer und der gesamte Erdball irgendwann in den zwanziger Jahren ohne menschliches Leben gewesen. Doch dazu ist es natürlich nicht gekommen. Die Krankheiten flackerten auf, hatten ihre Zeit und verschwanden dann wieder, ohne daß je ein »Gegenmittel« gefunden worden wäre. Daher ist es nur logisch, davon auszugehen, daß ähnliches für die Menschen in der Testgruppe geschehen wird. Daß die Vorhersage ihres Überlebens ebensoviel für sich hat wie die Annahme, sie würden alle sterben.

2. Die Untersuchten kamen aus einer Klinik für sexuell bedingte Krankheiten. Die meisten der Patienten litten an Syphilis, Gonorrhöe, Parasiten, Herpes und/oder Hepatitis. Daraus ergeben sich für uns einige Fragen: a) Waren diese Menschen empfänglicher für Krankheiten als eine »durchschnittliche« Gruppe Homosexueller? b) War ihr Immunsystem vielleicht schon vor AIDS durch wiederholte andere Erkrankungen geschwächt? Und wenn das so war, gab das AIDS vielleicht größere Chancen? c) War die Pflege und Behandlung in einer öffentlichen Klinik so gut wie die, die andere Homosexuelle in privaten Institutionen erhielten?

3. Es besteht eine hohe Wahrscheinlichkeit, daß sich viele Männer der Testgruppe durch vielfältige sexuelle Kontakte dem AIDS-Virus wiederholt ausgesetzt haben. Es gibt zwar keine speziellen Erkenntnisse im Hinblick auf den HIV-Virus, doch allgemein neigen Viren bei wiederholten Kontakten dazu, eine Krankheit schneller und vor allem heftiger ausbrechen zu lassen. Die Menschen der Gruppe waren bereits 1978 HIV-positiv, doch Regeln für »Safer Sex« wurden erst sechs Jahre später aufgestellt.

4. In der Testgruppe war die Drogenabhängigkeit größer als beim Durchschnitt der Bevölkerung.

5. Die Sexualpartner wurden in dieser Gruppe häufiger gewechselt als durchschnittlich üblich.

6. Viele der männlichen Homosexuellen in San Francisco Ende der siebziger Jahre praktizierten sexuelle Gepflogenheiten, die (im Hinblick auf eine AIDS-Übertragung) nicht nur »unsicher«, sondern ausgesprochen akrobatisch waren. Vom Standpunkt einer AIDS-Übertragung müssen sie als *sehr* unsicher bezeichnet werden.

7. Die Untersuchung reicht lediglich bis 1978 zurück. Es wird jedoch angenommen, daß das AIDS-Virus in seiner augenblicklichen Form (HIV) seit mindestens 25 Jahren »unterwegs« ist, vermutlich länger. Manche der Untersuchten können also sehr gut seit zwanzig Jahren oder länger infiziert sein.

8. Die Teilnehmer an der Studie wußten seit 1984, daß sie HIV-Antikörper im Blut hatten – mindestens seit 1978, vermutlich aber schon länger. Sie haben Berichte über die Studie gelesen und Experten gehört, die ihre Lebenserwartung in den düstersten Farben schilderten. Sie können erlebt haben, daß Freunde an AIDS starben oder sich sogar *nach* 1978 noch infizierten. Können Sie sich vorstellen, welche Depression so etwas bei dieser abnehmenden Gruppe von Menschen verursachen kann?

Mit unseren Einwänden hatten wir keineswegs die Absicht, ein »moralisches« Urteil über das Sexualverhalten der untersuchten Menschen oder anderer zu fällen, die einem vergleichbaren Lebensstil huldigen. (Vielmehr möchten wir die Gruppe aus San Francisco für ihren Mut und ihre Bereitschaft loben, anderen zu helfen, indem sie sich an dem Experiment beteiligten.) Wir haben nur den Eindruck – nach allem, was wir im Moment über die Übertragung von AIDS wissen –, daß diese Menschen mehr zu den AIDS-Faktoren beigetragen haben könnten als der Durchschnitt der Bevölkerung, vielleicht sogar mehr als jene Angehörigen der allgemeinen Bevölkerung, bei denen kürzlich ein Test ergeben hat, daß sich in ihrem Blut HIV-Antikörper befinden.

Angesichts dieser acht Faktoren können wir beim besten Willen nicht erkennen, wie die Experten die »99-Prozent-Vorhersage« für die restlichen Angehörigen der Testgruppe treffen konnten – schon gar nicht für die Gesamtbevölkerung. (Und warum eigentlich 99 Prozent? Warum nicht 98 Prozent? Oder hundert? Oder 99,4?)

Das bedeutet doch, daß Sie sich erst einmal darüber informieren, ob a) die Veröffentlichung auf einer *Tatsache* oder einer *Vermutung* beruht und b) unter welchen Bedingungen die in Frage kommende Untersuchung stattgefunden hat, sowie c) wer von der Studie erfaßt wurde und wie sich dessen/deren Lebensumstände von den Ihren unterscheiden.

Vergessen Sie nie: Nach Aussagen von Experten kann der Mensch nicht fliegen, dreht sich die Sonne um die Erde und kann die *Titantic* nicht untergehen.

> Die Kunst der Medizin besteht darin, den Patienten bei Laune zu halten, während die Natur die Krankheit heilt.
>
> *Voltaire*

> Wir haben den Glauben nicht verloren.
> Wir haben ihn nur von Gott auf den Medizinerberuf übertragen.
>
> *George Bernard Shaw*

Hat es einer geschafft, können Sie der zweite sein. Hat es keiner geschafft, können Sie der erste sein

Dem menschlichen Verstand ist alles möglich
– weil darin alles vorhanden ist, die gesamte
Vergangenheit ebenso wie die gesamte Zukunft.
Joseph Conrad

Im letzten Abschnitt zitierten wir die Ergebnisse einer Untersuchung des Center for Disease Control an AIDS-Kranken in New York City. Nach Angaben des CDC starben schwarze und hispanoamerikanische IV (intravenöse)-Rauschgiftkonsumenten in den ersten fünf Jahren nach der AIDS-Diagnose wesentlich schneller als weiße Homosexuelle.

Heißt das nun, daß man als schwarzer oder hispanischer IV-Drogenkonsument, der in New York City lebt und bei dem kürzlich AIDS festgestellt wurde, das Handtuch werfen muß? Ganz und gar nicht. Solange auch nur ein schwarzer oder hispanoamerikanischer IV-Drogenabhängiger mehr als fünf Jahre überlebt hat, können Sie Nummer zwei sein. Und wenn kein schwarzer oder hispanischer IV-Drogenkonsument diese fünf Jahre überstanden hat, können Sie durchaus der erste sein.

An welcher Krankheit Sie auch leiden – es gibt immer Statistiken, denen Sie Ihre Chancen entnehmen können, die Krankheit zu überleben. Aber vergessen Sie nicht: Sie sind ein Mensch, keine Zahl in einer Statistik. Sie können haben, was Sie wollen, wenn Sie nur bereit sind, alles zu tun, es zu bekommen. Wenn Sie sich mehr als alles andere wünschen, die Krankheit zu überwinden, werden Sie sie überwinden. Die statistischen Tabellen geben Durchschnittswerte an, keine Fakten über Ihr Leben.

Die Lebenserwartungstabellen der Versicherungsunternehmen sind dafür ein gutes Beispiel. Ganz unabhängig von Ihrem Alter, sagen sie Ihnen bis auf den Monat genau, wann Sie sterben werden. Selbstverständlich ist das purer Unsinn. Aber *statistisch* stimmen sie. Diese Absurdität wird an einem Versicherungsvertreter deutlich, der die Lebenserwartung eines älteren Klienten nachschlug. Der Vertreter guckte und guckte und meinte schließlich: »Tut mir leid. Ich kann Sie nicht versichern, denn Sie sind bereits tot.«

Nehmen wir an, Sie leiden an einer Krankheit mit einer sehr geringen Überlebenschance: Innerhalb eines bestimmten Zeitraums sterben 95 Prozent der an Ihrer Krankheit Leidenden. Starren Sie nicht auf die Prozente und sagen Sie nicht etwa: »Oh, fünfundneunzig Prozent der Kranken sterben. Natürlich. Ich bin einer von den fünfundneunzig Prozent.« So würden 95 Prozent der Menschen auf diese Information reagieren. Das ist es wahrscheinlich, was sie tatsächlich zu einem Teil der 95 Prozent macht.

Sagen Sie sich statt dessen: »Fünf Prozent schaffen es. Großartig. Ich bin bei den fünf Prozent!«

Fünf Prozent mögen Ihnen wenig vorkommen, doch wenn Sie an die absolute Zahl der Menschen denken, die an dieser speziellen Krankheit gelitten haben, ist sie für gewöhnlich beträchtlich.

Nehmen wir an, daß pro Jahr 10 000 Menschen an diesem Leiden erkranken, dann schaffen es statistisch fünfhundert Menschen, sie zu überleben. Falls es Sie also erschreckt, zu fünf Prozent zu gehören, dann stellen Sie sich einfach diese fünfhundert vor. Das ist leichter. Schließlich brauchen Sie nur *einer* von fünfhundert zu sein. Und dann gibt es da noch 499 andere.

Sie können es aber auch noch anders sehen. Sie gehören bereits einer exklusiven Minderheit an. Falls Sie in den Vereinigten Staaten leben, haben Sie »es bereits geschafft«. Nur vier Prozent der Weltbevölkerung lebt in den Vereinigten Staaten. Und falls Sie in Deutschland leben, gehören Sie gar einer noch exklusiveren Gruppe an: Weniger als zwei Prozent der Weltbevölkerung lebt in Deutschland.

Und wenn Sie dann noch all die persönlichen Dinge denken,

auf die Sie stolz sind – Geschlecht, Religion, Alter, Nationalität, Einkommen, Wohnort, Familienstand –, und sich ausmalen, wie wenige Menschen auf der Welt diese besondere Kombination aufweisen, dann werden Sie erkennen, wie wenig »Prozente« auf Sie zutreffen. Prozente sind ein viel zu grober Raster. Sie werden sich vielleicht bewußt, »Einmillionstel« zu sein oder sogar »Einmilliardstel«.

Noch etwas zum Thema Statistiken: Falls von diesem Buch zwei Millionen Exemplare verkauft werden, könnte das als außerordentlicher Erfolg bezeichnet werden. Doch selbst wenn das geschieht (beachten Sie, daß wir aus dem »falls« ein »wenn« gemacht haben. Wir konzentrieren uns eben auf Positives . . .), werden weniger als ein Prozent der Bewohner der Vereinigten Staaten das Buch besitzen.

Selbst wenn nur ein Mensch die lebensbedrohliche Krankheit überlebt, an der Sie zur Zeit leiden, können Sie die Nummer zwei sein. Und falls niemand sie überlebt, können Sie der erste sein. Sie wollten doch schon immer irgendwo Erster sein, oder? Hier ist Ihre Chance.

> Es gibt drei Arten von Lügen:
> Lügen, verdammte Lügen und Statistiken.
> *Benjamin Disraeli*

Seien Sie
ein perfekter Patient

Sterben, mein verehrter Doktor, ist das
letzte, was ich tun werde.

Lord Palmerston

Ihre Ärzte wünschen sich Ihre Genesung mehr als alles andere. Erfüllen Sie Ihren Ärzten ihren Wunsch. Werden Sie gesund.

Bis es soweit ist, befolgen Sie die Anordnungen Ihres Arztes bis auf das I-Tüpfelchen genau. (Sollten Sie ein Rebell sein, sehen Sie in ihnen »gutgemeinte Ratschläge«. Wenn Sie ein Kämpfer sind, nehmen Sie sie als »Herausforderungen«.) Schlucken Sie die Medikamente, lassen Sie »verbotene« Nahrungsmittel weg, machen Sie die empfohlenen Übungen, ruhen Sie sich aus, halten Sie sich an die vorgeschriebene Therapie, kurz gesagt: Seien Sie kooperativ.

Zusätzlich zu allem, was Ihr Arzt rät, können Sie sich nach Belieben aus diesem Buch bedienen. Tun Sie das, was Ihnen daraus zusagt. Auf diesen Seiten gibt es höchstwahrscheinlich nichts, was den Empfehlungen Ihres Arztes zuwiderlaufen könnte. Nutzen Sie unsere Vorschläge als Zusatz zu Ihrer normalen medizinischen Behandlung.

Befolgen Sie den Rat Ihres Arztes, als wäre er eine Verpflichtung. Ganz gleich, was er von Ihnen verlangt: Tun Sie es. Und wenn Sie doch etwas anderes machen wollen, holen Sie zunächst sein Einverständnis ein. Sagt der Arzt nein, dann ändern Sie nichts. Sollten Sie dennoch mit der Behandlung nicht zufrieden sein, wechseln Sie den Arzt. Nehmen Sie es nicht auf Ihre Kappe, Veränderungen in der Therapie vorzunehmen.

Fragen Sie jedoch Ihren Arzt, wozu ein Medikament oder Verfahren gut ist. Und wenn Sie das Medikament nehmen oder eine Übung durchführen, dann sagen Sie sich: »Diese Tabletten/Tropfen werden mein ... heilen.« – »Diese Übung kräftigt

mein . . .« – »Wenn ich darauf verzichte, ist das gut für mein . . .«
Nehmen Sie die Medikamente nicht unbedacht. Reichern Sie
jede Tablette, jeden Tropfen mit Ihrer Energie an, damit sie –
selbst wenn es sich um Placebos handeln würde – das erwünschte
Ergebnis erzielen.

Das Befolgen der Anordnungen Ihres Arztes bis aufs I-Tüpfelchen ist unerläßlich. Aber wenn Sie es mit der Absicht tun,
gesund zu werden, werden Sie auch gesund.

Erwägen Sie
eine Psychotherapie

Mit wem kann ich heute sprechen?
Ich bin mit Sorgen schwer beladen –
denn es fehlt mir ein enger Freund.
Der Mann, der des Lebens müde war, 1990 v. Chr.

Es gibt ein Buch, das keiner von uns gelesen hat. Wir wissen nicht einmal, ob es noch lieferbar ist. Es war vor etwa zwanzig Jahren bekannt und trägt den Titel *Psychotherapy: The Purchase of Friendship* (Psychotherapie: Der Erwerb von Freundschaft).

Denken Sie an die Eigenschaften, die man traditionell von einem Freund erwartet. (»Blumen sind lieblich; Liebe ist wie eine Blume; Freundschaft ist ein schützender Baum«, sagt Coleridge.) Aber ach, wahre Freundschaft ist – wie alle seltenen Dinge – nur schwer zu finden.

Doch ein offenes Ohr, stete Geduld, vernünftige Ratschläge und das Wissen, daß Ihnen »jemand zur Seite steht«, können auch bei einem guten Psychotherapeuten gefunden werden.

Falls Sie an einer lebensgefährlichen Krankheit leiden sollten, werden Sie es unschätzbar finden, jemanden zu haben, in dessen Gegenwart Sie einfach Sie selbst sein können; jemanden, mit dem Sie offen über Ihre Ängste und Sorgen reden können (besonders die, bei denen Sie Angst haben und sich sorgen, Ihre Freunde und nächsten Angehörigen könnten sich ängstigen und sorgen); jemanden, dem Sie vertrauen können. Eine solche Beziehung kann – Sie werden den Ausdruck verzeihen – ein Lebensretter sein.

Doch ob Sie nun eine lebensgefährliche Krankheit haben oder nicht: Das Ziel, gewohnheitsmäßiges Negativdenken (oder jede andere schlechte Angewohnheit) zu besiegen, kann häufig die Unterstützung, das Mitgefühl und die Anleitung eines qualifizierten Psychotherapeuten brauchen.

Suchen Sie sich Ihren Therapeuten ebenso sorgsam aus, wie Sie jeden anderen Menschen auswählen würden, mit dem Sie eng zusammenarbeiten wollen. Hat einer den Ruf, ein »erstklassiger Therapeut« zu sein, heißt das noch lange nicht, daß er auch der richtige Therapeut für Sie ist. Nicht jeder Therapeut ist für jeden Patienten richtig. Wir schlagen Ihnen vor, sich gründlich umzusehen. Verabreden Sie ein paar Termine mit mehreren. Entscheiden Sie sich dann für denjenigen, in dessen Gesellschaft Sie sich am wohlsten fühlen; für den, dem gegenüber Sie spontan Zuneigung empfinden; vor allem aber für einen, dem Sie vertrauen können.

Eine wichtige Regel in der Zusammenarbeit mit Therapeuten: Seien Sie jederzeit und ausnahmslos offen und ehrlich – auch in Ihren Gefühlen dem Therapeuten gegenüber. Sie können in fast allen anderen Lebenssituationen täuschen, schöntun, Spielchen spielen, auf Gefühle Rücksicht nehmen und versuchen, sich Liebkind zu machen – aber im Zusammensein mit Ihrem Therapeuten seien Sie einfach nur *Sie* selbst. Geben Sie nichts vor, verheimlichen Sie nichts, wenden Sie keine Tricks an. Nehmen Sie sich einfach die Freiheit, das zu denken, zu empfinden und auszudrücken, was gerade in Ihnen vorgeht.

Psychotherapie ist eine Möglichkeit, sich selbst zu erforschen, sich selbst auszudrücken, mit neuen Verhaltensweisen zu experimentieren, aber auch die Chance, den Trost, die Unterstützung, die Fürsorge, die Zuneigung und die Erfahrung eines anderen Menschen zu gewinnen.

Es ist eine besondere Beziehung; eine, derer Sie wert sind.

> Ein guter Freund ist
> ein Trost des Lebens.
> *Sirach 6,16*

Erwägen Sie
alternative Therapien

Nichts ist so mächtig wie die Wahrheit
– und oft nichts so seltsam.

Daniel Webster

Zusätzlich zum Füllhorn der traditionellen Medizin steht Ihnen die Masse der Heiler, Chiropraktiker, Diätetiker, Massagetherapeuten, Naturheiler, Homöopathen, Akupunkteure und so weiter zur Verfügung.

Wenn Sie alle Ratschläge der Schulmediziner befolgt haben, werden Sie unter Umständen Zeit und Interesse aufbringen, »die andere Seite« zu entdecken.

Wenn Sie das tun, dürfen Sie eines nicht vergessen: Die Schulmedizin und die alternativen Praktiker sind sich nicht immer grün. Wo sich ihre Gebiete berühren, herrscht an manchen Punkten ein unbehaglicher Waffenstillstand, an anderen offener Krieg. Wenn Sie sich entschließen, von einem Lager ins andere zu wechseln, müssen Sie wissen, daß Sie sich von Zeit zu Zeit im Niemandsland befinden.

Beide Seiten könnten bestenfalls abfällige Bemerkungen und schlimmstenfalls herbe Attacken über Ihre Tändelei mit »diesen Leuten« vom Stapel lassen.

Die Einstellung der alternativen Mediziner könnte sich beispielsweise so anhören: »Nehmen Sie doch dieses Gift nicht, das Ihnen Ihr Arzt gibt. Das ist es, was Sie umbringt. Hören Sie sofort damit auf.«

Die Haltung der Schulmediziner gibt sich oft gelassener – sie hat in den Augen der Allgemeinheit den Kampf um den Titel des Besseren »gewonnen« und kann es sich daher leisten, großzügig zu sein. Die etablierten Mediziner werden das gesamte Feld alternativer Heilmethoden vielleicht mit einem Kommentar wie diesem abtun: »Das ist doch reine Zeit- und Geldverschwendung.«

Wir haben aus beiden Lagern große Vorteile bezogen. Und falls wir erkranken, würde es uns nicht im Traum einfallen, auf die Behandlung aus einem der beiden Lager zu verzichten. Manches kann die traditionelle medizinische Wissenschaft mit einem Röhrchen Tabletten kurieren. Natürlich nehmen wir die Tabletten. Anderes bringt die Schulmedizin in Verlegenheit, während es für die Naturheiler kein Problem darstellt. In solchen Fällen suchen wir die alternativen Praktiker auf.

An manchen Punkten verwischen sich die Grenzen. Die Schulmedizin beginnt damit, alternative Methoden zu übernehmen, während die alternative Medizin dazu übergeht, auch traditionelle Verfahren in Erwägung zu ziehen. So wird beispielsweise die Akupunktur, früher von den Traditionalisten verspottet, inzwischen von immer mehr Ärzten anerkannt. Während man ehedem überzeugt davon war, daß eine Veränderung der Eßgewohnheiten keinerlei signifikante Wirkung auf die Gesundheit ausübe, solange man nur täglich ein bestimmtes Mindestmaß an Mineralstoffen zu sich nahm, sind Ernährungsvorschriften mittlerweile bei vielen Krankheiten übliche medizinische Praxis.

Mehr und mehr Ärzte wenden in ihren Praxen alternative Methoden an, und mehr und mehr Naturheiler sagen: »Eine gute Portion Penicillin wird damit schneller fertig als irgend etwas anderes.« Oder: »Haben Sie es schon mal mit Aspirin versucht?«

Wir begrüßen diese »Annäherung der Standpunkte«. Es wird sicher noch eine Weile vergehen, bis es eine einheitliche Medizin gibt. Vielleicht kommt dieser Tag sogar überhaupt nicht. Doch selbst wenn er nie kommt, nutzen Sie aus beiden Lagern die Therapiemöglichkeiten, die Ihnen als erfolgversprechend erscheinen, und fügen Sie sie in Ihrem Plan zur Verbesserung des Wohlbefindens ein.

Vermeiden Sie jedoch Doppelzüngigkeiten: Lassen Sie jeden Heiler – auf der herkömmlichen sowie auf der alternativen Seite – wissen, was Sie im anderen Lager tun. Vielleicht werden einige entsetzt die Hände über dem Kopf zusammenschlagen, während andere mißbilligend den Kopf schütteln, doch Sie sollten ihnen klarmachen, daß Sie fortfahren werden wie bisher. Denn schließ-lich wollen Sie wissen: »Und was kann *noch* für mich getan werden?« Wenn ihre Antwort darauf »nichts« lautet, suchen Sie weiter. Es gibt auf beiden Seiten ausreichend Fachleute, die flexibel genug sind, dazuzulernen.

Sie wollen Heilung. Woher sie kommt, ist nebensächlich. Manchmal kommt sie von hier, manchmal von dort, mal von beiden Seiten, mal von keiner Seite, doch Ihre Einstellung und Ihr Willen (»eins zu sein mit der Energie Gottes«) wird Sie ohnehin gesund machen.

Das Woher ist unerheblich. Werden Sie gesund. Fühlen Sie sich wohl. Das ist es, was alle Heiler, die ihr Pulver wert sind, sich wünschen.

> Die Philosophen eines Zeitalters sind zu
> den Absurditäten des nächsten geworden,
> und die Torheit von gestern wurde
> die Weisheit von morgen.
>
> *Sir William Osler*
> Montreal Medical Journal, *1902*

Pflegen Sie sich gut

Vermeide das Böse,
tu das Gute,
reinige den Geist –
das lehrt der Erleuchtete.
Pali-Kanon, 500–450 v. Chr.

Das mag überflüssig klingen – was man von allem bisher im Buch Gesagten nicht behaupten kann –, denn das hat man Ihnen sicherlich schon als Kind beigebracht.

Es gibt gewisse, sehr vernünftige Regeln, sich – und besonders seinen Körper – zu pflegen, die wir nennen wollen. Die meisten Ärzte und Heiler werden davon ausgehen, daß Sie sich bereits entsprechend verhalten. Nun, vielleicht tun Sie es, vielleicht aber auch nicht. Wir wollen da nicht zu sehr ins Detail gehen. Etwas in Ihnen wird sagen: »Ich weiß, was sie damit meinen.« Messen Sie Ihr Verhalten an diesem inneren Wissen, und nehmen Sie, falls nötig, Veränderungen vor.

o *Schlafen Sie ausreichend.* Wieviel Schlaf reicht aus? Legen Sie sich schlafen. Wenn Sie wach werden, war es genug. Benutzen Sie Oropax, falls Sie geräuschempfindlich sein sollten.

o *Essen Sie mit Überlegung.* Nehmen Sie ausgewogene Nahrung zu sich. Legen Sie vor allem Wert auf frisches, rohes Gemüse. Nehmen Sie sich Zeit zum Essen, damit es a) Genuß bereitet und b) ordentlich vom Organismus aufgenommen werden kann.

o *Vermeiden Sie modische Diäten.* Was in Asien gut ist, muß anderenortes noch längst nicht gut sein. Hören Sie auf Ihren Körper. Er wird Ihnen mitteilen, was er braucht. Lernen Sie zwischen Wünschen und Bedürfnissen zu unterscheiden.

o *Nehmen Sie Vitamine zu sich.* Vielleicht benötigen Sie mehr Vitamine, als Sie wirklich zu sich nehmen. Unterhalten Sie sich mit Ihrem Arzt über Ihren Vitamin- und Mineralstoffbedarf.

o *Halten Sie ein vernünftiges Gewicht.* Nicht zu dick, nicht zu dünn – eben gerade richtig. Manche Menschen versuchen während einer lebensgefährlichen Krankheit zuzunehmen, um »in den schlechten Zeiten etwas zuzusetzen zu haben«. Doch Übergewicht belastet den Körper. Halten Sie ein vernünftiges Gewicht.

o *Betätigen Sie sich körperlich.* Da sich dieses Buch an Menschen unterschiedlichster Kondition wendet, verzichten wir auf spezifische Ratschläge. Besprechen Sie sich mit Ihrem Arzt.

o *Lassen Sie sich Massagen verabreichen.* Zugegeben, das wird man Ihnen als Kind nicht geraten haben, doch es ist etwas, was Sie wieder zum Kind werden lassen kann. Massagen lösen Spannungen, setzen Energien frei, beseitigen körperliche Blockierungen und – vielleicht das Wichtigste – vermitteln ein wirklich gutes Gefühl. Verwöhnen Sie sich. Häufiger. Sie haben es verdient.

o *Nehmen Sie heiße Bäder.* In unserer hastigen Zeit duschen die meisten Menschen. Das geht schneller. Ist effizienter. Es gibt Leute, die haben seit Jahren in keiner mit warmem Wasser gefüllten Badewanne mehr gesessen. Schade. Sie wissen nicht, was Ihnen da entgeht. Schon wenige Minuten im warmen Wasser entspannen den Körper und erquicken den Geist – schneller als nahezu alles, was wir kennen. Also nehmen Sie täglich ein heißes Bad – egal, ob Sie es nötig haben oder nicht. Und wenn Sie es bereits tun, tun Sie es öfter.

> Mir kamen wesentlich mehr erbauliche Gedanken,
> kreative und bewußtseinserweiternde Visionen
> in den geräumigen Wannen gutausgestatteter
> amerikanischer Badezimmer als in jeder Kathedrale.
> *Edmund Wilson*

ENTFERNEN SIE
DAS NEGATIVE

Wie viele Sorgen man doch los wird,
wenn man beschließt, nicht etwas,
sondern jemand zu sein.

Coco Gabrielle Chanel

Wir haben diesen Abschnitt über das Entfernen des Negativen zwischen zwei Abschnitte über die Vermehrung des Positiven gezwängt. Das hat seinen Grund. Wir sind fest davon überzeugt, daß man zu mehr Gesundheit, Wohlergehen und Glück kommt, indem man sich auf Gesundheit, Wohlergehen und Glück konzentriert. Das mag vielleicht zu simpel klingen, aber manche Menschen bemühen sich, mehr Gesundheit, Wohlergehen und Glück lediglich dadurch zu erlangen, indem sie Krankheit, Armut und Unglück *eliminieren.*

Doch das Problem bei dieser Methode besteht darin, daß die Abwesenheit von Krankheit nicht unbedingt schon Gesundheit ist, das Fehlen von Armut nicht schon Wohlstand und das Fehlen von Unglück nicht bereits Glück. Mitunter entfernen wir etwas Negatives, stellen dann aber fest, daß wir noch längst nicht haben, was wir uns wünschen. »Und das nach der ganzen Anstrengung!« seufzen wir dann. Entmutigt und enttäuscht kehren wir dann mitunter zum Negativen zurück.

Ein weiteres Problem bei dem Bemühen, etwas Negatives loszuwerden, besteht darin, daß wir diesem Negativen, das wir beseitigen wollen, unsere Aufmerksamkeit zuwenden müssen. Doch diese Aufmerksamkeit reichert das Negative mit Energie an – unserer Energie – und läßt es mitunter als kaum überwindlich erscheinen.

Die Beseitigung des Negativen – und nichts sonst –, um dann das zu bekommen, was Sie sich wünschen, kann auf Umwegen erfolgen. Nehmen wir an, auf einem Tisch liegen hundert Objekte. Wir wollen, daß Sie Objekt Nummer 27 aufnehmen, sagen aber – während Sie ganz zufällig diesen oder jenen Gegenstand zur Hand nehmen: »Nein, nicht Nummer vierunddreißig. Nein, nicht Objekt neunundzwanzig. Nein, doch nicht Nummer 63.« Irgendwann werden Sie dann schon zu Objekt Nummer 27 kommen, und wir können nichts mehr sagen. Sie können aber auch sehr gut nach zwanzig oder dreißig »Neins« aufgeben. Das könnten wir Ihnen dann kaum übelnehmen. Es wäre für uns – und Sie – sehr viel einfacher, von Anfang an zu sagen, Sie sollen das Objekt Nummer 27 aufnehmen.

Aus diesem Grund haben wir Sie früher aufgefordert, eine Liste der Dinge aufzustellen, die Sie sich am meisten wünschen. Direkt auf Ihr Ziel zuzugehen ist die bei weitem effektivere Methode, als sich durch Ausschluß der Dinge, die Sie nicht wollen, ans Ziel heranzutasten.

Vielleicht werden Sie feststellen, daß sich Ihnen »negative« Dinge in den Weg stellen, doch um das zu bekommen, was man sich wünscht, müssen bestimmte Dinge geopfert werden. Wünschen Sie sich zum Beispiel Glück, dann müssen Sie Unglück opfern. Einige der schädlichen Aktivitäten werden vielleicht leicht aufzugeben sein, andere könnten zu »schlechten« Gewohnheiten geworden sein.

Wenn Sie »schlechte Gewohnheiten« aufgeben, führen Sie sich stets vor Augen, *warum* Sie sie aufgeben. Konzentrieren Sie sich auf Ihr *Ziel*. Sagen Sie sich nicht: »Ich möchte abnehmen«, sondern: »Ich wünsche mir einen schlanken, durchtrainierten, gesunden Körper.« Statt »Ich möchte meine negative Einstellung aufgeben«, sagen Sie sich: »Ich möchte mich an all den positiven Dingen in meinem Leben erfreuen.«

Das Brechen mit schlechten Angewohnheiten kann schwer sein, wird aber leichter, wenn Sie sich daran erinnern, daß das, womit Sie Ihr Leben bereichern (Ihr Ziel), wertvoller ist als das, was Sie beseitigen (die Gewohnheit).

Wenn Sie sich von den Fesseln schlechter Angewohnheiten befreien, versuchen Sie nicht, gleich alle auf einmal loszuwerden.

Normalerweise ist ein solcher Parforce-Ritt von vornherein zum Scheitern verurteilt. Nehmen Sie sich nur eine oder zwei Gewohnheiten vor, bei denen Sie den Eindruck haben, sie relativ leicht ablegen zu können. Sobald Sie das geschafft haben, konzentrieren Sie sich auf wenige weitere, die eventuell ein bißchen schwer loszuwerden sind. Holen Sie sich Kraft aus der Freude über jeden einzelnen »Sieg«.

> Gewohnheit ist Gewohnheit. Man kann
> sie nicht einfach aus dem Fenster werfen,
> sondern muß sie Stufe für Stufe die Treppe
> hinunterlocken.
>
> *Mark Twain*

Unterscheiden Sie zwischen dem »Bemerken des Negativen« und »negativem Denken«

Über dem Klavier hing ein Schild:
Schießen Sie bitte nicht auf den Pianisten.
Er versucht sein Bestes.

Oscar Wilde

Wir sind nicht für jeden Gedanken verantwortlich, der uns durch den Kopf huscht - nur für die, die wir dort festhalten. Die Feststellung »Was ist das doch für ein rücksichtsloser Mensch« kann uns durch den Kopf gehen, wird aber wahrscheinlich kaum Schaden anrichten. Erst wenn wir diesen Gedanken erweitern (»Und darüber hinaus . . .«), beginnen die Probleme.

Vielleicht war der betreffende Mensch tatsächlich rücksichtslos. Vielleicht war es eine durchaus zutreffende Beobachtung. Wir haben sie oder ihn bei etwas beobachtet, das in unseren Augen rücksichtslos war. Den Kreislauf des negativen Denkens beginnen wir, wenn wir der Beobachtung irgendeine Variation von ». . . und das paßt mir nicht« hinzufügen.

Wir sollten uns dieser Unterscheidung bewußt sein, wenn wir die Gewohnheit des negativen Denkens loswerden wollen. Allein die Feststellung, daß irgend etwas so-und-so ist und daß dieses So-und-so unserer Auffassung nach negativ ist, bedeutet noch nicht unbedingt negatives Denken.

Wenn wir bemerken, daß eine Grünpflanze die Blätter hängen läßt, dann ist das eine Beobachtung, und nicht unbedingt eine positive. Aufgrund dieser Beobachtung bleiben uns zwei Möglichkeiten der Reaktion.

Da wäre die negative Reaktion: »Oh, die Pflanze geht ein. Wie oft habe ich X nicht schon gesagt, sie/er soll den Topf gießen? Grünpflanzen gehen mir doch immer ein. Vermutlich habe ich

215

eine pflanzenvernichtende Ausstrahlung.« Und so weiter und so fort.

Und da wäre die positive Reaktion: »Ich muß die Pflanze unbedingt gießen. Offensichtlich habe ich X nicht klarmachen können, wie wichtig das Gießen ist. Ich werde einen entsprechenden Zettel schreiben. Vielleicht gefällt der Pflanze ihr Standort nicht, und ich sollte mir eine unempfindlichere besorgen.« Und so weiter und so fort.

Wenn wir etwas sehen und meinen, es könnte besser gemacht werden, ist das noch nicht unbedingt eine negative Einstellung. Wir werden erst *negativ,* wenn wir verlangen, daß sich Dinge und Menschen nach unseren Vorstellungen verändern. Das trifft besonders auf Gebieten zu, auf denen wir die Autorität oder die Verantwortung haben, Veränderungen vorzunehmen.

Es ist Ihr gutes Recht, Ihr Haus oder Ihre Wohnung Ihren Wünschen entsprechend zu gestalten – mit den Grenzen, die Ihnen Ihre Zeit, Ihre Fähigkeiten oder Ihr Geldbeutel setzen, im Kopf. Wenn Sie nicht bereit sind, die Zeit, die Arbeit oder das Geld zu investieren, die nötig sind, um Ihre Umgebung Ihren Wünschen entsprechend zu verändern, sollten Sie vielleicht Ihre »Wünsche« ändern.

(Wenn Sie das erst einmal gelernt haben, dauert das Verändern von Wünschen kaum eine Sekunde, verbraucht keine Energien und kostet absolut nichts.)

Sollten Sie Kinder haben oder ein Vorgesetzter sein, gibt es bestimmte Leitlinien, innerhalb derer Sie durchaus erwarten können, daß Ihre »Anordnungen befolgt« werden. Wenn Sie zulassen, daß diese Richtlinien überschritten werden, erfüllen Sie Ihre Aufgabe nicht. Die eigentliche Herausforderung ist es, nicht negativ zu werden, wenn man von anderen eine Änderung Ihres Verhaltens verlangt.

Wir leben in einer Welt negativer Rückmeldungen. Häufig sind die Signale, die uns bedeuten, wir müßten uns um etwas kümmern, negativer Natur. Die Beachtung derartiger Signale ist kein negatives Denken. Den Signalen zu folgen ist eine durchaus positive Handlung. Sich darüber aufzuregen ist allerdings eine negative Haltung.

Wir empfehlen Ihnen dringend, sich über negative Rückmeldungen nicht mehr so häufig zu erregen.

> Die erste Vorstellung, die das Kind erhalten
> muß, um aktiv erzogen zu werden, ist die
> Unterscheidung zwischen gut und böse. Und
> die Aufgabe des Erziehers besteht darin,
> darauf zu achten, daß das Kind »gut« nicht
> mit Unbeweglichkeit und »böse« mit Aktivität
> verwechselt.
>
> *Maria Montessori*

Freiheit von der Abhängigkeit

Angefangen ist schon halb getan.
Geh das Wagnis der Klugheit ein:
Fang an!

Horaz

Negatives Denken ist eine schlechte Angewohnheit. Für manche ist es sogar eine Abhängigkeit. Abhängig sein heißt, etwas ganz automatisch zu tun: Es hat Sie im Griff, nicht etwa Sie die Angewohnheit.

Falls Sie glauben, von negativem Denken nicht abhängig zu sein, dann stellen Sie sich einmal auf die Probe: Kommen Sie während der nächsten 24 Stunden auf keinen einzigen negativen Gedanken. Machen Sie es mal. Jetzt. Keinen einzigen negativen Gedanken. Los.

Und machen Sie sich nichts vor, indem Sie behaupten: »Oh, ich bemerke Negatives bloß, es beeinflußt mich aber nicht. Und das ist in Ordnung, steht in dem Buch.« Haben Sie es tatsächlich nur bemerkt? Haben Sie sich über das, was Ihnen da aufgefallen ist, nicht erregt? Wenn ja, dann haben Sie es eben nicht nur bemerkt. Sie haben mehr als das getan. Sie haben der Beobachtung eine negative Einstellung hinzugefügt.

Wenn Sie diese Probe nicht bestanden haben, würden Sie vielleicht ganz gern einmal erfahren, welchen Einfluß negatives Denken auf Ihr Leben hat.

Abhängigkeiten sind nicht grundsätzlich und immer schlecht. Beispielsweise sind wir von der Atmung abhängig. Nie würden wir Ihnen gegenüber behaupten, daß Atmen eine Abhängigkeit ist, die Sie abschaffen sollten. Falls Sie von negativem Denken abhängig sind, liegt die Entscheidung bei Ihnen, ob negatives Denken für Sie eine positive oder negative Abhängigkeit ist.

Wenn Sie erkennen, daß Sie abhängig sind, wenn Sie darüber hinaus befinden, daß es eine negative Abhängigkeit ist, dann müssen Sie auch entscheiden, ob Sie sich von dieser Abhängigkeit frei machen wollen. Manche Menschen müssen erst ein paarmal auf die Nase fallen, bis Sie bereit sind, sich von dieser Abhängigkeit zu befreien. Man ändert sich erst, wenn man es satt hat, etwas sattzuhaben, heißt ein altes Sprichwort.

Doch andere erkennen den Wert, frei zu sein. Sie müssen nicht erst an einen Tiefpunkt ankommen, bevor sie sich zu neuen Höhen aufschwingen. Diese Menschen sind entweder begnadet oder verzaubert – das hängt ganz von Ihrer Einstellung ab.

Eine Abhängigkeit loszuwerden ist nicht unbedingt ein leichter Prozeß. Wenn er einfach wäre, wäre es keine Abhängigkeit. Für den Nichtraucher ist es leicht, das Rauchen aufzugeben, für den, der vierzig Zigaretten am Tag raucht, keineswegs. Der eine ist abhängig, der andere nicht.

Es gibt Menschen, für die ist das Aufgeben negativen Denkens so einfach wie ein Fingerschnippen. Sie hatten eine negative Einstellung, weil sie es für günstig hielten, weil sie annahmen, daraus würde etwas Gutes erwachsen. Doch wenn sie dann erst einmal festgestellt haben, daß man ganz ausgezeichnet ohne negatives Denken weiterkommt, geben sie es einfach auf. Sie brauchten lediglich einen entsprechenden Anstoß.

Für andere kann das Umschwenken von automatischem negativen Denken zu einer bewußten Konzentration auf das Positive und schließlich zu einer automatischen Konzentration auf das Positive eine echte Herausforderung sein – vermutlich die größte Herausforderung ihres Lebens. Vielleicht gar die Herausforderung des Lebens überhaupt.

Dieses Vorhaben wird Zeit benötigen, Beharrlichkeit, Geduld, Versöhnlichkeit, Entschlossenheit, Disziplin, Stärke, Begeisterung, Unterstützung, Durchhaltevermögen und, vor allem, Liebe. Liebe zu sich selbst, Liebe zum Vorhaben, Liebe für das, was Sie an die Stelle der Abhängigkeit setzen wollen – ja, sogar Liebe zur Abhängigkeit selbst.

> Wenn Sie nicht gleich Erfolg haben,
> liegen Sie über dem Durchschnitt.
> *M. H. Alderson*

Gehen Sie es langsam an, aber gehen Sie es an

Mit Beharrlichkeit erreichte die Schnecke
die Arche Noah.

Charles Haddon Spurgeon

Eine negative Einstellung »sofort zu entziehen« könnte sich für manche Menschen als zu radikal erweisen. Ihr negatives Denken könnte so massiv sein, daß jeder Versuch, es abrupt und total zu stoppen, ihnen überhaupt nichts mehr zum Denken übrig läßt.

In solchen Fällen raten wir zu einem schrittweisen Vorgehen. Und auch dann teilt sich das Vorgehen noch in zwei große Abschnitte: 1. das Einleiten der notwendigen Schritte und 2. die Sicherung der zuvor eingeleiteten Schritte.

Unsere Vorschläge sind kein starres Schema, es sind eher Angebote. Sie können unter den hier aufgezählten Punkten wählen und sie nach Ihren persönlichen Bedürfnissen verändern.

1. *Achten Sie zunächst einmal darauf, wann und wie Sie negativ denken.* Sie brauchen noch nichts zu unternehmen, nur zu beobachten, was in Ihnen vorgeht. Statt festzustellen: »Ich bin über die Vorgänge mit Recht empört«, sagen Sie sich: »Ich reagiere aber ausgesprochen negativ darauf.« Erkennen Sie, daß das Problem nicht in den Vorgängen besteht, sondern in Ihren Reaktionen darauf.

2. *Halten Sie kurz inne, bevor Sie negativ denken.* Sobald Sie bemerken, daß Sie sich über irgend etwas aufregen, sagen Sie sich: »Ich werde mich jetzt erst einmal zwei Minuten lang beherrschen, bevor ich Dampf ablasse.« Denken Sie zwei Minuten lang an etwas anderes – etwas Schönes –, und regen Sie sich dann erst auf. Dehnen Sie die Phase der Zwangsbeherrschung nach und nach auf drei Minuten aus, auf vier, dann fünf. Selbst wenn Sie es lediglich fertigbringen, wenige Sekunden zwischen Ihre ganz automatische und Ihre »aufgeschobene«, überlegte Reaktion zu

legen: Fangen Sie auf jeden Fall an, Ihre Reaktion bewußt zu kontrollieren. (Dabei hilft es, eine Liste zur Hand zu haben und sich anhand von ihr auf Schönes, Erbauliches zu konzentrieren. Halten Sie Ihr »Buch der schönen Dinge« parat.)

3. *Setzen Sie tagsüber »nicht-negative Zeiten« fest.* Planen Sie bewußt Zwei-Minuten-Phasen während des Tages ein, in denen Sie sich keinerlei negativen Überlegungen hingeben. Konzentrieren Sie sich in diesen kurzen Zeitspannen so intensiv auf Positives, daß für negative Gedanken gar kein Platz bleibt. Dehnen Sie Länge und Häufigkeit dieser »positiven Phasen« aus.

4. *Suchen Sie sich belanglose Interessen- und Themengebiete, über die Sie nicht mehr negativ denken.* Wählen Sie sich bestimmte Gebiete, bei denen Sie sich standhaft weigern, negativ über sie zu denken oder zu empfinden. Beginnen Sie mit Themenbereichen, die Ihnen nicht gerade brennend wichtig sind. Sollten Sie sich beispielsweise über die Fernsehwerbung aufregen, dann sagen Sie sich einfach: »Ganz egal, wie dumm, einfallslos, lachhaft, albern, entwürdigend oder irreführend ich die TV-Werbung auch finde – ich werde mich auf gar keinen Fall mehr über sie aufregen.« Erweitern Sie Ihre Liste, bis Sie alle nicht so wichtigen Sphären Ihres Lebens umfaßt. Und wenn Sie sich dann dabei ertappen, bei einem Thema Ihrer Liste in Rage zu geraten, hören Sie sofort damit auf.

5. *Verlängern Sie die Dauer der »nicht-negativen Zeiten«.* Verlängern Sie Ihre »positiven Phasen« täglich um eine Minute, so daß Sie schließlich nur noch ein paarmal am Tag negativ denken. Mit Ausnahme von, sagen wir mal, vier Viertelstunden-Phasen täglich, in denen Sie sich negativen Überlegungen hingeben. Verschieben Sie alles negative Denken in eine dieser Zeitspannen. Stellen Sie eine Liste der Themen auf, über die Sie negativ denken müssen, damit Sie sie nicht vergessen. Setzen Sie auf diese Liste nichts, über das Sie künftig nicht mehr negativ denken wollen. Diese Themen sind tabu, selbst in Ihren »negativen Viertelstunden«. Sollten Sie in einer Phase nicht alle Themen Ihrer Liste »behandeln« können, verschieben Sie es

auf das nächste Mal. Gestatten Sie sich eine »Krisensitzung« am Tag.

6. *Setzen Sie auch wichtigere Themenbereiche Ihres Lebens auf die Tabuliste.* Fassen Sie den Entschluß, beispielsweise im Hinblick auf eine Beziehung nicht mehr negativ denken zu wollen. Und dann dehnen Sie diesen Entschluß auf alle Ihre Beziehungen aus. Schließen Sie nach und nach auch Gebiete wie Beruf, Geld, Gesundheit und Tod ein. Konzentrieren Sie sich ausschließlich auf die positiven Aspekte dieser Themenkreise.

Planen Sie so, daß schließlich alle Bereiche Ihres Lebens auf der »Denk-nur-positiv«-Liste erscheinen, während gleichzeitig die »negativen Viertelstunden« kürzer und kürzer werden, um endlich ganz zu verschwinden.

Herzlichen Glückwunsch. Jetzt sind Sie frei von der Abhängigkeit negativen Denkens.

Ob Sie dennoch negativ denken? Aber sicher. Doch im Lauf der Zeit bekommen Sie sich immer schneller in den Griff und die Phasen negativer Einstellung werden kürzer. Außerdem wird der Einfluß der Konzentration auf das Positive die Intensität der negativen Zeitspannen mildern. So wird eine Situation, die Sie früher tagelang bis zur Weißglut gereizt hat, Sie nun nur noch rund eine Stunde belasten. Etwas, was Sie sonst stundenlang geängstigt hat, wird Ihnen nur noch ein paar Minuten Sorgen bereiten.

Das Ziel (»Ich werde mich mehr und mehr auf die positiven Aspekte des Lebens konzentrieren«) ist ein nie endendes lebenslanges Abenteuer.

> Ich kenne nichts Ermutigenderes als die
> unbestreitbare Fähigkeit des Menschen,
> sein Leben durch bewußtes Bemühen zu verbessern.
> *Henry David Thoreau*

Die Probe
aufs Exempel

Ich persönlich bin immer gern bereit dazuzulernen,
auch wenn ich nicht immer gern belehrt werde.

Winston Churchill

Wenn wir eine Abhängigkeit loswerden oder eine schlechte Angewohnheit überwinden wollen, gibt es Zeiten, in denen die Entschlossenheit nachläßt. Die Versuchung wird stärker als der Vorsatz. Unsere Willenskraft scheint plötzlich erschöpft, und die Gewohnheit kehrt mit erneuerter Energie zurück. Alle »guten Energien«, die wir mühsam aufgebaut haben, scheinen sich in das Gegenteil zu verkehren. Das ist als Gesetz der Umkehrbarkeit bekannt.

Glücklicherweise weist das Gesetz der Umkehrbarkeit ein bestimmtes vorhersehbares Muster auf. Und wenn wir dieses Muster kennen, wissen wir auch, wann wir sehr wachsam sein müssen – nämlich in den Phasen, in denen unser Vorhaben zum Scheitern verurteilt zu sein scheint. Aus diesem Wissen heraus können wir aber in diesen Phasen besonders aufmerksam sein.

Bei der Entscheidung, eine Abhängigkeit aufzugeben, kommt es häufig zu einem Zaudern und Zögern: »Vielleicht ja, vielleicht aber auch nicht.« – »Ich werde es mal probieren. Mal sehen, was geschieht.« – »Ich halte es durch, wenn es nicht zu schwer ist.« Doch im Kampf gegen die Abhängigkeit führen derartige Einstellungen fast zwangsläufig zum Scheitern. Sobald die erste Woge gewohnheitsmäßigen Verlangens heranspült, werden diese halbherzigen Vorsätze über Bord geschwemmt.

»Das wär's«, sagen wir schließlich. »Egal, wie positiv das Ziel auch aussehen mag. Ich bin fertig mit der Sache. Das ist mir einfach zu mühsam.« Genau an diesem Punkt beginnt das Gesetz der Umkehrbarkeit zu wirken.

Das Gesetz der Umkehrbarkeit ist jedoch nicht der primäre

Gegner. Weit gefehlt. Es ist nur die Probe aufs Exempel. Es prüft unsere Stärke, unsere Widerstandsfähigkeit. Es testet uns, um festzustellen, ob wir auch halten, was wir versprochen haben, ob wir das überwinden, was wir überwinden wollen. Doch es ist nicht nur die Probe aufs Exempel. Letztlich kann es auch das Diplom der Befreiung erteilen.

Die erste Begeisterung über die Erklärung der Unabhängigkeit von einer schlechten Angewohnheit hält für gewöhnlich drei Wochen lang an. Dann ist der Zeitpunkt für die erste Prüfung gekommen. Wenn Sie diese bestehen, sollten sich die Dinge wieder beruhigen – bis etwa drei Monate nach Ihrem Entschluß. Dann ist die nächste Prüfung fällig. Danach dürfte wieder alles verhältnismäßig glatt gehen – bis rund ein halbes Jahr nach Ihrem anfänglichen Entschluß. Dann ist der Termin der Zwischenprüfungen gekommen.

Die Zwischenprüfungen können schwer sein. Sie sind vielleicht die schwierigsten – und abgefeimtesten – Prüfungen, denen Sie sich gegenübersehen können. Doch auch hier wieder: Wenn Sie die überstehen, geht für die nächste Zeit – diesmal sind es gleich sechs Monate – alles glatt. Dann, ein Jahr nachdem Sie begonnen haben, ist die Zeit der Abschlußexamen gekommen.

Wenn das Gesetz der Umkehrbarkeit mit seinen Prüfungen startet, ist das nicht unbedingt ein Frontalangriff. Manche Menschen könnten der großen Herausforderung besser begegnen als den tausend Tücken des Alltags. Das Gesetz der Umkehrbarkeit kann durchaus sehr subtil wirksam werden. Auf dem Gebiet negativen Denkens könnte es Sie beispielsweise mit nur leicht eingefärbten, vergifteten Vorstellungen versuchen, die sich nach und nach aber zu einem eindeutigen Negativum aufbauen. In seiner unverhüllten Erscheinungsform ist ein negativer Gedanke etwas, vor dem Sie gefeit wären, aber so, wie er daherkommt, sind Sie im Grunde nur einen winzigen Schritt von ihm entfernt – um so leichter, ihm in die Falle zu gehen.

Hier ein paar Überlegungen, die häufig in den Phasen und Perioden der Prüfungen auftauchen (die selbstverständlich auch

Phasen und Perioden der Stärkung sind). Wir schließen ein paar Bemerkungen darüber an, woher diese Gedanken rühren, sowie Möglichkeiten, mit ihnen fertig zu werden.

»So wie es ist, könnte ich damit leben. Ich fürchte jedoch, daß es schlimmer werden könnte. Ich mache das alles nur, damit es nicht schlimmer wird.«

Das ist Angst vor der Angst. Wir fürchten, uns noch mehr zu fürchten - also geben wir nach. Doch unser Nachgeben wird nur noch mehr Angst verursachen. Wir sagen: Es ist besser, der Angst vor der Angst entgegenzutreten als in furchtsamem negativem Denken zu verharren.

»Das wär's. Ich habe genug getan. Wenn ich es bis jetzt nicht geschafft habe, dann zur Hölle damit.«

Bemerken Sie den größeren Bruder der Angst - den Zorn - darin? Wenn wir auf die Probe gestellt werden, reagieren wir häufig zornig auf unseren Zorn, werden ungeduldig über unsere Ungeduld und ärgerlich auf unsere Verärgerung. Wie bei der Angst vor der Angst tun sich die beiden Zorn-Empfindungen zu einer mächtigen Opposition zusammen. Sehen Sie doch - wenn möglich - das Komische an der Situation. Stellen Sie sich vor, wie Sie sich darüber ärgern, ärgerlich zu reagieren, sich darüber ärgern . . . Das kann unendlich so weitergehen. Und das ist schon komisch - es sei denn, Sie sind davon betroffen. Das beste ist es, irgend etwas zu *tun*, etwas, das in keiner Beziehung zum Zorn steht. (Weitere Tips dazu, wie man mit dem »dynamischen Duo« des Zorns, den Schuldgefühlen, den Ressentiments, fertig werden kann, später.)

»Ich weiß, daß ich es nicht schaffe. Ich erleide doch immer Schiffbruch. Also kann ich es auch gleich lassen.«

Hier erhebt das Gefühl der Unwürdigkeit seine falsche Stimme. Das kann zu einer »self-fulfilling prophecy« werden: Ich scheitere immer, also warum soll ich es überhaupt probieren? Ich scheitere ja doch und werde nur bestätigt, daß ich eben immer scheitere. Achten Sie auf die Angst vor dem Scheitern in dieser Aussage. Die Lösung? Sagen Sie sich immer wieder: »Ich habe den Erfolg verdient!« Und wenn es ganz arg kommt, stellen Sie sich vor den Spiegel und sagen Sie es sich laut ins Gesicht. Sehen Sie sich dabei in die Augen. Überwinden Sie Ihre Minderwertigkeitsgefühle. Halten Sie durch. Bleiben Sie beharrlich. Auf der anderen Seite, am anderen Ufer wartet Ihr eigentliches Ich auf Sie.

»Ich werde bereuen, das nicht später getan zu haben.«

Vermutlich werden Sie noch mehr bereuen, darüber überhaupt nachgedacht zu haben. Oft geht diese Einstellung mit Minderwertigkeitskomplexen einher. »Früher oder später scheitere ich ja doch. Also kann ich mein Scheitern auch gleich eingestehen, weil ich nicht darauf verzichten will.« – »Darauf« ist die Angewohnheit. Behalten Sie Ihr Ziel im Auge. Machen Sie sich klar, daß Sie sich dieses Ziel mehr wünschen als die negative Angewohnheit – selbst wenn das im Moment nicht so aussehen mag.

»Das ist ja viel zu anstrengend. Ich bin erschöpft. Ich gebe auf.«

Da werden wir wohl ein bißchen wankelmütig, was? Die Freiheit hat nun einmal ihren Preis und ist ihn allemal wert. Daher kann es gar nicht »zu anstrengend« sein. Woher wir wissen, wieviel Anstrengung aufgewandt werden muß? Wenn wir unser Ziel erreicht haben, war es genug. Dann *bewahren* wir unser Ziel durch Wachsamkeit.

»Es ist langweilig.«

Langeweile ist eine subtile Form negativen Denkens, die sowohl Zorn als auch Angst herbeiführen kann. Stewart Emery nannte Langeweile »Feindseligkeit ohne Enthusiasmus«. Langeweile hat eine abstumpfende Eigenschaft: als würden wir etwas betäuben, das wir nicht zur Kenntnis nehmen wollen. Wir haben festgestellt, daß Menschen oft Langeweile kurz vor einer Entscheidung empfinden, die sie nicht treffen wollen – von der sie jedoch genau wissen, daß sie sie treffen müssen. Üblicherweise geht es dabei um einen Schritt zu ihrer eigenen Bereicherung. Doch dieser Schritt könnte mit Angst (»Ich betrete da Neuland.«) oder Widerwillen (»Warum soll ich das eigentlich tun?«) oder beidem verbunden sein. Sollte das der Fall sein, so ist Langeweile ein Willkommenszeichen. Sie brauchen nur noch den Schritt zur eigenen Bereicherung zu tun, vor dem Sie solche Angst haben. Die Langeweile verschwindet, und der eigentliche Glanz Ihrer Persönlichkeit wird sichtbar.

Vor dem Gesetz der Umkehrbarkeit braucht man keine Angst zu haben. Wie jeder kluge Schüler weiß, ist es gut, sich auf Prüfungen vorzubereiten. Daß man die Termine der Prüfungen kennt – in drei Wochen, drei Monaten, sechs Monaten, einem Jahr –, ist für die Vorbereitung hilfreich.

Sobald Sie auf einem speziellen Gebiet negativen Denkens einen Entschluß gefaßt haben, schreiben Sie in Ihren Kalender: »Nie wieder!« Beispielsweise also: »Ich werde mich nie wieder über die Werbeblöcke des Fernsehens aufregen.« Und für eine Woche später notieren Sie sich: »Fernsehwerbung?« Das heißt, daß Sie im Abstand von acht Tagen in sich gehen und überprüfen, was Sie in der vergangenen Woche getan haben, um Ihrem Ziel näherzukommen. Haben Sie Ihr Mißvergnügen über die TV-Werbung tatsächlich in den Griff bekommen, oder war die Entscheidung nur eine weitere gute Absichtserklärung?

Falls es Ihnen tatsächlich ernst war – und wenn Sie das auch durch Resultate beweisen können –, dann machen Sie sich für den Zeitpunkt drei Wochen nach der ursprünglichen Entscheidung eine Notiz. Das ist die Prüfungsphase. Seien Sie sehr wachsam beim Fernsehen, besonders dann, wenn die Werbeblöcke drohen. Wenn Sie den Drei-Wochen-Test ohne größere Mißgeschicke hinter sich bringen (keine Vasen oder andere harte Gegenstände gegen die Mattscheibe schleudern), dann markieren Sie sich in Ihrem Kalender einen Termin drei Monate nach dem Start.

Während diese drei Monate ins Land gehen, seien Sie besonders wachsam ein paar Tage vor und nach dem eigentlichen Drei-Monats-Termin. Sollten Ihr Fernsehgerät und Ihre Geduld nach drei Monaten noch intakt sein, notieren Sie – mit Rot – den Tag sechs Monate nach Ihrem eigentlichen Entschluß.

Rechnen Sie zu diesem Zeitpunkt damit, daß die Fernsehwerbung Ihnen lauter, schriller, störender, unmöglicher als je zuvor erscheint. Rechnen Sie damit, daß die Werbeblöcke Ihren Lieblingsfilm an den entscheidenden Stellen unterbrechen. Rechnen Sie mit dem Schlimmsten. Wenn Sie enttäuscht werden, ist es eine angenehme Enttäuschung.

Schließlich markieren Sie den Jahrestag Ihrer Unabhängigkeitserklärung. Bleiben Sie jedoch in höchstem Maße wachsam. Falls Sie die Prüfung bestehen, belohnen Sie sich selbst mit einem Geschenk – sagen wir einem Video-Recorder, damit Sie die Werbung künftig schneller durchlaufen lassen können.

Wenden Sie diese Methode auf allen Gebieten an, für die Sie erklären: »Nie wieder negativ darüber denken!« Sicher, Ihr Kalender, Ihr Notizbuch wird vielleicht ein bißchen seltsam aussehen. Beispielsweise können da in einer Woche folgende Einträge auftauchen: »TV-Werbung«, »Nachbarköter«, »Verkehrsrowdies«, »Werbebriefe«, »Radfahrer«, »Anrufbeantworter«, »Wetter«. Jemand, der einen Blick in Ihr Notizbuch wirft, könnte Sie für übergeschnappt halten.

Freiheit hat ihren Preis.

> Leben ist, als würde man öffentlich
> Geige spielen und dabei lernen, wie
> das Instrument eigentlich funktioniert.
> *Samuel Butler*

> Das wertvollste Ergebnis einer Erziehung
> ist vielleicht die Fähigkeit, notwendi-
> ge Dinge zu tun, wenn sie getan werden
> müssen – ob einem das nun gefällt oder nicht.
> *Thomas Henry Huxley*

Bleiben Sie negativen Gedanken auf der Spur

> Wenn wir einen Streit zwischen der Vergangen-
> heit und der Gegenwart entfachen, werden wir
> feststellen, daß wir die Zukunft verloren haben.
> *Winston Churchill*

Sobald Sie feststellen, daß Ihnen auf irgendeinem Gebiet Ihre negative Einstellung Probleme bereitet, achten Sie auf Ihre Gedanken, bleiben Sie ihnen auf der Spur. Machen Sie jedesmal, wenn Sie in dieser Beziehung einen negativen Gedanken haben, einen Vermerk auf einem besonderen Zettel.

Am Ende des Tages haben Sie einen guten Überblick darüber, wie oft Sie auf diesem besonderen Gebiet negativ gedacht haben. Die Summe wird Sie vielleicht überraschen. Mitunter muß man schwarz auf weiß sehen, wieviel Zeit man sinnlos vergeudet, wieviel Schaden man anrichtet, um endlich zu begreifen, daß genug genug ist.

Sie können diesen »Registrierzettel« weiterführen. Er wird Ihre Erfolge dokumentieren. Am Ende eines Monats können Sie Rückschau halten und erkennen, wie Sie sich geschlagen haben. Das ist ein ganz gutes Kontrollsystem. Wenn die Vermerke zunehmen oder in etwa gleichbleiben, sollten Sie sich vielleicht doch ein bißchen mehr anstrengen. Wenn die Zeichen abnehmen (das werden sie vermutlich tun, denn schon Aufmerksamkeit kann durchaus heilsam sein), sind Gratulationen angesagt.

Sie können sich mehrere – viele – Zettel anschaffen: einen für jedes Gebiet negativen Denkens.

Zu beobachten, wie die Zahl der Vermerke abnimmt, ist nicht nur ein wundervolles Signal dafür, daß Sie es schaffen können, sondern dafür, daß Sie es bereits geschafft haben. Und wenn Sie es auf einem Gebiet schaffen, dann auch auf allen anderen.

Die Macht
der Partnerschaft

Freunde sind der Teil der Menschheit,
mit dem man menschlich umgehen kann.
George Santayana

Machen wir uns nichts vor: Den eigenen Denkprozeß unter
Kontrolle zu bringen (der Geist ist ein wunderbarer Diener, kann
aber auch ein furchtbarer Herr sein), ist nicht nur eine Herausforderung, sondern auch, nun ja, ungewöhnlich.

Wenn ein Freund fragt: »Na, was gibts Neues?«, und Sie
antworten: »Oh, ich befreie mich gerade von meiner Abhängigkeit vom negativen Denken, damit ich gesünder, erfüllter und
glücklicher leben kann«, werden Sie unter Umständen nicht
immer unbedingt auf Verständnis stoßen, von begeisterter Zustimmung ganz zu schweigen. (Andererseits könnte Ihr Freund
aber auch sagen: »Es wurde aber auch Zeit.«)

Wenn man etwas in Angriff nimmt, das sowohl fordernd als
auch unüblich ist, kann Unterstützung sehr hilfreich sein. Wir
haben schon darauf hingewiesen, wie nützlich ein guter Therapeut sein kann. Später werden wir noch einen genauen Blick auf
den Wert von Gruppentherapien werfen.

Doch jetzt würden wir uns gern erst einmal mit Ihnen über den
Wert und die Macht der Partnerschaft unterhalten. Suchen Sie
sich einen, zwei oder drei Menschen, mit denen Sie ein enges
Bündnis schließen können – Menschen, die sich in Richtung auf
eine positivere Einstellung bewegen. Sichern Sie sich vertraglich
zu, einander bedingungslos zu unterstützen.

Unterhalten Sie sich mit diesen Menschen in regelmäßigen,
fest vereinbarten Abständen – wenn möglich, täglich. Es kann
ratsam sein, daß mindestens einer nicht zu Ihrem Familien-
oder Freundeskreis gehört. So können Sie absolut offen sein,
ohne Angst haben zu müssen, daß etwas als beleidigend aufge-

faßt oder – wie unabsichtlich auch immer – weitergetragen wird.

Diese Menschen sind Ihre »Kameraden«. Umgeben Sie sich nicht mit allzu vielen – Ihnen sollte es um die Intensität der Beziehung gehen, nicht um die Quantität. Es ist aber gut, zwei oder drei für den Fall zu haben, daß sich einer zum »Abspringen« entschließt. (Der Weg zur Erkenntnis ist mit den verlassenen Fahrzeugen der Kleinmütigen gepflastert.)

Was Sie bei Ihren täglichen oder dreimal wöchentlichen Zusammenkünften besprechen sollen? Nun, die Erregung des Sieges und die Qual der Niederlage natürlich. »Ich bin so stolz darüber, daß . . .« –

»Ich sehe da absolut keinen Ausweg . . .« – »Nun, ich fand es ganz gut, daß . . .«

Es geht um Plaudern, Lachen, das Erzählen lustiger Geschichten, das Austauschen von Geheimnissen, die Gewährung von Unterstützung, darum, Mut zu machen und Mut zugesprochen zu bekommen – und das alles in einer Atmosphäre der Kritiklosigkeit, bedingungsloser Zuneigung und des Wissens, daß »wir alle vielleicht nicht mit demselben Schiff gekommen sein mögen, aber doch alle im selben Boot sitzen«.

Zwei wichtige Punkte: Sprechen Sie erstens mit jedem Ihrer Kameraden mindestens dreimal in der Woche. Das gibt ein Gefühl der Kontinuität. Sie können Details des Lebens diskutieren, die in weniger regelmäßigen Gesprächen oft genug vergessen werden. Zweitens: Halten Sie sich an Ihre Vereinbarungen. Wenn Sie sagen: »Dienstag um vier Uhr«, dann seien Sie auch da. Das schafft eine Basis des Vertrauens, auf der Freundschaft aufgebaut werden kann.

Vielleicht werden Sie nach den ersten Erfolgen den Wunsch verspüren, weitere Menschen zu einer regelmäßigen Unterstützungsgruppe versammeln zu wollen. Diese können sich durchaus weniger häufig treffen – sagen wir mal, einmal in der Woche – und dennoch beachtliche Resultate erzielen.

Jeder Freund repräsentiert in uns eine Welt,
eine Welt, die es sonst vielleicht gar nicht
gegeben hätte, die erst durch sein Auftauchen
möglich geworden ist.

Anais Nin

Sagen Sie einfach nein

Rate ihm, nach dem Grundsatz von Ja und Nein
zu leben:
Ja zu allem Guten,
nein zu allem Schlechten.

William James

Wie Sie die negative Einstellung unter Kontrolle bekommen? Eine Möglichkeit wäre es, einfach »Nein« oder »Halt« zu sagen. Sobald Ihnen ein negativer Gedanke durch den Kopf schießt, sagen Sie schlicht: »Halt.« Kommt er wieder, sagen Sie erneut: »Halt.« Und wieder und immer wieder: »Halt.«

Das ist kein Kampf. Es handelt sich um *Ihr* Gehirn, *Ihren* Geist, und Sie haben das Recht, die Gedanken zu denken, die Sie denken wollen. Wenn eine negative Einstellung bestimmte Bereiche Ihres Geistes übernommen hat – wenn sie gar zur Abhängigkeit geworden ist –, könnte durchaus eine ganze Reihe von »Halts« nötig sein, um ihm begreiflich zu machen, daß Sie Ihr Hirn für die Gedanken zurückhaben möchten, die Sie gern denken würden.

Lassen Sie gar nicht erst zu, daß der negative Gedanke sich festsetzt. Stoppen Sie ihn in den Ansätzen. Wenn er wieder anfängt, stoppen Sie ihn erneut. Und wieder und immer wieder. Es kann vorkommen, daß sich innere Monologe anhören wie eine Folge von »Halts«, und das ist durchaus in Ordnung. Sie können aber auch relativ schnell an den Punkt gelangen, an dem Sie bereits ahnen, daß Ihnen gleich ein negativer Gedanke durch den Kopf schießen wird. Gebieten Sie ihm »Halt«, bevor er auch nur ansetzt.

Falls es nicht reicht, mental »Halt« zu sagen, dann sprechen Sie es laut aus.

Wie viele »Halts« nötig sein werden? So viele wie nötig sind. Wenn der beunruhigende Gedanke nicht wieder auftaucht, hat es ausgereicht.

Verbrennen Sie's

Es ist notwendig, immer notwendig,
falsche Scham auszubrennen und
den innersten Kern des Körpers zur
Reinheit zu schmelzen.

D. H. Lawrence

Falls Sie von einem besonderen Gedankenbereich mehr als von anderen beunruhigt sind, dann haben wir hier eine Methode, um den Druck zu mildern, die diese Gedanken auf Sie ausüben.

Besorgen Sie sich einen Bogen Papier und schreiben Sie alles auf, was Ihnen im Hinblick auf die spezielle Situation Sorgen macht. Niemand wird das Geschriebene lesen – nicht einmal Sie! –, also seien Sie so offen, so unumwunden wie möglich. Achten Sie weder auf Grammatik noch auf Orthographie oder Schönschrift.

Notieren Sie alle Begrifffe, die Ihnen einfallen. Geben Sie sich mal so richtig negativ. Notieren Sie Schimpfworte, Beleidigungen, Zornausbrüche, Flüche, Widerworte, Zoten, Blasphemien, Verleumdungen, Lästerworte, Verunglimpfungen, Verletzungen, Schweinereien. (Sind Wörterbücher nicht wirklich nützlich?) Holen Sie *alles* aus sich heraus, und bringen Sie es auf das Papier.

Und dann verbrennen Sie es.

Lesen Sie es sich nicht durch. Fertigen Sie keine Kopie für Ihre Unterlagen an (ganz gleichgültig, wie eloquent Sie Ihren Ausbruch auch formuliert haben). Verbrennen Sie's!

Wir hoffen, wir brauchen nicht erst die Feuerwehr zu bemühen, um Ihnen zu erklären, wie man so etwas gefahrlos bewerkstelligt. Das Toilettenbecken ist ein ganz guter Ort. Wenn die Flammen Ihren Fingern zu nahe kommen, können Sie das Papier ohne Risiko fallen lassen – und haben dann noch die zusätzliche Befriedigung, es hinunterspülen zu können.

Während das Papier brennt, stellen Sie sich all die negativen Gedanken vor, die Ihnen im Zusammenhang mit dieser beson-

234

deren Situation gekommen sind, die da gerade in Flammen aufgeht. Fühlen Sie sich durch die Flammen geläutert. Und während Sie zusehen, wie die Asche durch den Abfluß wirbelt, lassen Sie sich durch das Wasser reinigen.

Sollte verbrennen für Sie nicht durchführbar sein, dann zerreißen Sie den Bogen Papier in kleine Stücke – das funktioniert genausogut. Und falls Sie aus irgendwelchen Gründen nicht schreiben können, dann diktieren Sie es jemandem, dem Sie vertrauen, und lassen Sie das Ganze dann verbrennen oder zerreißen. Auch das klappt. Oder Sie nehmen auf Band auf, was Sie bedrückt, und vernichten es anschließend.

Diese Methode bewirkt gleich zweierlei: Sie bringt die negativen Gedanken heraus – und damit von Ihnen fort. Und dann vernichtet sie sie.

Machen Sie sich keine Gedanken darüber, ob es auch funktionieren wird. Versuchen Sie es einfach und warten Sie ab.

Eine Variante besteht darin, sich eine Packung Zigarettenpapier zu besorgen. Jedesmal, wenn in Ihnen ein negativer Gedanke zu Ihrem »Krisengebiet« auftaucht, schreiben Sie es auf das Zigarettenpapier und verbrennen Sie es über einem großen Aschenbecher.

Es ist ratsam, dazu eine Pinzette oder ähnliches zu benutzen – Zigarettenpapier verbrennt sehr schenll, und Sie haben sich an Ihren negativen Gedanken bereits genügend die Finger verbrannt.

Um Streichhölzer zu sparen, können Sie auch eine brennende Kerze in den Aschenbecher stellen. Sehen Sie in der Flamme das Licht, das das Dunkel Ihrer Abhängigkeit erhellt.

> Brenn, brenn, brenn –
> wie die tollen, gelben Leuchtkugeln,
> die vor den Sternen wie Spinnen explodieren
> und in deren Zentrum man
> die blaue Mitte bersten sieht –
> und alles macht: Ahhhhh!
>
> *Jack Kerouac*

Aversions-Therapie

Ich möchte nicht, daß Menschen zu
liebenswürdig sind, denn das enthebt
mich der Mühe, sie zu gern zu haben.
Jane Austen

Es mag Bereiche negativen Denkens geben – gemeinhin Achillesfersen genannt –, die, ganz gleich, was Sie auch tun, entweder Wut oder Angst oder auch beides hervorzurufen scheinen.

Es ist an der Zeit, für diese Bereiche große Geschütze aufzufahren. Hier sind zwei große Geschütze.

Das Schießgummi. Ja. Das Schießgummi. Eins der großen Geschütze. Legen Sie sich ein Schießgummi um das Handgelenk. Achten Sie darauf, daß es locker genug sitzt, um die Blutzirkulation nicht zu beeinträchtigen, aber fest genug, um nicht herunterzurutschen. Jedesmal, wenn Ihnen ein negativer Gedanke in Ihrem »Krisengebiet« kommt, zupfen Sie am Schießgummi.

Zupfen Sie so fest, daß es wehtut, aber nicht so kräftig, daß es Striemen hinterläßt. Wir sind hier auf Aversion aus, auf Widerwillen, und nicht auf Körperverletzung. Jedesmal, wenn Sie negativ denken: Schnapp!

Sicher, das liest sich albern – besonders wenn Sie es mit den anderen hier geschilderten Methoden vergleichen. Können Sie sich vorstellen, was jemand denkt, der Sie dabei beobachtet, wie Sie laut »Halt« sagen, am Schießgummi an Ihrem Handgelenk zupfen, eine Eintragung auf Ihrem Merkzettel machen, um den Gedanken dann auf die Liste zu schreiben, über die Sie während Ihrer »Negativen Stunde« nachdenken, schließlich den Gedanken auf ein Blatt Zigarettenpapier übertragen und das mit Hilfe einer Pinzette verbrennen? Armer Irrer!

Aber es funktioniert.

Leben Sie die Reaktion voll aus. Hier haben wir unser zweites großes Geschütz. Es ist für jene Gebiete bestimmt, von denen Sie das Gefühl haben, sie »einfach nicht aus dem Kopf zu bekommen«. Planen Sie eine Zeit ein, in der Sie nicht gestört werden, wenigstens eine oder zwei Stunden.

Schließen Sie die Augen. Stellen Sie sich vor, daß Sie von einem reinen, weißen Licht umgeben, erfüllt und beschützt sind. Und seien Sie sicher, daß alles, was sich während dieses Prozesses abspielt, nur zu Ihrem Besten ist.

Dann denken Sie an Ihr »Krisengebiet«. An nichts anderes. Lassen Sie sich uneingeschränkt darauf ein. Malen Sie sich Ihr furchtbarstes Schreckens-Szenario aus. Dann versuchen Sie, das sogar noch zu steigern. Toben Sie, schreien Sie, weinen Sie, zittern Sie. Setzen Sie Ihre gesamte Vorstellungskraft und Kreativität ein. Schreiben Sie das Drehbuch zu einem Horrorfilm – mit sich selbst als Hauptdarsteller, als die arme, hilflose Person, der immer wieder die unvorstellbar schrecklichsten Dinge zustoßen.

Passen Sie auf, daß das Ganze nicht ins Komische abgleitet. Bleiben Sie bei Ihren Horrorvisionen. Ihre Gewohnheit ist es, absolut negativ darüber zu denken. Also denken Sie auch negativ. Geben Sie Ihrem Gewohnheitsaffen Zucker. Machen Sie Ihren Film schrecklich. Machen Sie ihn furchterregend, gruselig. Machen Sie ihn wuterregend. Lassen Sie den Schurken immer wieder siegen. Und davonkommen. Und sogar noch belohnt werden.

Lassen Sie andere Gedanken gar nicht an sich heran. Verdrängen Sie jeden angenehmen Gedanken, jede positive Wendung, jeden Anschein der Wirklichkeit. Halten Sie die Szenerie böse, schrecklich, furchtbar. Lassen Sie sich nicht auf andere Problemgebiete locken – bleiben Sie bei dem, mit dem Sie begonnen haben.

Nach einer Weile werden Sie schließlich sagen: »Jetzt ist es genug!« Öffnen Sie die Augen und sehen Sie nach, wieviel Zeit Sie mit Ihren negativen Gedanken zugebracht haben. Fünfzehn Minuten? Eine halbe Stunde? Eine ganze? Gleichgültig, wie lange es auch gedauert hat: Schließen Sie noch einmal die Augen, und führen Sie das Ganze noch einmal für den gleichen Zeitraum durch.

Zwingen Sie sich dazu, das ganze Schreckens-Szenario noch einmal durchzuleben. Stellen Sie sich jede denkbare Katastrophe vor – nur diesmal *noch* schlimmer als das erste Mal. Denken Sie sonst nichts Negatives – bleiben Sie im ursprünglichen »Krisengebiet«. Lassen Sie nur keine positiven Gedanken an sich heran. Und *geben Sie nicht auf.* Sie sind stärker als der negative Gedanke, der Sie zum Aufgeben bewegen will.

Nach der festgesetzten Frist hören Sie auf. Schließen Sie noch einmal die Augen. Stellen Sie sich vor, daß Sie von einem weißen Licht umgeben sind. Holen Sie tief Atem. Entspannen Sie.

Diese Technik bekämpft Negativität mit Negativität. »Man braucht einen Dorn, um einen Dorn zu entfernen«, sagt ein altes Hindu-Sprichwort. Durch diese Methode werden die negativen Gedanken im Hinblick auf ein bestimmtes Gebiet so negativ und so erschöpfend, daß Sie nicht mehr die geringste Lust haben, darüber je wieder negativ zu denken.

Während des Prozesses erfahren Sie aber auch sehr direkt die Ergebnisse einer negativen Einstellung. Manche Menschen zeigen dabei physische Symptome: Schmerzen, Schwindel, Übelkeitsgefühle. Sie erkennen – mitunter zum ersten Mal – eine direkte Beziehung zwischen negativem Denken und emotionalen und körperlichen Beschwerden.

Es ist kein einfacher Prozeß, besonders dann nicht, wenn Sie sich wirklich Mühe geben. Es ist auch hier wie bei allen Dingen: Halbherziges Handeln produziert halbgare Ergebnisse. Es ist eine massive Methode. Sie sollte auf jene Gebiete negativen Denkens beschränkt bleiben, bei denen keine andere Technik zu wirken scheint.

Wenden Sie diese Methode bitte nicht an, bevor Sie Teil Drei »Klammern Sie sich an das Positive« gelesen haben. Dort finden Sie zusätzliche Techniken dafür, Sie vor diesem Prozeß währenddessen und danach zu beschützen und zu »heilen«.

> Wir wollen unseren Geist schulen,
> sich das zu wünschen, was die
> Situation erfordert.
>
> *Seneca*

Tätigkeiten, die zum negativen Denken beitragen

Ich bin nur froh, daß ich einem Marsbewohner
nicht erklären muß, warum ich jeden Tag
Dutzende kleiner Papiere entzünde und
sie in den Mund stecke.

Mignon Mclaughlin

Alles, was Sie im Übermaß tun, trägt zu Ihrer negativen Einstellung bei. Es bestärkt die Minderwertigkeit. Es ist die physische Bestätigung: »Ich bin nicht in der Lage, meinen Körper zu beherrschen.«

Wir brauchen Ihnen nicht zu sagen, um was es sich handelt. Das wissen Sie sehr genau. Es sind die Dinge, über die Sie gesagt haben: »Ich weiß, es ist eine schlechte Angewohnheit, aber . . .« und »Ich wünschte, ich würde es nicht tun, aber . . .« und »Ich weiß, es ist schädlich für mich, aber . . .«

Es ist Zeit, daß Sie in die Gänge kommen.

Wir werden eine Reihe beliebter Angewohnheiten aufzählen. Ihre mögen darunter sein oder auch nicht. Auf jeden Fall werden Sie wissen, um was es geht. Um was geht es? Daß Sie mit ihnen aufhören. Daß Sie sie ablegen. Sie könnten Sie schließlich umbringen. Das ist eine negative Art, die Dinge zu sehen.

Und die positive? Sie haben die Verantwortung für und die Gewalt über Ihr Leben. Sie haben die Macht, das Recht – ja, auch die Verpflichtung –, nur Dinge zu tun, von denen Sie wissen, daß sie bereichernd, verbessernd und wohltuend sind. Sie sind stärker als alles, das sich Ihnen beim Erstreben dieses Ziels in den Weg stellt.

Rauchen. Jeder Raucher kennt die vielfältigen Gefahren, die mit dem Rauchen verbunden sind. Dennoch weiterzurauchen ist daher eine fortgesetzte Bestätigung von Krankheit. Jedesmal, wenn sich Raucher eine Zigarette, eine Zigarre, eine Pfeife an-

zünden, vermitteln sie sich selbst: »Ich bin nicht wert, gesund zu
sein. Ich bin nicht in der Lage, meine Hände unter Kontrolle zu
halten, geschweige denn meinen Verstand.« Raucher geben bei
jedem Knipsen des Feuerzeugs, jedem Entzünden des Streich-
holzes zu, daß der Tabak mehr Einfluß auf ihr Leben hat als sie
selbst. Und das könnte letztendlich schädlicher sein als die physischen Auswirkungen des Rauchens. Es ist leicht, mit dem Rauchen aufzuhören. Sie brauchen nur nie wieder eine Zigarette
zwischen Ihre Lippen zu stecken. Basta. Doch bis zu diesem
Punkt zu kommen ist schwierig.

Übermäßiges Essen. Sie können das Ganze als »zuviel Essen«
oder »zuwenig Tun« ansehen. Oder als Mischung aus beidem.
Wenn Sie Ihrem Körper mehr Energie zuführen, als der verbrau-
chen kann, so produziert das Übergewicht. Die gesundheitlichen
Risiken, die mit Übergewicht einhergehen, sind weithin bekannt.
Übergepäck mit sich herumzuschleppen setzt jeden Muskel, jedes Organ des Körpers Belastungen aus. Abgesehen davon wird
Übergewichtigkeit nicht unbedingt als attraktiv angesehen. Jedesmal, wenn der/die Übergewichtige erneut zulangt, sagt er sich
damit: »Ich bin es nicht wert, einen schlanken, gesunden, attrak-
tiven Körper zu haben. Ich kann mich nicht beherrschen.« Stellen Sie sich das Übergewicht Ihres Körpers als gespeicherte
Energie vor – genau das ist es. Und all diese Energie steht Ihnen
zur Verfügung, um das zu erreichen, was Sie sich wünschen.
Sehen Sie in einer Diät keinen Gewichts*verlust*, sondern einen
Gewichts*einsatz.*

Drogen- und Alkoholmißbrauch. Wenn Sie ganz mechanisch zu
Medikamenten und/oder Alkohol greifen, sobald Sie Probleme
haben, oder wenn Sie der Meinung sind, daß ihr Gebrauch
negative Einflüsse auf Ihre Arbeit, Ihre Beziehungen oder Ihr
allgemeines Wohlbefinden hat, dann treiben Sie Mißbrauch. Der
Mißbrauch von Drogen und Alkohol hat physische Wirkungen,
die eine positive Einstellung erschweren. Die Rückstände an
Giftstoffen im Körper machen giftiges Denken sehr leicht. Daher
ist bei Drogen- und Alkoholabhängigkeit häufig entschiedene

Hilfe von außen nötig: die Anonymen Alkoholiker oder sogar eine Klinik. Die eigentliche Kur ist jedoch einfacher als das vorrangige Problem: zu erkennen, daß es da überhaupt ein Problem gibt.

Zusammensein mit negativen Menschen. Negatives Denken ist eine der ansteckendsten Krankheiten überhaupt. »Wer sich mit Hunden schlafen legt, steht mit Flöhen auf«, hat 1651 schon George Herbert gesagt. Wenn Sie Ihre Zeit mit negativ eingestellten Menschen verbringen, werden Sie früher oder später ebenfalls negativ denken. Menschen fühlen sich oft zu ähnlich eingestellten Menschen hingezogen, um ihre eigene Schwäche zu bemänteln. »Jeder, den ich kenne . . .« (An die Stelle der drei Pünktchen können Sie das suchterzeugende Verhalten Ihrer Wahl setzen.) »Wir alle können uns doch nicht irren!« Das denkt auch jeder Lemming, bevor er mit allen anderen gemeinsam von der Klippe springt. Wenn Sie Ihre Einstellung ändern wollen, werden Sie sich unter Umständen von einigen »Freunden« und Bekannten trennen müssen. »Freunde« haben wir in Gänsefüßchen gesetzt, weil die Hartnäckigkeit, mit der manche negativen Menschen die positiven Aktionen ihrer Mitmenschen kritisieren, kaum als »freundschaftlich« bezeichnet werden kann. Und mit »trennen« meinen wir wirklich trennen und neue Freunde suchen – es hat wenig Sinn, das Verhalten Ihrer alten »Freunde« verändern zu wollen. Wenn diese selbst ihre Einstellung ändern wollen, dann werden sie es tun. Geben Sie ihnen ein Exemplar dieses Buches. Wenn sie zu Veränderungen bereit sind, werden sie dem Buch entsprechend handeln. Wenn nicht, werden sie es nicht einmal lesen. Wenn letzteres der Fall ist, lassen Sie es damit bewenden. Selbst zu einer neuen Einstellung zu finden ist eine Vollzeitbeschäftigung.

Zwanghafter Sex. Manche Menschen sind auf Sex aus wie andere auf Rauschgift, Drogen oder Alkohol. Nur weil Sex »natürlich« ist, bedeutet das noch lange nicht, daß man keinen Mißbrauch damit treiben kann. Man kann. Dabei geht es weniger darum, *was* Sie auf sexuellem Gebiet tun, sondern mehr darum, *warum.* Ist es der Ausdruck von Liebe einem anderen Menschen gegenüber, oder ist es eine Möglichkeit, ein Gefühl, eine Empfindung zu kaschieren: Einsamkeit beispielsweise? Zwanghafter Sex beinhaltet – wie jede Begierde – die folgende Botschaft: »Ich selbst bin mir nicht genug. Ich brauche etwas Äußerliches, um wirklich glücklich zu sein. Ohne das bin ich minderwertig.«

Arbeitsbesessenheit. Empfinden Sie Ihre Arbeit als Ausdruck Ihrer Persönlichkeit, oder ist Ihr Beruf der einzige Platz, an dem Sie sich »wichtig« fühlen? Menschen, die zuviel arbeiten, tun das häufig aus dem verzweifelten Bedürfnis heraus, aller Welt – und sich selbst – zu beweisen, daß sie wichtig sind. »Das alles habe ich zustande gebracht, seht ihr? Ich bin doch etwas wert.« Das Problem ist nur, daß nichts gut genug ist. Wenn ein Ziel erreicht ist, wird es sofort durch ein nächstes, möglichst noch anspruchsvolleres ersetzt. Und noch problematischer ist die Tatsache, daß diese Menschen nie davon überzeugt sein können, allein durch ihr Ich-Sein wichtig zu sein. Selbstwert ist ein Wert an sich, er braucht nicht verdient oder bewiesen zu werden. Solange Ihre Arbeit Ihre Art ist, sich selbst und Ihre Lebensart auszudrücken, dann ist es nebensächlich, wie viele Stunden Sie damit zubringen. Doch viele Menschen verstecken sich selbst hinter ihrer Arbeit, so daß für sie die Bezeichnung »Workaholic« angebracht scheint. Inzwischen weiß jeder, was mit diesem relativ neuen Wort gemeint ist. Trifft es auch auf Sie zu?

Selbstzufriedenheit. In Lebenssituationen untätig zu verharren, in denen Aktionen angesagt sind, kann zu einer Abhängigkeit werden. Manche Menschen werden gewohnheitsmäßig träge und lethargisch. Inaktivität wird zu einer mechanischen Reaktion. Das kommt meist aus der Überzeugung: »Ich schaffe das nicht.« Nichtstun »beweist«, daß diese Annahme korrekt ist, und erhärtet nebenbei auch die Überzeugung, daß es gar keinen Grund zur Reaktion gibt. Die Gewohnheit der Selbstzufriedenheit kann durch Handeln abgeschafft werden: Indem man sich in Bewegung setzt und endlich etwas tut. Wenn die Gewohnheit sehr ausgeprägt ist, dann kann es einem anfangs vielleicht vorkommen, als stoße man an Gummiwände. Jede Bewegung in jede Richtung scheint auf Widerstand zu treffen. Das ist die Gewohnheit. Aber Sie sind stärker als die Gewohnheit. Setzen Sie sich in Trab. Stecken Sie sich ein vernünftiges Ziel, und arbeiten Sie auf dieses Ziel hin. Dann suchen Sie sich die nächste Aufgabe. Beweisen Sie sich selbst, daß Sie es können. Sie können es wirklich.

Unersättlichkeit ist
kein geheimes Laster.
Orson Welles

Leben bedeutet, etwas Bestimmtes zu tun – eine
Aufgabe zu erfüllen. In dem Maß,
in dem wir vermeiden, unser Leben einer
Sache zu widmen, nehmen wir ihm den Sinn.
Menschliches Leben muß, von sich aus,
eine Bedeutung haben.
Jose Ortega Y Gasset

Die zwölf Schritte

Gott sei Dank. Seit ich das Weintrinken
aufgegeben habe, fühle ich mich sehr viel besser,
ich erledige auch meine Arbeit besser,
gebe weniger Geld aus und verschwende weniger Zeit
in nichtsnutziger Gesellschaft.

Samuel Pepys

Wir würden eine Unterlassungssünde begehen, wenn wir bei einer Diskussion von Abhängigkeiten die erfolgreichste Organisation unerwähnt ließen, die es je zur Bekämpfung einer Sucht gegeben hat: die Anonymen Alkoholiker.

Seit mehr als fünfzig Jahren haben durch das AA-Programm Millionen Menschen ihre Abhängigkeit vom Alkohol loswerden können. Die zwölf Schritte – wie das AA-Programm genannt wird – sind so erfolgreich, daß weltweit mehr als 150 andere Organisationen damit Abhängigkeiten wie übermäßiges Essen, zwanghaften Sex, Drogenmißbrauch und negative Lebenseinstellungen zu bekämpfen versuchen.

Der Kern des AA-Programms wird in dem Buch *Alcoholics Anonymous* beschrieben. Und hier sind die zwölf Schritte einschließlich der drei einführenden und des einen abschließenden Absatzes. Falls Sie keinerlei Probleme mit dem Alkohol haben, fügen Sie statt dessen einfach »negatives Denken« oder jede andere mögliche Abhängigkeit ein.

Vergessen Sie nicht, daß wir es mit Alkohol zu tun haben: Er ist gerissen, verblüffend und mächtig! Ohne Hilfe könnten wir ihn nicht erfolgreich bekämpfen. Doch es gibt Einen, der die entsprechende Macht hat – der Eine ist Gott. Wir hoffen, daß er Ihnen bald hilft.

Halbherzige Maßnahmen haben uns nichts gebracht. Wir befanden uns am Wendepunkt. Wir erbaten seinen Schutz und seine Fürsorge bei der vollständigen Abstinenz.

244

Hier sind die Schritte, die wir unternahmen und die wir als Programm der Heilung empfehlen:

1. Wir gaben zu, daß wir keine Macht über den Alkohol hatten, daß unser Leben unkontrollierbar geworden war.

2. Wir kamen zu der Überzeugung, daß eine stärkere Macht als wir selbst unsere Gesundheit wiederherstellen kann.

3. Wir entschlossen uns, unseren Willen und unser Leben in die Hände Gottes, wie wir ihn verstehen, zu legen.

4. Wir nahmen offen und furchtlos eine Bestandsaufnahme unserer Moral vor.

5. Wir bekannten vor Gott, uns selbst und anderen Menschen die genaue Beschaffenheit unserer Fehler.

6. Wir waren ohne Einschränkung bereit, Gott alle diese Charakterfehler beseitigen zu lassen.

7. Wir baten Gott demütig darum, unsere Mängel zu beseitigen.

8. Wir fertigten eine Liste mit den Namen der Menschen an, denen wir Schaden zugefügt hatten, und waren bereit, ihnen allen gegenüber Wiedergutmachung zu leisten.

9. Wir leisteten diesen Personen gegenüber Wiedergutmachung – mit Ausnahme der Fälle, wo das wiederum anderen geschadet hätte.

10. Wir erforschten weiterhin unser Inneres und gaben Fehler da, wo sie auftraten, sofort zu.

11. Wir waren bemüht, durch Gebete und Meditation unseren bewußten Kontakt zu Gott, wie wir ihn verstanden, zu verbessern. Wir baten ausschließlich darum, Gottes Willen für uns zu erfahren, und um die Kraft, ihn auch auszuführen.

12. Nachdem wir als Ergebnis dieser Schritte eine geistige Erweckung erfahren durften, waren wir bemüht, die Botschaft anderen Alkoholikern zu vermitteln und diese Prinzipien in allen unseren Lebensfragen zu praktizieren.

Viele von uns riefen: »Was für Anordnungen! Die schaffe ich doch nie!« Lassen Sie sich nicht entmutigen. Keiner unter uns war bisher in der Lage, diese Prinzipien bis ins kleinste Detail voll zu erfüllen. Wir sind keine Heiligen. Es geht jedoch darum, anhand geistiger Richtlinien »zu wachsen«, »besser zu werden«. Die von uns aufgestellten Prinzipien sind Richtschnüre für eine Weiterentwicklung. Wir fordern geistige Weiterentwicklung, keine geistige Vollkommenheit.

Nein, *Lebe ohne Sorge!* ist kein AA-Buch. Wir behaupten auch nicht, daß diese zwölf Schritte der einzige Weg sind, eine Abhängigkeit loszuwerden. Wir zeigen sie lediglich als Möglichkeit auf, die für Millionen von Menschen erfolgreich gewesen ist.

Soweit wir wissen, gibt es keine Negaholics Anonymous (NA) für Menschen, die einsehen, daß sie ihrer negativen Einstellung gegenüber hilf- und machtlos sind. Am nächsten kommen nach unseren Erkenntnissen die Emotions Anonymous. Falls Sie der Überzeugung sind, daß negative Gedanken mit Sicherheit zu negativen Emotionen führen, dann befinden sich die Ziele der EA und der Wunsch, eine negative Lebenseinstellung zu überwinden, durchaus im Einklang.

Einer der Vorteile von AA, EA und allen anderen Organisationen, die das Wort »Anonyme« in ihrem Namen führen, ist die Möglichkeit von Zusammensein und Treffen. Diese Treffen bieten Unterstützung, Hilfe und das Gefühl »Ich werde mit dieser Sache nicht alleingelassen«.

> Das Beste an der Zukunft ist,
> daß sie immer nur tageweise kommt.
> *Abraham Lincoln*

Was haben Sie davon?

Niemand erwählt das Böse, weil es böse ist.
Er hält es fälschlich für Glück, für das
Gute, nach dem er trachtet.

Mary Wollstonecraft Shelley

Schmerz tut weh. Wir Menschen scheinen doch bereit zu sein, fast alles zu tun, um uns Schmerzen zu ersparen. Aber warum tun wir dann so beharrlich immer wieder Dinge, von denen wir ganz genau wissen, daß sie uns mentale, emotionale und körperliche Schmerzen verursachen werden?

Über die Rolle der Minderwertigkeit bei diesem scheinbaren Paradoxon – wir tun unwürdige Dinge, um uns zu beweisen, daß unser Gefühl der Minderwertigkeit berechtigt ist – haben wir schon gesprochen. Doch wir erhalten da noch etwas: einen scheinbaren Vorteil, eine Art »Vergütung«.

Machen Sie mit uns einen Ausflug zurück in die erregenden Tage unserer Kindheit. Die meisten Kinder erhalten eine Extraportion Liebe, Verständnis, Mitleid und Fürsorge, wenn ihnen etwas Unangenehmes zustößt, eine Krankheit oder ein Unfall. »Oh, du hast dir den Finger verletzt! Warte, ich geb dir einen Kuß, dann wird es sofort besser.« Verletzungen und Krankheiten scheinen eine Flut von Liebe und Zuwendung zu bewirken.

Angesichts dieser Tatsache muß ein Kind sogar zu dem Schluß kommen: »Verletzung und Krankheit sichern mir Liebe.« Daher erfinden oder verursachen manche Kinder Unfälle und kleine Krankheiten, wenn sie sich nach Liebe und Verwöhntwerden sehnen. Der Vergütung, dem Lohn.

Das muß nicht unbedingt ganz bewußt geschehen – auch wenn wir wohl alle irgendwann einmal eine Krankheit, ein Unwohlsein vorgetäuscht haben, um die Schule schwänzen zu können. Irgend etwas in uns »lernt«, daß Krankheiten und Unfälle besondere Liebe erzeugen. Und wenn wir uns Liebe und Zuwendung wünschen, dann ist eine Möglichkeit, sie zu bekommen,

247

krank zu werden oder uns zu verletzen. Das kann durchaus zu einer lebenslangen Gewohnheit werden.

Für jene Kinder, die nicht bereit sind, körperliche Schmerzen in Kauf zu nehmen, um Aufmerksamkeit zu erregen, gibt es noch andere Möglichkeiten. Kinder, die ihren Willen durch Wutausbrüche erzwingen, werden oft genug zu »Wutaholics«. Wenn sie nicht bekommen, was sie haben wollen, drehen sie durch. Selbst als Erwachsene erzwingen sie sich die Erfüllung ihrer Wünsche durch Zornesausbrüche. Doch vermutlich erzwingen sie damit auch einiges, das sie sich nicht wünschen.

Manche Kinder sind unartig, um Aufmerksamkeit zu erregen, denn selbst negative Aufmerksamkeit ist immer noch besser als gar keine. Aus diesen Kindern können Erwachsene werden, die bewußt Konflikte schaffen, um bemerkt zu werden.

Doch alle diese Vergütungen sind nur »Symbole« für Liebe, nicht etwa das Original. Aber wenn das Original nicht verfügbar ist – und die Menschen nicht gelernt haben, sich selbst so zu lieben wie sie sind – muß das Symbol ausreichen.

Hier einige der bekannten Vergütungen, die Menschen für ihr negatives Verhalten bekommen können: Aufmerksamkeit, Mitleid, Schutz, Zustimmung, Entschuldigungen, Anerkennung, eine Opferrolle, erfolgreiche Täuschungsmanöver, Macht und ein – falsches – Gefühl von Stärke, Sicherheit, Nähe und Leistung.

Weitere scheinbare Vorzüge sind die Möglichkeiten, Verantwortung zu vermeiden, nichts riskieren zu müssen, den Anschein zu erwecken, recht zu haben, sich selbst zu bestätigen und – scheinbar – die eigene Wichtigkeit zu beweisen. Manche Menschen prahlen durchaus mit ihrer Negativität: »Ich arbeite an meinen Problemen«, »Ich lerne«, »Ich verschaffe mir eine gute gefühlsmäßige Entspannung«, »Was uns nicht umbringt, macht uns hart« und »Ich kann Schmerzen ertragen«.

Vielleicht wollen Sie einmal rückhaltlos erfahren, was Sie sich mit Ihren negativen Gedanken, Gefühlen und Aktionen einhandeln. Falls Sie sich nach Aufmerksamkeit sehnen, sollten Sie es sogar wissen. Denn wäre es nicht sehr viel einfacher, wenn Sie einen Weg zur Aufmerksamkeit finden würden, ohne diese ganze Negativität durchleben zu müssen? Nicht nur einfacher – auch schmerzloser!

Es gibt einen ganz simplen Weg, die Vergütungen direkt zu bekommen: durch Bitten. »Würdest du mir bitte für ein paar Minuten deine Aufmerksamkeit schenken?«, »Könntest du mich in dieser Sache vielleicht unterstützen?«, »Sag mir, daß du mich liebst«. Ja, sicher – ein Risiko ist dabei: Sie könnten unter Umständen nicht erhalten, was Sie sich wünschen. Doch wie Sie vielleicht schon herausgefunden haben: Auch auf die negative Weise bekommt man nicht immer, was man sich ersehnt.

Stellen Sie eine Liste der Dinge auf, die Sie aufgrund Ihrer Krankheit bekommen: die Vergütungen. Arbeiten Sie sich einen Plan aus, diese Dinge auf direkterem Weg zu erhalten. Unter Umständen ist Ihnen schon längst insgeheim klargeworden, daß die Krankheit der Weg war, um an bestimmte Dinge zu kommen. Wenn Sie diese Dinge aber auch so erhalten können, werden Sie vielleicht in der Lage sein, auf die Krankheit zu verzichten.

Die Aufstellung einer solchen Liste verlangt unbedingte Aufrichtigkeit. Die Vorstellung, daß wir uns etwas so Drastisches wie eine lebensgefährliche Krankheit einfallen lassen, nur um Aufmerksamkeit oder Zuwendung zu erhalten, mag für manche Menschen eine bittere Erkenntnis sein. Wir behaupten keineswegs, daß das in allen Fällen zutrifft. Aber Ihrer könnte durchaus einer sein. Das können nur Sie allein wissen.

Vielleicht kommen Sie nach einem Blick auf Ihre Liste der Vergütungen zu dem Schluß, daß Sie manche davon überhaupt nicht brauchen, nicht nötig haben. Dann streichen sie diese von der Liste und sagen Sie sich: »Ich brauche keine . . . mehr. Davon kann ich mich verabschieden.« Das in Ihnen, das die Krankheit verursacht, weil es meint, Sie wünschen sich diese Dinge immer noch, wird es bemerken und entsprechend reagieren. Dieser Teil von Ihnen möchte nur, daß Sie bekommen, was Sie sich wünschen!

Und die restlichen Dinge – die Dinge, die Sie sich wirklich wünschen – geben Sie sich am besten selbst. Lieben Sie sich. Schenken Sie sich Aufmerksamkeit. Verwöhnen Sie sich. Geben Sie sich allen Luxus, so daß das, was andere Menschen Ihnen zukommen lassen könnten, lediglich wie ein weiterer Klecks Buttercreme auf der Torte wirkt.

Und wenn Sie sich selbst ausreichend verwöhnen, wenn Sie Ihre Bedürfnisse voll und ganz erfüllen, dann brauchen Sie nicht mehr nach Vergütungen von außen zu trachten. Und wenn keine Notwendigkeit mehr besteht, auf Vergütungen aus zu sein, wird unter Umständen auch die Krankheit jeden »Sinn« verlieren und sich davonmachen.

> Ich habe stets einen kleinen Vorrat an Stimulanzien parat für den Fall, daß ich eine Schlange sehe
> – die ich ebenfalls parat habe.
>
> *W. C. Fields*

> Es liegt eine gewisse Wollust in der Selbstanklage. Wenn wir uns selbst tadeln, so mit dem Gefühl, daß kein anderer das Recht habe, uns zu tadeln.
>
> *Oscar Wilde*

Verantwortlichkeit

Die Menschen machen ihre Lebensumstände immer
für das verantwortlich, was sie sind. Ich glaube
nicht an Lebensumstände. Die Menschen, die in dieser
Welt vorankommen, sind jene, die aufstehen und nach
den Umständen Ausschau halten, nach denen es sie
verlangt. Und wenn sie die nicht
finden können, dann schaffen sie sie sich.

George Bernard Shaw

Das ist einer der am meisten mißverstandenen Begriffe der modernen Psychologie. Sobald wir auch nur andeuten, Menschen könnten unter Umständen mehr mit dem zu tun haben, was ihnen zustößt – daß sie es vielleicht bewirken, zulassen oder fördern –, reagieren viele Leute sofort offensiv:»Wollen Sie damit sagen, das sei meine Schuld?! Wollen Sie mir das etwa vorwerfen?«

Nein, das wollen wir niemandem vorwerfen. Das ist die Schattenseite der Verantwortlichkeit: Schuldgefühle. Es ist aber auch die inkorrekte Seite: ein falscher Gebrauch des Begriffs. Es ist, als würden wir jemandem einen Hammer geben, und der zerschmettert damit die Rahmen, anstatt einen Nagel für das Bild in die Wand zu schlagen. Und dann hören wir:»Warum habt ihr mir diesen verdammten Hammer gegeben?« Er wurde nur auf die falsche Art und Weise benutzt.

Die Sonnenseite der Verantwortlichkeit ist die Erkenntnis einer simplen Tatsache: Wir sind wesentlich einflußreicher, als wir uns im allgemeinen eingestehen. Wenn wir bespielsweise erkennen, daß wir ein gerüttelt Maß»Schuld« an den Ereignissen haben, die uns treffen, daß wir sie bewirken, zulassen oder fördern – selbst eine lebensgefährliche Krankheit –, dann können wir auch erkennen, daß es in unserer Macht steht, uns wieder davon zu befreien.

Werfen Sie einen Blick auf die Dinge in Ihrem Leben, mit

denen Sie zufrieden und glücklich sind: Menschen in Ihrer Umgebung, das, was Sie gelernt und geleistet haben. Verantwortlichkeit heißt, daß Sie auch dafür verantwortlich waren, daß Sie das Gute in Ihrem Leben bewirkt, zugelassen und gefördert haben. Wir wollen uns diese drei Begriffe einmal genauer ansehen.

Bewirken. Sie haben etwas gesehen, wollten es, bemühten sich darum und bekamen es. Ganz einfach. Vielleicht hat es Ihnen gar nicht mehr sosehr gefallen, als Sie es hatten, aber Sie hatten es nun einmal – und das aus Ihrem Antrieb heraus. Nehmen wir an, Sie haben eine Picasso-Reproduktion gesehen, sie hat Ihnen gefallen, und Sie wollten Sie für Ihr Wohnzimmer: Sie haben sie gesehen, gekauft und in Ihrem Wohnzimmer aufgehängt.

Fördern. Hier waren Sie ein Mit-Bewirker. Ein anderer oder etwas anderes war beteiligt. Gemeinsam haben Sie etwas bewirkt, aber es wäre nicht geschehen, wenn Sie keinen Einfluß ausgeübt hätten. Eine Freundin hat einen Picasso an der Wohnzimmerwand hängen und bietet ihn Ihnen zum Kauf an. Sie denken:»Nicht schlecht. Sicher, den kaufe ich.« Und so hängt er schließlich an Ihrer Wohnzimmerwand.

Zulassen. Das ist noch subtiler. In diesen Fällen hätten Sie »Nein« sagen oder irgend etwas tun können, um es zu verhindern. Aber Sie haben nichts dergleichen unternommen. Dieselbe Freundin schenkt Ihnen den Picasso zum Geburtstag. Sie denken:»Gut und schön, aber nicht unbedingt das, was ich mir für meine Wohnzimmerwand ausgesucht hätte.« Und da ist nun einmal dieser leere Fleck an der Wand. Sie können der Freundin nicht sagen, daß Ihnen das Bild nicht gefällt, weil das nicht hundertprozentig zutrifft. Abgesehen davon, wollen Sie Ihre Freundin nicht verletzen. Sie können aber auch nicht sagen, Sie hätten für das Bild keinen Platz, denn das stimmt ebenfalls nicht. Und so kommt der Picasso, begleitet von geheuchelten Entzückensschreien, schließlich doch an Ihre Wohnzimmerwand. Und mit der Zeit gewöhnen Sie sich daran, er fängt sogar an, Ihnen zu gefallen.

Wenn Sie sich einmal ansehen, was Ihnen an und in Ihrem Leben wirklich gefällt, dann werden Sie feststellen, daß Sie etwas damit zu tun hatten, es zu bekommen: selbst wenn das in einem eher passiven Akt des Zulassens bestand.

Und nun wenden Sie die drei Begriffe doch einmal auf die *kleinen* Dinge in Ihrem Leben an, die Ihnen ganz und gar nicht gefallen. Gehen Sie es langsam an. Beginnen Sie nicht sofort mit den ganz großen Tragödien. Das ist übrigens eine der besten Möglichkeiten, eine neue Vorstellung abzutun, ohne sie bis ins Detail erkunden zu müssen: Bringen Sie sie mit der größten Herausforderung in Verbindung, die Sie sich vorstellen können, und stellen Sie fest, ob Ihr Konzept Bestand hat. Vermutlich ist das nicht der Fall. Es ist, als würden wir zum ersten Mal mit Mathematik vertraut gemacht und unvermittelt mit einer Aufgabe in Trigonometrie konfrontiert: »Hier. Sehen Sie doch mal zu, ob Ihre Mathekenntnisse dazu ausreichen.« Schließlich wird das der Fall sein, doch im Moment sind wir noch froh, wenn wir wissen, daß neun minus sechs drei ist.

Also beginnen Sie vielleicht am besten mit den Bildern an der Wand, die Ihnen nicht gefallen. Wie sind sie eigentlich dorthin gekommen, und warum sind sie immer noch da? Höchstwahrscheinlich haben Sie es bewirkt, gefördert oder auch nur zugelassen, daß sie da hängen. Wenn es Ihre Wohnung ist, und wenn die Bilder auch noch in fünf Minuten von jetzt an dort hängen, lassen Sie zu, daß sie da sind, indem Sie sie nicht herunternehmen.

Wir tun sehr oft sehr gern, als wären wir die Opfer. Damit hatten wir absolut nichts zu tun. Wir haben das nicht gewollt. Es ist einfach so passiert. »Ein Mensch, dem das Leben passiert«, ist eine wirklich gute Beschreibung eines Opfers. Oder, wie ein anderer gesagt hat: »Es gibt drei Arten von Menschen in der Welt: diejenigen, die das Leben ›passieren‹ lassen, jene, denen das Leben passiert, und jene, die fragen: ›Was ist denn passiert?‹« Opfer fallen (nachdem sie auf einer Bananenschale ausgerutscht sind) unter die letzten beiden Kategorien.

Opfer-Sein kann zur Gewohnheit werden, aber auch die Quelle unserer besten Anekdoten. Die meisten Stegreif-Komiker bestreiten damit ihren Lebensunterhalt. Sie erzählten eine »Opfer-Geschichte« nach der anderen. Rodney Dangerfield hat enormes Ansehen damit gewonnen, daß er immer wieder erzählt, wie wenig Ansehen er doch genießt.

Opfer-Stories können witzig sein – wenn auch nicht unbedingt für das »Opfer« – jedenfalls nicht zum aktuellen Zeitpunkt. Hier ein paar Opfer-Stories aus durchaus aktuellen Kraftfahrzeugversicherungs-Unterlagen:

»Bei der Heimfahrt bog ich in die falsche Einfahrt ein und stieß mit einem Baum zusammen, der mir nicht gehört.«

»Dieser Typ war praktisch überall auf der Fahrbahn. Ich mußte etliche Male das Steuer herumreißen, bis ich ihn erfaßte.«

»In meinem Bemühen, eine Fliege zu fangen, fuhr ich gegen den Telefonmast.«

»Ich hatte vierzig Jahre Fahrpraxis hinter mir, als ich am Steuer einschlief und den Unfall hatte.«

»In der Absicht, die Stoßstange des Wagens vor mir zu vermeiden, fuhr ich den Fußgänger an.«

»Ein unsichtbares Auto kam aus dem Nichts, prallte gegen meinen Wagen und verschwand.«

»Die mittelbare Ursache dieses Unfalls war ein Zwerg in einem kleinen Auto mit einer großen Klappe.«

»Der Telegrafenmast kam näher. Ich versuchte ihm auszuweichen, als er auch schon gegen meine Kühlerhaube prallte.«

»Der wußte nicht, wohin er laufen sollte, also überfuhr ich ihn.«

»Ich wechselte die Fahrbahn, warf einen Blick auf meine Schwiegermutter und geriet auf die Bankette.«

Komisch, sicher. Doch übersehen Sie den Mangel an Verantwortlichkeit in diesen Schilderungen nicht. Er könnte ein Grund sein, warum die Geschichten so witzig wirken – wir erinnern uns an die lahmen Entschuldigungen, die wir selbst schon vorgebracht haben. »Der Telegrafenmast kam näher« – also wirklich!

Es ist schön und gut, wenn wir Opfer-Stories erzählen und uns darüber amüsieren. Doch wenn wir anfangen, sie zu glauben, geraten wir in Schwierigkeiten. Denn in diesem Glauben liegt unbewußt die Überzeugung: »Ich habe keine Kontrolle über mein Leben«, »Die Dinge laufen nicht so, wie ich es will«, »Offenbar verdiene ich nicht, was ich mir wünsche.«

Denken Sie an irgendeine Begebenheit – eine nicht allzu bedeutende –, in der Sie sich als Opfer gefühlt haben. Erzählen Sie sich diese Geschichte mit allen bitteren Einzelheiten so, als würden Sie sie einem anteilnehmenden Freund berichten.

Dann betrachten Sie die ganze Geschichte noch einmal aus dem kritischen Blickwinkel, und versuchen Sie Punkte zu finden, an denen Sie unter Umständen verantwortlich gewesen sind – Punkte, an denen Sie zum Verlauf der Sache beigetragen, ihn vielleicht sogar auf gewisse Weise bewirkt, zugelassen oder gefördert haben. Vielleicht können Sie Ansätze erkennen von »Nun, wenn ich dies oder das getan hätte – und irgendwie wußte ich schon, daß das besser gewesen wäre –, dann wäre es möglicherweise nicht passiert«. Oder: »Ich habe es sogar noch schlimmer gemacht, weil ich . . .« Oder: »Ich hätte eine halbe Stunde früher aufbrechen können.«

Um weitere Punkte von Verantwortlichkeit zu finden, geben wir Ihnen im folgenden ein paar nützliche Hinweise:

1. *Gehen Sie bis zu den Anfängen zurück.* In den meisten Fällen setzen wir mit unserer Opfer-Story an dem Zeitpunkt an, an dem wir mit Fug und Recht behaupten können, der/die Unschuldige zu sein. »Ich stand einfach ganz zufällig da, kümmerte mich um meine eigenen Belange, als . . .« Wenn wir jedoch weiter zurückdenken, schwindet die Unschuld jedoch häufig schnell genug. »Ich wollte bereits gehen, als Paul anrief und meinte, er würde es nicht schaffen.« Und wenn wir noch weiter zurückdenken, können wir uns vielleicht daran erinnern, daß wir in der Woche zuvor eine Verabredung mit Paul abgesagt haben, daß Paul einen gewissen Ruf der Unzuverlässigkeit hat oder daß Paul beiläufig erwähnte, es könne unter Umständen etwas dazwischen kom-

men . . . Sehen Sie, worauf wir hinauswollen? Wenn wir nur weit genug in die Vergangenheit zurückgehen, müssen wir oft genug feststellen, daß wir über Informationen oder Erfahrungen verfügten, die unserer »Unschuld« den Glanz nehmen.

2. *Was haben Sie angeblich nicht gewußt?* Wir alle haben eine innere Stimme, die uns von Zeit zu Zeit Hinweise und Ratschläge gibt. Manche Menschen haben ein besseres Gespür für sie als andere. Es ist mit Sicherheit nicht die lauteste Stimme in uns, aber sie ist beharrlich und im großen und ganzen korrekt. Wenn sich irgend etwas Unangenehmes ereignet, rufen Menschen oft ganz spontan aus: »Ich habe es doch gewußt!« – eine überaus verantwortliche Feststellung! –, um dann fast im gleichen Moment das Ruder herumzureißen und das Opfer zu spielen, indem sie anderen Menschen oder Zufällen den Schwarzen Peter zuschieben. Was hat uns unsere innere Stimme im Hinblick auf die Situation mitgeteilt? Vielleicht hat sie gesagt: »Geh nicht« oder »Sei vorsichtig«, und wir sind doch gegangen und waren keineswegs vorsichtig. Voilà: eine Opfer-Story. Das heißt selbstverständlich nicht, daß Sie jeder Stimme in Ihrem Inneren folgen sollen. Doch wenn sich da etwas »meldet«, ist es auf jeden Fall ratsam, die Information zu überprüfen und zu bedenken. Außerdem: Wenn Sie es sich erst einmal angewöhnt haben, auf diese Stimme zu achten, werden Sie sehr bald in der Lage sein, sie von der Stimme Ihres Verlangens, der Stimme Ihrer Unzufriedenheit, der Stimme Ihrer Angst und so weiter zu unterscheiden. (Mehr darüber, wie man sich der Hilfe dieser inneren Stimme versichern kann, später.)

3. *Welche Vorstellungen hatten Sie von der Situation?* Haben Sie vielleicht durch Sorgen, Zweifel, Unwillen oder irgendeine andere negative Einstellung zu den Ereignissen beigetragen? Nehmen wir beispielsweise einmal an, daß Paul in letzter Minute abgesagt hat. Vielleicht hatten Sie davor schon diese Bedenken: »Ich bin mir gar nicht sicher, ob ich eigentlich dahin gehen will«, oder »Ich weiß nicht recht, ob ich mich tatsächlich mit Paul treffen möchte«, oder »Mir ist heute so gar nicht nach Ausge-

hen«, oder »Ich wünschte, ich könnte heute abend fernsehen«. Mitunter erfüllen sich unsere unausgesprochenen Wünsche, und dann beschweren wir uns darüber, daß wir bekommen haben, was wir doch im Grunde wollten. Ähnliches trifft übrigens auch zu, wenn wir uns etwas ganz intensiv wünschen, sich aber unsere Minderwertigkeitsgefühle melden. »Ich würde mich wirklich gern mit Paul treffen, aber vielleicht bin ich für ihn nicht die passende Gesellschaft«, oder »Nie gehe ich mit Menschen aus, die mir wirklich gefallen – beispielsweise Paul«, oder »Wenn ich Paul wäre, würde ich mich mit mir nicht dort treffen«. Vergessen Sie nicht: Was wir fürchten, kann eintreten.

Je intensiver Sie die Ereignisse Ihres Lebens – gute wie schlechte – vom Standpunkt der Verantwortlichkeit aus betrachten, desto stärker werden Sie erkennen, wie oft und stark Sie sich doch bisher auf die Illusion von »Zufälligkeiten« und »äußeren Einflüssen« verlassen haben.

Denken Sie immer an die drei wichtigen Wörter: bewirken, fördern, zulassen. Zusammengenommen sind sie Verantwortlichkeit.

Gehen Sie langsam dazu über, auch die entscheidenderen Geschehnisse in Ihrem Leben unter der Lupe des »Wie habe ich dazu beigetragen?« zu betrachten. Fragen Sie sich, ob Sie die Dinge nicht durch Bewirken, Fördern oder Zulassen entscheidend beeinflußt haben. Versuchen Sie dann auch bei aktuellen Ereignissen »neben sich zu treten« und zu fragen: »In welcher Weise nehme ich gerade (durch Bewirken, Zulassen oder Fördern) Einfluß auf die Geschehnisse?« und: »Wie kann ich (durch Bewirken, Zulassen und Fördern) Einfluß auf das nehmen, was ich mir wirklich wünsche?«

Falls Sie damit gewisse Schwierigkeiten haben, versuchen Sie es mit der kreativen Frage: »Was wäre, wenn ich dafür verantwortlich wäre?« Sagen Sie es aber nicht nur so hin, interessieren Sie sich wirklich für die Antwort. Wissensdurst schafft die Möglichkeiten, das Erwünschte auch zu erfahren.

Verantwortlichkeit hat drei Aspekte.

1. *Zugeständnis.* Wir geben ganz einfach zu, mit der Situation etwas zu tun zu haben. Vielleicht wissen wir – bewußt oder unbewußt – nicht bis ins letzte Detail, wie wir zu den Ereignissen beigetragen haben, aber wir sind bereit, noch einmal darüber nachzudenken und – falls wir etwas finden – unsere Beteiligung auch einzuräumen. Dabei geht es keineswegs um Schuld, Kritik, Verdammung, Denunziation, Zensur, Tadel oder Mißbilligung. (Zur Schuld kommen wir gleich.) Es geht um eine simple Feststellung: »Das ist mir zugestoßen, also muß ich irgend etwas damit zu tun haben. Ich frage mich, was ich damit zu tun hatte.« Dann betreiben Sie Ihre Gewissenserforschung und beantworten sich die Frage selbst.

2. *Reaktionsfähigkeit.* Wie und auf welche Weise hätten Sie in der gegebenen Situation besser reagieren können? Und wie können Sie in der aktuellen Situation erfolgreicher handeln? Machen Sie sich bewußt, daß es in jeder denkbaren Situation Reaktionsmöglichkeiten gibt, die Ihre Lage entweder verbessern oder verschlechtern. Warum entscheiden Sie sich also nicht gleich für die positiven? Manchmal handelt es sich um eine körperliche Reaktion, mitunter ist es die Änderung einer Einstellung – manchmal beides. Sie haben immer die Möglichkeit, auf eine positive Weise zu reagieren. Verantwortlichkeit ist keine Schuld. Oft fragen die Menschen: »Wer ist dafür verantwortlich?«, aber Ihr Ton deutet ganz klar an, daß Sie im Grunde fragen: »Wer ist daran schuld? Wen können wir zur Rechenschaft ziehen?« So definieren wir Verantwortlichkeit nicht. Bei Verantwortlichkeit und Reaktionsfähigkeit geht es uns lediglich darum, die Möglichkeiten zum Reagieren ganz genau zu betrachten und dann bereit zu sein, eine positive Reaktion zu wählen.

3. *Korrigierende Handlungen.* Wenn wir etwas erfahren oder lernen, daraufhin aber nicht unser Verhalten entsprechend ändern, dann haben wir es nicht wirklich gelernt. Dann ist das Erfahrene und Gelernte lediglich ein Konzept. Es mag ein schönes Konzept sein, ein gutdurchdachtes und brillantes Konzept – aber immer noch ein Konzept.

Wenn wir wirklich lernen, dann folgen dem auch Handlungen. Wenn wir sagen: »Ja, wir begreifen, daß Hammer dazu da sind, um Nägel in die Wände zu schlagen, an denen man Bilder aufhängen kann, und nicht dazu, Bilderrahmen zu zerschmettern«, aber weiterhin Rahmen zertrümmern, dann haben wir nichts gelernt. Wir haben lediglich begriffen. Um tatsächlich verantwortlich zu werden, müssen wir bereit sein, korrigierende Handlungen auszuführen. Wir treffen keine Verabredung mit Paul oder – falls wir es doch tun – haben uns beim nächsten Mal überlegt, was wir tun, wenn er uns wieder im Stich läßt. Beide Entscheidungen sind korrigierende Aktionen. Wenn Sie sich aber erneut mit Paul verabreden und ganz fest damit rechnen, daß er auch da ist – nun, wie sollen wir das nennen? Wir lassen Ihnen die Wahl: a) unvernünftig, b) dumm c) ein Hinweis darauf, daß Sie nichts gelernt haben, d) ein Beweis dafür, daß Sie in Ihrer Beziehung zu Paul sich selbst gegenüber nicht verantwortlich handeln, e) alle Punkte (a bis d) treffen zu.

Wenn Sie sich für e entscheiden, dann haben Sie uns verstanden. Korrigierende Handlungen beinhalten, daß Sie sich und anderen vergeben. Sie schließen darüber hinaus ein, daß Sie notfalls Wiedergutmachung leisten. Wenn wir beispielsweise bei einem Freund Milch auf dem Fußboden verschütten, können wir das zugeben, wir können die Verantwortung dafür übernehmen, doch um wirklich verantwortlich zu handeln, ist zunächst einmal eins angeraten: die Milch aufzuwischen.

Wenn Sie nach und nach mehr und mehr wichtige und »unmögliche« Ereignisse Ihres Lebens vom Standpunkt der Verantwortlichkeit aus betrachten, werden Sie vielleicht beginnen einzusehen, wie stark und mächtig Sie eigentlich sind.

Wir setzen diese enorme Macht dazu ein, bewußt oder unbewußt etwas zu schaffen, zu bewirken: Positives wie Negatives. Wenn wir unsere Rolle in der Gestaltung unseres bisherigen Lebens betrachten, wenn wir erkennen, daß wir mehr damit zu tun hatten, als wir je angenommen hätten, können wir auch damit beginnen, diese kreative Macht bewußter für positive Zwecke einzusetzen.

Verantwortlichkeit ist ein wichtiges Instrument, diese Macht zu erkennen und zu nutzen.

> Vor die Wahl gestellt, seine Meinung zu ändern oder zu beweisen, daß das nicht notwendig ist, stürzt sich jeder intensiv auf die Beweisführung.
> *John Kenneth Galbraith*

> Der Preis der Größe ist Verantwortlichkeit.
> *Winston Churchill*

Schuldgefühle

Denn das Gute, das ich will, das tue ich nicht,
sondern das Böse, das ich nicht will, das tue ich.
Römer 7,19

Schuldgefühle sind ein elender Tort, den wir uns selbst antun. Es ist der Preis, den wir zahlen müssen, wenn wir uns weigern, die Realität unseres Lebens unvoreingenommen, offen und mit Einfühlung zu betrachten. Es ist ein Spiel des Scheins mit bitteren Folgen.

Schuldgefühle sind Zornesanwandlungen, die sich gegen uns selbst richten. Wir werden zornig auf uns, weil wir etwas getan oder nicht getan haben, was wir hätten tun oder unterlassen sollen. Und das sammelt sich mit der Zeit an. Unsere Selbstbestrafung fällt mit jeder Wiederholung härter aus. (»Ich hätte es besser wissen müssen!«)

Angst macht sich breit. Wir fangen an, Situationen zu fürchten, in denen wir möglicherweise die von uns an uns selbst gestellten Anforderungen nicht erfüllen könnten. Wir haben Angst davor, was wir uns antun könnten, wenn wir erneut scheitern. Wir fürchten uns vor unserem eigenen Zorn. Wir meiden neue Menschen, Situationen, Aktivitäten. Wir verfallen in einen vorhersehbaren Trott und entwickeln dann Schuldgefühle, nicht mehr für uns zu tun. Manche Menschen sind vor Schuldgefühlen nahezu gelähmt. Sie haben Angst, überhaupt etwas zu tun, was sich »ja doch nur als Katastrophe« herausstellen könnte.

Dieser Kreislauf negativer Energie – ausgehend von uns, auf uns gerichtet – kann verheerende Folgen haben. Er vergiftet Beziehungen, behindert jede Weiterentwicklung, erstickt Kreativität. Und er schmerzt. Er kann nicht nur Minderwertigkeitsgefühle, sondern sogar Selbsthaß erzeugen. Er setzt Geist, Gefühle und Körper einem enormen Streß aus. Und mit der Zeit kann er sogar töten.

Der vielleicht tragischste Aspekt von Schuldgefühlen ist die Tatsache, daß sie grundsätzlich unnötig sind.

Das waren die schlechten Nachrichten. Und nun wollen wir ein bißchen Mut schöpfen und über die guten sprechen: Nachdem Sie dieses Kapitel gelesen haben, werden Sie nie wieder Schuldgefühle empfinden müssen. Sie werden sich unter Umständen schuldig fühlen, aber Sie müssen es nicht notgedrungen sein. Wenn Sie erst einmal wissen, wie Schuldgefühle entstehen, brauchen Sie sie erst gar nicht mehr an sich heranzulassen.

Wir alle haben Vorstellungen und Überzeugungen von uns und Erwartungen an uns. Üblicherweise hören Sie sich so an: »Ich bin ein guter Mensch, und gute Menschen . . .« Die meisten dieser Überzeugungen sind kulturbedingt und werden uns »verkauft«, wenn unsere Widerstandsfähigkeit gegenüber Sonderangeboten besonders niedrig ist – in unserer Kindheit. Also haben wir sie »gekauft«. Und wir bestätigen diesen Kauf jedesmal erneut, wenn wir uns schuldig fühlen.

Lassen Sie uns zum besseren Verständnis ein ganz einfaches Beispiel nehmen. Stellen wir uns vor, wir wollen Diät halten. Wir wollen abnehmen. Schokoladentorte gehört nicht unbedingt zu unserer Diät. Wir essen die Torte. Wir empfinden Schuldgefühle.

Welche Vorstellungen von uns können durch das Verputzen der Torte Schaden nehmen?

»Ich bin ein guter Mensch, und gute Menschen achten auf ihre Figur, leben ihren Vorsätzen entsprechend, sind willensstark und essen nur Dinge, die gut für sie sind. Sie achten auf ihr Aussehen, halten sich an einmal gefaßte Pläne, erreichen ihre Ziele und sind anderen ein gutes Beispiel.« So in etwa könnte man empfinden.

Sicher, so verhalten sich »gute Menschen«, aber wie verhalten wir uns? Wenn wir unsere Verfehlungen eingestehen, neigen wir zu Übertreibungen. Erinnern Sie sich an den geschwätzigen, übellaunigen Geier? Für ihn ist das Ostern und Weihnachten an einem Tag. Kreisch-kreisch-kreisch. Schlecht, schlecht, schlecht. Übel, übel, übel. Schande, Schande, Schande. Das könnte sich dann ungefähr so anhören:

»Ich werde so fett wie ein Nilpferd und stopfe trotzdem diesen dickmachenden, ungesunden Kuchen in mich hinein, nachdem ich ohnehin schon zuviel zu Mittag gegessen habe. Ich war nicht in der Lage, auf meine innere Stimme der Vernunft zu hören. Ich habe das Versprechen gebrochen, das ich mir selbst gegeben habe: Auf keinen Fall dickmachendes Zeug zu essen. Ich füge meinem Körper Schaden zu, indem ich so unvernünftig bin. Ich habe einfach keine Willensstärke. Ich sehe ohnehin schon schauerlich aus, nun werde ich noch widerlicher aussehen. Ich bin eine Niete. Ich halte nie ein, was ich mir vornehme. Ich habe meine engste Umgebung enttäuscht, weil ich mich nicht an das gehalten habe, was ich so großspurig verkündet habe. Wenn ich mich schon nicht um mich selbst kümmere, sollte ich doch wenigstens auf die Gefühle meiner Nächsten achten.« Und das ist erst Runde eins.

Das ursprüngliche Bild, das wir von uns selbst haben, wird wiederholt durch unsere verabscheuungswürdigen Handlungen geschädigt.

Was ist zu tun? Nun, das Kleingedruckte unter dem »Ich bin ein guter Mensch . . .« liest sich so: »Und wenn ich das einmal nicht bin, fühle ich mich schuldig.« Schuldgefühle geben uns die Chance, zu beweisen, daß wir trotz allem ein »guter Mensch« sind.

Wer hat Gewissensbisse, wenn er etwas Schlechtes tut? Gute Menschen oder schlechte Menschen. Gute Menschen natürlich. Schlechten Menschen macht es Spaß, schlechte Dinge zu tun. Schlechte Menschen sind entzückt, etwas Schlechtes tun zu können.

Um zu beweisen, daß wir im Grunde gut sind, strafen wir uns selbst mit Schuldgefühlen. Das erlaubt uns, unser Bild von uns als wundervoller Kreatur aufrechtzuerhalten. Wenn wir uns schuldig fühlen, sagen wir damit: »Ich habe das zwar gemacht, werde es aber niemals wieder tun. Siehst du, welchen Schaden es mir zugefügt hat? So etwas soll mir nie wieder passieren. Und so verspreche ich hoch und heilig, so etwas nie wieder in meinem ganzen Leben zu tun.«

Schuldgefühle gestatten uns vorzugeben, daß Feststellungen über uns selbst wahr sind, die - gemessen an Ergebnissen - einfach nicht stimmen. Sie tragen dazu bei, daß wir ein inkorrektes Bild von uns aufrechterhalten, ein Bild, das mit unserem Verhalten schlicht nicht übereinstimmt.

Wollen wir nun etwa behaupten, wir wären keine guten Menschen? Ganz und gar nicht. Dieser Teil der Behauptung stimmt. Die Heuchelei beginnt mit: ». . . und gute Menschen . . .« Tun gute Menschen denn stets und ständig, immer und ewig nur Gutes? Beileibe nicht.

Lassen es gute Menschen dann und wann an der nötigen Achtsamkeit gegenüber dem eigenen Körper fehlen? Aber sicher. Brechen gute Menschen mitunter ihre guten Vorsätze? Ja. Lassen gute Menschen manchmal Willensstärke vermissen? Selbstverständlich. Essen sie ausnahmslos Dinge, die für sie gut sind? Ha! Achten sie immer peinlich genau auf ihr Aussehen? Kaum. Und führen sie ihre Planungen stets konsequent zu Ende, erreichen sie einmal gesetzte Ziele? Unsinn. Sind sie ausnahmslos ein gutes Beispiel für andere? Natürlich nicht. Und verletzen sie nie die Gefühle ihrer nächsten Umgebung? Wir fürchten: nein.

Fakt ist: Gute Menschen tun alle diese guten Dinge, aber manchmal tun sie sie eben nicht. Die nächste Tatsache: Sie sind ein guter Mensch. Sie tun eine Menge guter Dinge. Und manchmal tun Sie sie nicht. Ändert das irgend etwas an der Tatsache, daß Sie gut sind? Überhaupt nicht. Es bestätigt lediglich die Tatsache, daß sie nun mal ein menschliches Wesen sind.

Schuldgefühle schützen nicht nur ein nichtstimmiges, vergoldetes Bild, das wir uns von uns selbst machen, sondern sie führen auch dazu, daß wir alle Fehler wiederholen. Denn wenn wir »den Preis« für unser »Vergehen« bezahlt haben, können wir es erneut tun - solange wir nur bereit sind, den Preis zu zahlen. Welchen Preis? Weitere Schuldgefühle. »Wie erpicht bin ich eigentlich auf diese Torte? Ist dieses Verlangen wirklich zwei Stunden Gewissensbisse wert? Nein. Ich werde mir ein kleineres Stück nehmen und nur eine Stunde lang ein schlechtes Gewissen haben.«

Wir schachern bereits mit uns, bevor wir noch das Verbrechen begehen.

Also bewirken Schuldgefühle, wie sie in unserem Kulturkreis praktiziert werden, a) daß wir uns lausig fühlen, b) verheerende Effekte auf unseren Geist, unsere Gefühle und unseren Körper, c) ein falsches Bild davon, was »gute Menschen« sind und was sie tun, d) daß wir etwas Bestimmtes von uns annehmen, während wir in Wirklichkeit genau das Entgegengesetzte tun, und e) daß wir weiterhin Dinge anstellen, die nicht in unserem Interesse sein können.

Kommen wir zu Ihren unproduktiven Aktivitäten. Was haben Schuldgefühle in diesem Zusammenhang zu suchen? Wenn es dabei um das Gefühl geht, das die meisten Menschen »Schuld« nennen – eine nachträgliche emotionsgeladene Selbstgeißelung –, dann nichts. Absolut nichts.

Doch da gibt es einen winzigen Gewissensbiß, wenn wir widersprüchlich handeln. Das ist ein viel stilleres Gefühl. Keineswegs schädlich. Ohne Auswirkungen auf Geist, Emotionen und Körper. Dieser winzige Gewissensbiß ist unser Freund. Wie uns das rote Warnlicht am Armaturenbrett daran erinnert, daß das Benzin knapp wird, sagt uns dieser Gewissensbiß, daß wir dabei sind, die nutzlose, schmerzhafte, schädliche Form der Schuldgefühle auszulösen.

Was wir gegen diese »schlechten« Schuldgefühle unternehmen können? Die Antwort besteht aus sieben magischen Wörtern: Verändern Sie Ihre Vorstellungen oder Ihre Handlungen.

Wenn Sie dabei sind, irgend etwas zu tun – oder es auch nur überlegen –, dann aber den Gewissensbiß empfinden, halten Sie inne. Der Gewissensbiß sagt Ihnen, daß Sie dabei sind, aus dem Gleichgewicht zu geraten. Daß Sie drauf und dran sind, etwas zu tun, was das Bild, das Sie von sich selbst haben, beeinträchtigt.

Zu diesem Zeitpunkt sollten Sie weder schachern noch blindlings losstürmen. Sie sollten sich für eines entscheiden: Ihre Vorstellung oder Ihre Handlungen ändern. Sie können Ihr Bild von sich selbst verändern, es auf einen aktuellen, realitätsbezogenen Stand bringen, oder Sie können auf die Aktivität verzichten, die dieses Bild beschmutzen würde.

Wenn Sie das eine oder andere tun, werden Sie keine strafenden, schmerzlichen, anhaltenden Schuldgefühle empfinden.

Nehmen Sie beispielsweise die Schokoladentorte. Sie haben etliche Möglichkeiten, Ihre Vorstellung zu ändern. Sie könnten sich dann und wann einen Ausrutscher in Richtung Torte gestatten. Sie könnten beschließen, daß Sie das Idealgewicht haben und die Diät aufgeben. Sie könnten einen ausgedehnten Spaziergang nach dem Mittagessen planen – oder jede andere Veränderung des Bildes in Erwägung ziehen, das im Moment noch verkündet: »Torte essen ist strikt verboten.« Ihre Handlungen zu verändern ist simpel: Essen Sie die Torte nicht. (Doch auch hier wieder: Simpel, aber nicht unbedingt leicht.)

Wenn Sie sich für eine der beiden Optionen entscheiden, wenn Sie das Bild oder Ihre Handlungen ändern, werden Sie keinerlei Schuldgefühle haben, in die Torte zu beißen. Doch wenn Sie weder die Vorstellung noch Ihre Handlungen ändern, dann stecken Sie wieder im Kreislauf von Vergehen und Bestrafung fest.

Zusätzlich zu den offensichtlichen physischen, emotionalen und mentalen Vorzügen, die es mit sich bringt, den Kreislauf von Schuld zu durchbrechen, hier noch drei weitere:

1. *Es vermittelt uns ein wirklichkeitsgetreueres Bild von uns und der Menschheit im allgemeinen.* Einer der Vorzüge der aktuellen Beliebtheit von »absolut wahren« Biographien liegt in der Tatsache, daß sie uns zeigen, daß gute Menschen – großartige Menschen –, die lobenswerte, ungewöhnliche Taten vollbracht haben, auch nur menschlich sind. Wir alle verfügen über ein gerüttelt Maß an Makeln, Mängeln, Macken, Vorzügen, Gewohnheiten, Leidenschaften und Versuchungen. Manchmal sind sie uns nützlich, manchmal nicht. Also – was soll's? So sind die Menschen nun mal beschaffen. Kein Grund zur Aufregung.

2. *Es läßt uns vernünftigere Ziele anpeilen.* Wir essen also dann und wann ein Stück Torte. Ergo verlieren wir nicht drei Pfund Gewicht pro Woche. Vielleicht werden wir so nur ein Pfund

wöchentlich los. Das sind aber immer noch 26 Kilogramm im Jahr. Wir sind gnädiger zu uns selbst, gestatten uns das, was wir früher »Scheitern« nannten, nun aber als »Umweg« bezeichnen.

3. *Es läßt uns Zeit für die Dinge, die wirklich wichtig sind.* Indem wir uns nichts mehr vormachen und unseren »Tagesplan« mit Hirngespinsten vollstopfen, können wir uns eindeutiger und entschlossener den Dingen widmen, die wirlich wichtig sind. Wenn unser Kopf nicht mit zwanzig oder dreißig Sachen belastet ist, die »getan werden sollten«, ist es wesentlich leichter, die zwei oder drei Sachen zu tun, die tatsächlich erledigt werden müssen.

Sich von Schuldgefühlen frei zu machen ist ein langsamer Prozeß. Für die meisten Menschen sind Schuldgefühle eine automatische Reaktion. Wenn sie einsetzen – und sie werden einsetzen –, haben Sie keine Schuldgefühle, weil Sie Schuldgefühle haben. Und falls Sie Gewissensbisse wegen Ihrer Gewissensbisse haben, dann haben Sie kein schlechtes Gewissen, weil Sie ein schlechtes Gewissen haben . . .

Manche Menschen schaffen ein »neues Bild« von sich selbst, das besagt: »Ich bin ein guter Mensch, und ich habe keinerlei Schuldgefühle mehr.« Bitte, korrigieren Sie dieses Bild möglichst noch im Entstehen. Das vermutlich zutreffendste Bild, das man von sich haben kann, ist so: »Ich bin ein guter Mensch, und ich empfinde, was ich empfinde.« Und so ist es nun einmal. Manchmal sind das Schuldgefühle, manchmal ist es ein Triumph.

Wenn Sie sich im Kreislauf der Schuld befinden sollten, gibt es immer Auswege. Doch zunächst lassen Sie uns über Ärger sprechen.

> Das puritanische Bewußtsein hält einen nicht davon
> ab, Dinge zu tun, die man nicht tun sollte.
> Es bewahrt einen nur davor, sie zu genießen.
> *Cleveland Amory*

> Mae West: Lange Zeit habe ich mich wegen meines
> Lebenswandels geschämt.
> Haben Sie sich verändert?
> Mae West: Nein. Ich schäme mich nicht mehr.

Ärger

Man muß für alle menschlichen Konflikte eine Methode
entwickeln, die Rache, Aggression und Vergeltung
ausschließt. Die Grundlage einer solchen Methode
ist Liebe.

Martin Luther King

Ärger ist ein elender Tort, den wir uns und anderen antun. Er ist
der Preis, den wir zahlen müssen, wenn wir uns weigern, die
Realitäten des Lebens von anderen ganz unvoreingenommen,
offen und mit Einfühlung zu betrachten. Es ist ein Spiel des
Scheins mit bitteren Konsequenzen.

Ärger besteht aus Zornesanwandlungen, die sich gegen andere
richten. Wir werden zornig auf andere Menschen, weil die etwas
getan oder nicht getan haben, was sie hätten tun oder nicht
hätten tun sollen. Und das steigert sich mit der Zeit. Unsere
Bestrafung fällt mit jeder Wiederholung härter aus. (»Sie hätten
es besser wissen müssen!«)

Angst macht sich breit. Wir fangen an, Situationen zu fürchten, in denen Menschen möglicherweise unsere Erwartungen an
sie nicht erfüllen könnten. Wir haben Angst davor, was wir
anderen antun könnten, falls die erneut scheitern. Wir fürchten
uns vor unserem eigenen Zorn. Wir hüten uns vor neuen Menschen, Situationen, Aktivitäten. Wir verfallen in einem vorhersehbaren Trott und ärgern uns dann, nichts mehr für uns selbst
zu tun. Manche Menschen werden von Ärger nahezu gelähmt.
Sie haben Angst, irgend etwas zu tun, was sich »ja doch nur als
Katastrophe« für andere herausstellen kann.

Dieser Kreislauf negativer Energie – von uns auf andere – kann
verheerende Folgen haben. Er vergiftet Beziehungen, behindert
jede Weiterentwicklung, erstickt Kreativität. Und er schmerzt. Er
kann nicht nur Minderwertigkeitsgefühle, sondern sogar Selbsthaß erzeugen. Er setzt Geist, Gefühle und Körper einem enormen Streß aus. Und mit der Zeit kann er sogar töten.

Der vielleicht tragischste Punkt im Zusammenhang mit Ärger ist die Tatsache, daß er grundsätzlich unnötig ist.

Das kommt Ihnen bekannt vor? Nein, wir hatten keinen Anfall von Déjà-vu. Wir haben lediglich über Ärger das gleiche gesagt wie ein paar Seiten zuvor über Schuldgefühle.

Ärger und Schuldgefühle entstehen im gleichen Prozeß. Der einzige Unterschied: Bei Schuldgefühlen entsprechen wir nicht dem Bild, das wir uns von uns machen; bei Ärger entsprechen andere Menschen nicht dem Bild, das wir uns von ihnen gemacht haben.

Die Bilder und Vorstellungen sind unsere. Es ist auch unser Zorn. Wir sind Richter, Geschworene und Henker. Mit den Schuldgefühlen verurteilen wir uns. Mit Ärger bestrafen wir andere Menschen. (Wenn wir »andere Menschen« sagen, dann trifft ähnliches natürlich auch auf Dinge zu, auf Autos, Stereoanlagen, das Wetter, die Natur, Nahrung, Fernsehwerbung. Aus Gründen der Deutlichkeit halten wir uns an »andere Menschen«. Bitte fügen Sie für sich »und Dinge« hinzu.)

Wenn wir uns über andere ärgern, dann bewahren wir damit das Bild, das wir uns von ihnen gemacht haben. Gemessen an Resultaten, ist dieses Bild falsch. Doch wir schützen unser Bild dennoch, da es leichter ist, das Image aufrechtzuerhalten und sie dafür zu tadeln, daß sie dem Bild nicht entsprechen, als unsere Vorstellung zu ändern.

Wir haben viel in unsere Vorstellung davon investiert, wie andere Menschen sich zu verhalten haben. Die Grundlage haben wir von unseren Eltern und Lehrern übernommen. Dann haben wir Jahre damit zugebracht, daran zu feilen und sie zu verfeinern. Jetzt sind alle Variablen an ihrem Platz. Warum sollten wir etwas daran verändern, nur weil ein paar unvernünftige Menschen zu faul sind, diesem Bild zu entsprechen?

Das Problem ist natürlich der Zorn. Fast ausnahmslos fügt er uns mehr Schaden zu als den Menschen, gegen die er sich richtet. »Die Liebe, die ich dir gebe, ist gebraucht – ich habe sie bereits empfunden«, haben wir weiter vorn zitiert. Das gleiche trifft auf den Zorn oder den Haß zu. Im Hinblick auf die Herzkranzgefäße sind Zorn und Wut die gefährlichsten und schädlichsten Gefühle überhaupt. Es sind auch mit die unerfreulichsten.

Die Lösung? Wieder die sieben magischen Worte: Ändern Sie Ihre Vorstellungen oder Ihre Handlungen. Allerdings sind sie diesmal auf vier verkürzt: Verändern Sie Ihre Vorstellungen.

Wenn wir auf uns selbst zornig sind, haben wir eine Wahlmöglichkeit. Schließlich kann uns niemand verwehren, unsere Handlungsweise zu ändern, wenn wir das wollen. Wir haben jedoch nicht das Recht, die Handlungsweise anderer Menschen zu verändern. Daher haben wir keine Wahl: Wir müssen unsere Vorstellungen verändern.

Es gibt jedoch zwei Situationen, in denen Sie ein Recht haben, auf die Handlungen anderer einzuwirken: wenn Sie Kinder haben oder wenn Sie ein Vorgesetzter sind. In diesen Situationen könnten Sie sogar nicht nur das Recht, sondern sogar die Verpflichtung haben, das Verhalten anderer zu korrigieren. Sie werden jedoch vielleicht selbst in diesen Fällen feststellen, daß Sie bessere Ergebnisse erzielen und sich wohler fühlen, wenn Sie zunächst versuchen, Ihre Vorstellungen zu verändern, bevor Sie das Verhalten der anderen zu korrigieren trachten.

Bei Ärger sollten Sie stets das Bild ändern – lediglich wenn Sie Kinder haben oder ein Vorgesetzter sind, haben Sie ein Recht, das Verhalten zu ändern.

(Manche Menschen fügen dem eben Gesagten noch eine Ausnahme hinzu: »Wenn ich in einer Beziehung lebe, kann ich das Verhalten meines Partners/meiner Partnerin ändern.« Nein. Ausdrücklich: nein. Das ist die Ursache für das katastrophale Scheitern so vieler Beziehungen. Akzeptieren Sie Ihre Liebsten; ändern Sie sie nicht.)

Um keinen Ärger mehr zu empfinden, sollte man allen Vorstellungen, die man von anderen Menschen hat, ein ». . . aber manchmal sind sie es nicht« anfügen. Beispielsweise: »Freunde sind immer ehrlich, aber manchmal sind sie es nicht.« »Kellner sind immer freundlich, aber manchmal sind sie es nicht.« »Ärzte sind immer unfehlbar, aber manchmal sind sie es nicht.« Jedesmal, wenn Sie sich über jemanden ärgern, bewegt sich der/die Betreffende im Rahmen des ».. . aber manchmal sind sie es nicht«.

Was meinen Sie, warum Jesus seinen Jüngern sagte: »Liebet eure Feinde; segnet, die euch fluchen; tut wohl denen, die euch hassen; bittet für die, die euch beleidigen und verfolgen« (Matthäus 5, 44)? Glauben Sie, er sagte es hauptsächlich, damit sich diese unangenehmen Menschen der Liebe, Güte, des Wohlwollens und der Gebete seiner Jünger erfreuen könnten? Vielleicht, vielleicht aber auch nicht.

Wir sind jedoch davon überzeugt, daß Jesus seinen Jüngern riet, ihre Feinde zu lieben, weil das gut für die Jünger war. Auf diese Weise würden sie, ganz gleich, was ihnen auch passierte, stets lieben, wohltun, segnen und beten – kein schlechtes Leben.

Daß sich die Menschen in Ihrer Umgebung wohler fühlen, wenn Sie aufhören, sich über sie zu ärgern, ist ein eher nebensächlicher Vorteil. Daß Sie sich besser fühlen, wenn Sie andere nicht dauernd kritisieren, ist der Hauptgewinn.

Wenn Sie am entscheidenden Punkt Ihre Vorstellung nicht ändern, werden Sie den Ärger vermutlich voll ausleben und die ganze Skala von Gereiztheit bis Weißglut empfinden müssen. Sobald Sie sich dabei ertappen, halten Sie inne, holen Sie tief Atem und unternehmen Sie einen (oder alle) Schritte, die wir im folgenden Kapitel aufzählen.

Wenn Ihnen bewußt wird, daß Ihr Ärger nicht den Handlungen anderer entspringt, sondern Ihren Reaktionen auf die Handlungen anderer, dann ist der Zeitpunkt zum Feiern gekommen. Denn ein weiteres »Ungemach«, das Ihnen »zustößt«, unterliegt nun Ihrem direkten Einfluß. Sie haben noch mehr Macht. Sie verfügen über mehr Möglichkeiten, mehr Kontrolle über Ihr Leben. Nicht, weil Sie die Aktivitäten anderer Menschen kontrollieren, sondern weil Sie lernen, Ihre eigenen Reaktionen zu modifizieren.

Das nennt man auch Freiheit.

Haß auf andere Menschen ist so,
als würde man das eigene Haus abbrennen,
um eine Ratte loszuwerden.

Harry Emerson Fosdick

Es ist leichter, für seine Prinzipien
zu kämpfen, als ihnen entsprechend zu leben.

Alfred Adler

Wie vermeide ich Schuldgefühle und Ärger

Belinde: Ja, aber Sie wissen, daß wir Böses mit Gutem
vergelten sollen.
Lady Brute: Das könnte ein Übersetzungsfehler sein.

Sir John Vanbrugh, 1698

Hier stellen wir Ihnen ein paar Methoden vor, um Sie aus dem
Teufelskreis von Schuldgefühlen und Ärger zu befreien und
wieder aufs rechte Gleis zu bringen. Die meisten dieser Punkte
werden wir später noch im Detail diskutieren, aber hier ist zunächst eine Zusammenfassung.

1. *Ändern Sie Ihre Vorstellungen.* Wir wissen, daß wir das schon
etliche Male gesagt haben, doch es kann nicht oft genug wiederholt werden. Fragen Sie sich:»Über was rege ich mich auf?«, und
finden Sie sich damit ab. Akzeptieren Sie es. Erlauben Sie sich
und anderen, das zu tun, was Sie oder sie *längst getan haben.*
Gestatten Sie Ihrer Vorstellung die Anpassung an die Wirklichkeit. Es muß Ihnen nicht unbedingt gefallen, aber Sie brauchen
es auch nicht zu verabscheuen.

2. *Verzeihen Sie.* Verzeihen Sie anderen, und verzeihen Sie
sich selbst. Verzeihen Sie sich alles, was Sie auch getan haben.
Verzeihen Sie anderen, was die jemals getan haben. Und dann
vergeben Sie sich, andere und sich selbst beurteilt und kritisiert
zu haben.

3. *Was ist der Gewinn?* Genießen Sie das alles? Haben Sie das
Gefühl,»recht« zu handeln? Was bringt es Ihnen eigentlich?

4. *Tun Sie etwas.* Betätigen Sie sich körperlich. Laufen Sie ums
Karree. Räumen Sie einen Schrank auf. Machen Sie Freiübungen. Wenn Sie bettlägerig sind, bewegen Sie sooft wie möglich
die Arme. Bringen Sie Ihre Energie in Bewegung.

5. *Orientieren Sie sich neu.* Ja, wir raten schon wieder: Konzentrieren Sie sich auf etwas Positives.

273

6. *Lohnt es sich, dafür zu sterben?* Wenn Sie die Wahl hätten, entweder diese inkorrekte Vorstellung oder Ihr Leben zu ändern – wie würden Sie sich entscheiden?

7. *Seien Sie dankbar.* Suchen Sie sich etwas, wofür Sie berechtigt dankbar sein können – irgend etwas.

8. *Beobachten Sie sich.* »Beobachten« Sie den Ärger, den Zorn. Empfinden Sie das Gefühl genau. Unternehmen Sie nichts dagegen. Achten Sie nicht auf die Überlegungen, die zu diesem Gefühl führen. Achten Sie nur auf das Gefühl selbst.

9. *Atmen Sie tief durch.* Ärger und Zorn werden für gewöhnlich im Magen, Unterleib oder Brustkorb empfunden. Atmen Sie bewußt und tief. Versuchen Sie, besonders diese Körperteile mit Atem zu erfüllen. Bemühen Sie sich dabei, diese Körperteile zu »erweitern«. Stellen Sie sich vor, daß mit jedem Atemzug ein weißes Licht in diese Teile Ihres Körpers dringt und sie erleuchtet.

10. *Finden Sie sich ab.* Hören Sie auf zu kämpfen. Versuchen Sie nicht, sich von diesem Gefühl zu befreien. Ergeben Sie sich einfach. Lassen Sie sich treiben.

11. *Opfern Sie.* Geben Sie auf. Befürchten Sie, daß »opfern« bedeutet, die guten Dinge aufzugeben? Es kann auch heißen, die nicht so guten aufzugeben. Opfern Sie Ihre Schuldgefühle und Ihren Ärger. Wenn Ihnen das nicht gelingt, beginnen Sie mit einer Dringlichkeitssitzung zum Thema »Leben Sie die Reaktion voll aus«. (Siehe »Aversions-Therapie«)

Es geht nicht vorrangig darum, Schuldgefühle und Ärger so schnell wie möglich loszuwerden. Vorrangig geht es darum, daß Sie etwas über sich selbst erfahren. Welchem einschränkenden »Soll«, »Muß« oder »Besser wäre es, wenn . . .« haben Sie die größte Macht über Ihr Leben eingeräumt? Woher kommen die? Was können Sie gegen sie unternehmen? Was haben Sie von diesen Schuldgefühlen und diesem Ärger? Wo liegt der Gewinn?

Schuldgefühle und Ärger sind der deutlichste Ausdruck von Zorn. Zorn und Angst sind die stärksten »negativen« Gefühle.

Sie zu beherrschen kann Zeit kosten. Haben Sie Geduld mit sich. Sagen Sie sich immer wieder, daß Sie Großartiges leisten.
Sie tun es.

> Humor ist ein Vorspiel zum Glauben
> und Lachen der Anfang eines Gebets.
> *Reinhold Niebuhr*

Depressionen

Hier geht es uns nicht um die »klinische Depression«, denn das ist eine Krankheit, die von einem Arzt behandelt werden sollte. Falls Sie die Möglichkeit nicht ausschließen, unter klinischer Depression zu leiden, dann sollten Sie unbedingt zu einem Arzt oder Therapeuten gehen.

Die Depression, über die wir uns mit Ihnen unterhalten wollen, ist die ganz alltägliche Depression: Melancholie, Verstimmung, »schlechte Laune« – eben all das, was die Leute meinen, wenn sie tief seufzen und erklären: »Ich bin ja sooo deprimiert.«

Depressionen ist ein gewisses Schweregefühl eigen, eine bestimmte Lethargie und Schlaffheit. Man fühlt sich, als wäre man auf einen Planeten transportiert worden, der die sechsfache Schwerkraft der Erde aufweist.

Die einfachste und wirksamste Kur für diese Art von Depression ist Bewegung: aktive, körperliche Bewegung. Rappeln Sie sich auf, und tun Sie etwas. Waschen Sie Ihr Auto. Kümmern Sie sich um die Wäsche. Machen Sie Freiübungen. Machen Sie einen Spaziergang.

Regen Sie Ihre Energien an. Sie haben viel zu lange stagniert. Dafür ist Bewegung höchst hilfreich. Und wenn Sie sich dazu entschließen, etwas zu tun, das auch nur entfernt als produktiv bezeichnet werden kann, ist das sogar noch hilfreicher. Sie werden mit dem physischen Stolz über Ihre Bewegung und den psychischen Stolz auf Ihre Leistung belohnt.

Warten Sie nicht, bis Sie das »Gefühl« bekommen, über ausreichend Energien zu verfügen. Setzen Sie sich in Bewegung, und die Energie wird sich einstellen. Wenn wir durch körperliche Bewegung nach Energie verlangen, dann ist sie auch da.

Depressionen? Werden Sie locker, dann werden Sie diese locker los.

Achten Sie
auf Ihre Worte

Wenn Sie über niemanden etwas Gutes
sagen können, dann setzen Sie sich
hier neben mich.

Alice Roosevelt Longworth

Hören Sie sich mal selbst zu, wenn Sie sprechen. Achten Sie besonders auf Gelegenheiten, bei denen Sie sich durch Ihre eigenen Worte »Beschränkungen auferlegen« oder etwas in Gang setzen, was Ihnen ganz und gar nicht lieb sein kann. Wir meinen Sätze wie: »Ich kann das einfach nicht mehr ertragen.« – »Das schaffe ich nie.« – »Das bringt mich um.« – »Dafür würde ich sterben!«

Wir sind mächtiger, als wir annehmen. Unsere Worte können durchaus Wirklichkeit werden. Und wenn es dann passiert, sagen wir: »Also, damit habe ich nun wirklich nichts zu tun.« Tatsächlich nicht? Haben Sie vergessen, daß Sie vor sechs Monaten sagten: »Ich muß unbedingt zehn Pfund loswerden. Es ist mir völlig egal, auf welche Weise, aber ich muß zehn Pfund abnehmen.« Die »Weise« ist beispielsweise eine aufwendige Zahnbehandlung, die Sie ein paar Wochen lang vom regelmäßigen Essen abhält. Und wenn der Zahnarzt dann endlich fertig ist, haben Sie zehn Pfund abgenommen. »Aber so wollte ich es doch gar nicht!« Nun, Sie sagten doch, es sei Ihnen völlig egal, auf welche Weise . . .

Wenn Sie sich dabei ertappen, irgend etwas zu sagen, das Sie nach gründlichem Überlegen eigentlich gar nicht wollen, dann sagen Sie schnell »zurück«, »April, April« oder irgend etwas anderes, um deutlich zu machen, daß Sie das Ganze nicht so ernst gemeint haben. Und dann sagen Sie das, was Sie wirklich ausdrücken wollen und meinen.

Erlegen Sie sich selbst eine Verzögerung von einer Minute auf. Erinnern Sie sich an Yul Brynner als Pharao in dem Film *Die*

Zehn Gebote? »So soll es aufgeschrieben werden«, sagte er mit tiefer, wichtiger Pharaonenstimme, »so soll es geschehen.« Geben Sie sich selbst sechzig Sekunden, um einen Auftrag zu widerrufen, bevor der Schreiber in Ihrem Inneren hört: »So soll es aufgeschrieben werden, so soll es geschehen.«

Durchstehen

Elysium ist so weit entfernt
wie der nächstgelegene Raum,
wenn in ebendiesem Raum ein Freund
Glückseligkeit oder Verbrechen erwartet –
Welche Stärke doch die Seele besitzt,
daß sie den Klang eines nahenden Fußes,
das Öffnen einer Tür ertragen kann.

Emily Dickinson

Wenn irgend etwas nicht verändert werden kann, dann bitten Sie um die Kraft, es durchzustehen. »Was uns nicht umbringt, macht uns härter«, lautet ein altes Sprichwort. Eine lebensgefährliche Krankheit kann eine Stärkung sein, nicht unbedingt für den Körper – vielleicht auch, vielleicht aber auch nicht –, aber mit Sicherheit für den Charakter und den Geist.

Robert Louis Stevenson betete: »Gib uns Willen und Stärke, um zu ertragen und auszuharren. Gib uns Mut, Fröhlichkeit und einen ruhigen Geist.«

Wenn alle Leiden und Mißlichkeiten von uns genommen würden, könnten wir uns nicht weiterentwickeln. »Wenn die Götter uns strafen wollen, erhören sie unsere Gebete«, hat Oscar Wilde gesagt.

Wenn wir laufen lernen, stolpern wir, fallen, rappeln uns wieder auf, fallen erneut, stoßen uns den Kopf – und so geht es monatelang. Unsere Eltern, die uns mit Leichtigkeit hochnehmen und tragen könnten, ermutigen uns statt dessen zu weiterem Bemühen. Sie trösten uns, wenn wir fallen, stellen uns aber wieder auf die Füße und sagen: »Nun komm schon. Wir wissen, daß du es schaffst!«

Vielleicht haben wir uns gefragt: »Warum tun sie mir eigentlich so etwas an? Warum muten sie mir solche Qualen zu? Warum heben sie mich nicht einfach hoch und tragen mich?« Doch ohne diese »Qualen« hätten wir nie laufen gelernt.

Vielleicht liegt eine neue Form des »Laufenlernens« vor uns, die neue »Qualen« erforderlich macht. Falls das so sein sollte, dann können wir nur um die Kraft bitten, das durchzustehen – nicht nur körperlich, sondern auch geistig. Von dieser Weisheit steht in Psalm 30, Vers 6: »Den Abend lang währt das Weinen, aber des Morgens ist Freude.«

> Nimm meiner Seele dieser Ketten Last,
> Die letzte Straße laß mich aufrecht gehn:
> Schenk mir zu dem, das Du beschlossen hast,
> Die Kraft, es zu bestehn!
>
> *Emily Brontë*

KLAMMERN SIE SICH
AN DAS POSITIVE

Ach, ich weiß, falls ich jemals
wirklich demütig werden würde,
wäre ich sehr stolz darauf.
Benjamin Franklin

Na, endlich: Jetzt geht es um das wirklich Angenehme – das Schöne am Leben, an der Liebe, der Gesundheit, am Glück und der Freude.

Doch nehmen Sie das »Klammern« nicht zu wörtlich, zu verkniffen. Wenn Freude, Liebe und Glück zum neuen »Sollte und Müßte« werden, dann wären wir »bereits verloren, bevor wir überhaupt den Schwur geleistet haben«.

Die Menschen haben eine ganz natürliche Veranlagung, sich etwas zu wünschen, nach etwas zu verlangen, sich zu sehnen, nach etwas zu streben. Wir sind der Ansicht, daß jeder Versuch, diese Veranlagung zu unterdrücken oder auch nur zu beeinträchtigen, a) kontraproduktiv, b) frustrierend und c) so unwahrscheinlich ist, daß es ans Unmögliche grenzt.

Manche Menschen wünschen sich Wunschlosigkeit so leidenschaftlich, daß sie dadurch ihr Begehren sogar noch steigern. In dem, was wir regelmäßig tun, gelangen wir schließlich zu einer gewissen Meisterschaft, wie Sie sich erinnern werden; und diese Menschen sehnen sich so intensiv und so häufig danach, sich nicht mehr zu sehnen, daß Ihre Fähigkeit im Sehnen übergroß wird.

Wir können an der menschlichen Veranlagung des Sehnens und Strebens nichts Falsches finden. Wir halten sie sogar für einen Bestandteil unseres Erfolgs. Erst wenn wir von unseren Wünschen abhängig werden, beginnen wir darunter zu leiden. Wenn Sie etwas ganz unbedingt haben müssen, um glücklich und zufrieden zu sein, dann verweigern Sie sich das Glück des Augenblicks.

Wenn Sie sich jedoch auf die positiven Aspekte der Wirklichkeit um Sie herum konzentrieren, während Sie sich auf das angestrebte Ziel zubewegen, dann können wir darin überhaupt kein Problem entdecken. Das nimmt sich in unseren Augen sogar wie eine sehr gute Art zu leben aus.

Und so schlagen wir Ihnen vor, sich – statt Ihr Verlangen zu reduzieren – nach dem zu sehnen, womit Sie Ihr Leben wirklich bereichern wollen. Ersehnen Sie sich Glück. Trachten Sie nach Dankbarkeit. Wünschen Sie sich Gesundheit. Flehen Sie um Mitgefühl. Begehren Sie Befriedigung. Streben Sie nach Gott (was Sie auch immer darunter verstehen mögen). Haben Sie den Wunsch, sich selbst zu lieben, andere und alles um Sie herum – und das mit jedem Tag mehr.

Das sind lobenswerte Ziele. Sie verheißen aber auch Spaß, Herausforderung, Aufregung. Sie können sie zudem nicht nur begreifen, sondern auch erreichen.

> Ah, die geistige Kraft des Menschen
> sollte sein Verständnis erweitern.
> Oder wofür gibt es einen Himmel?
> *Robert Browning*

A steht für Akzeptieren

Die Natur ist nichts als Kunst,
dir unbekannt.
Alle Möglichkeiten sind Richtungen,
die du nicht sehen kannst;
alle Zwietracht Harmonie –
die nicht begriffen;
alles teilweise Böse
ist allumfassend gut.
Und trotz des Stolzes,
dem fehlbaren Verstande zum Trotz,
ist eine Wahrheit eindeutig:
Alles was ist, ist recht.

Alexander Pope

Akzeptieren ist ein so wichtiger Bestandteil von Glück, Zufriedenheit, Wohlbefinden und Weiterentwicklung, daß manche Menschen es »das erste geistige Gebot« genannt haben.

Die Welt dreht sich weiter, die Menschen tun, was sie nun einmal tun, tun, was sie tun wollen, und in den meisten Fällen bleibt uns nur die Frage: »Akzeptiere ich das oder nicht?« Wenn wir es hinnehmen, dann befinden wir uns in Übereinstimmung. Wir lassen zu, daß das Leben läuft, wie es nun einmal läuft.

Wenn wir uns aber weigern, es zu akzeptieren, dann empfinden wir üblicherweise Druck, Schmerz, Frustration, Angst und Unbehagen. Wir hadern mit dem, was ist. Dieser Kampf findet zum größten Teil in uns statt – also dort, wo er am meisten Schaden anrichtet.

Etwas zu akzeptieren heißt noch längst nicht, es zu mögen, sich darüber zu freuen oder es auch nur zu entschuldigen. Wenn wir etwas akzeptieren, dann sehen wir die Dinge lediglich, so wie sie sind, und sagen: »So ist's.«

Etwas zu akzeptieren ist die Einsicht, daß Nichtakzeptieren a) schmerzlich und b) sinnlos ist. Durch Nichtakzeptieren versuchen wir, die Welt unter unsere Kontrolle zu bekommen. Wir wollen, daß unser »Sollte und Müßte« sowie unsere Forderungen an andere irgendwie die Welt beherrschen. Und das klappt nicht. Es funktioniert einfach nicht.

Um sich zu beweisen, wie sinnlos es ist, die Welt kontrollieren zu wollen, stehen Sie doch mal morgens um vier Uhr auf und versuchen Sie, die Sonne am Aufgehen zu hindern. Machen Sie alles, was in Ihrer Macht steht, um sie am Aufgehen zu hindern. Strampeln Sie sich ab. Spielen sie verrückt. Sie werden nicht in der Lage sein, den Aufgang auch nur um einen Sekundenbruchteil zu verzögern.

Aber vielleicht wollen Sie gar keinen entscheidenden Einfluß auf die Erdumdrehung nehmen; vielleicht wollen Sie nur die Welt um sich herum kontrollieren. Auch dazu: Viel Glück! Tatsache ist doch, daß wir mitunter nicht einmal uns selbst beherrschen können – und das ist der Bereich des Universums, auf den wir den meisten direkten Einfluß haben. Wenn wir unsere Gedanken, Gefühle und unsere physischen Reaktionen nicht beherrschen können, wie können wir da erwarten, andere Menschen zu kontrollieren?

Die Natur bleibt auf ihre natürliche Weise Natur. Wir haben darauf nur sehr beschränkten Einfluß. Worauf wir Einfluß haben? Auf uns selbst. Auf den Bereich innerhalb der Begrenzung unserer Haut. Wir können daran arbeiten, diesen Bereich so erfreulich, friedlich, herrlich und liebevoll zu machen, wie es uns gefällt. Schon das ist ein lebenslanges Projekt und darüber hinaus ein sehr lohnendes.

Der Rest – die äußere Umgebung – macht das, was er nun mal macht. Daran können wir nichts ändern. Wir können nur feststellen: »Wie es ist, so ist es.«

Wenn wir etwas verändern wollen, dann ist einer der besten Ausgangspunkte dafür das Akzeptieren. Der Bildhauer beginnt seine Arbeit damit, daß er den Marmorblock so akzeptiert, wie er ist, und dann all das entfernt, was keine Statue ist. Befragt, wie man ein Pferd meißelt, erklärte ein Künstler: »Ich kann das Pferd im Stein sehen; dann nehme ich alles weg, was kein Pferd ist.«

Michelangelos David wurde aus einem fehlerhaften Marmorblock geschaffen. Ein anderer Bildhauer hatte an dem Block zu arbeiten begonnen, ihn dann aber aufgegeben. An einer Seite des Blocks befand sich eine riesige Spalte, die dazu führte, daß ihn Bildhauer jahrzehntelang als »unakzeptabel« bezeichneten. Michelangelo akzeptierte den Marmorblock trotz der Spalte und schuf daraus eines der wundervollsten Kunstwerke der Menschheit.

Wir beginnen, indem wir akzeptieren, und entwickeln uns dann weiter. Und das schließt ein, daß wir auch uns selbst akzeptieren, wie wir sind. Bitte erinnern Sie sich, daß auch wir ein Teil der Natur sind. Dieser »natürliche« Teil von uns hat seinen eigenen Rhythmus, seine eigenen Zeitvorstellungen und seinen eigenen Kalender. Während wir uns bemühen, dieses »Tier« zu zügeln, müssen wir lernen, es anzunehmen.

Diesen »natürlichen« Teil von uns nennen die meisten Menschen den Körper, und das stimmt – vorausgesetzt, Sie vergessen nicht, daß der Körper das Gehirn einschließt, das denkt, und die Nerven, die fühlen und empfinden. Gedanken und Gefühle sind ein entscheidender Bereich des Tieres Mensch.

Der »natürliche« Teil von uns hält die Kampf-oder-Flucht-Reaktion für schlicht großartig. Die Entwicklungsgeschichte hat es ihn so gelehrt. Jetzt müssen wir »ihn« geduldig davon überzeugen, daß die Reaktion des Liebens und Akzeptierens für sein Überleben als Lebewesen wertvoller ist. Sie vermittelt auch ein besseres Gefühl.

Dieses »Überzeugen« nennen wir Erziehung. Das lateinische Wort für erziehen – educare – bedeutet: von innen heraus weiterentwickeln. Es ist ein allmählicher Prozeß und einer, bei dem es mehr darum geht, sich von innen heraus weiterzuentwickeln, als von außen entwickelt zu werden.

Während wir das Akzeptieren lernen, müssen wir das Akzeptieren üben. Also seien Sie sich selbst ein gutes Beispiel. Lernen Sie zu akzeptieren, was Sie tun. Alles, was Sie tun. Das darf natürlich nicht zum Freibrief werden, mit anderen Menschen Schlitten zu fahren oder sich selbst Schaden zuzufügen. Es ist die schlichte Einsicht, daß wir nun einmal Menschen sind, daß wir also auch Dinge tun, die uns nicht unbedingt gefallen (und mit »tun« meinen wir alle Ebenen des Tuns, einschließlich der Gedanken und Gefühle), und daß wir sie daher auch akzeptieren können.

Lernen Sie sogar zu akzeptieren, daß Sie nicht immer akzeptieren können. Wenn Sie irgendeine Sache nicht hinnehmen können, dann nehmen Sie das ganz selbstverständlich hin. Sie können Ihr Nicht-Akzeptieren nicht akzeptieren? Dann akzeptieren Sie ebendiese Tatsache. Wenn sich das Negative (daß Sie sich schuldig fühlen, weil Sie sich schuldig fühlen) ansammelt, dann auch das Positive (daß Sie sich mit der Tatsache abfinden, Ihr Nicht-Akzeptieren nicht hinnehmen zu können).

Ja, es kann komisch werden und durchaus Spaß machen. Das ist übrigens eines der entscheidenden Dinge am Akzeptieren: eine gewisse Leichtigkeit. So wie Sie die Schwerblütigkeit akzeptieren, so fangen Sie auch an, die »unerträgliche Leichtigkeit des Seins« zu empfinden. Akzeptieren Sie auch das.

Wenn Sie akzeptieren, dann können Sie jedoch keine Unterschiede machen und sagen: »Dieses akzeptiere ich, aber jenes nicht.« Sie müssen bedingungslos akzeptieren. Sie können zwar eine Sache mehr mögen als eine andere – das sind Vorlieben, das geht okay –, doch beim Akzeptieren können Sie nun einmal nichts ausschließen. (Im Grunde ist es so sogar einfacher. Sie brauchen sich nicht zu merken, was Sie akzeptieren und was nicht. Wenn etwas aktuell ist, dann akzeptieren Sie es. Ganz simpel.)

Planen Sie »Akzeptierpausen« in Ihren Alltag ein. Gestatten Sie sich sofort und unverzüglich eine »Akzeptierpause«. Akzeptieren Sie *alles* um Sie herum, in Ihnen, einfach alles. Akzeptieren Sie Ihre Gedanken. Akzeptieren Sie Ihre Gedanken über Ihre Gedanken. Akzeptieren Sie alle Gefühle, die Sie haben, alle Empfindungen, die Sie in sich spüren. Versuchen Sie, nichts davon zu ändern – das zu versuchen wäre eine Form des Nicht-Akzeptierens, des Sich-nicht-Abfindens.

Akzeptieren Sie Ihre Umgebung, Ihre physische Umwelt. Akzeptieren Sie den Raum, seine Einrichtung, die Gerüche, die Geräusche, die Bewohner. Akzeptieren Sie auch Ihre Überlegungen über alles, was nicht da ist. (Wenn etwas nicht da ist, dann ist es ein Gedanke: eine Erinnerung oder eine Phantasie.) Akzeptieren Sie Ihre Erinnerungen, Ihre Phantasien, Ihre Wünsche, Ihre Forderungen, Ihre »Solltes und Müßtes«.

Akzeptieren Sie alles, was Sie getan haben, aber wünschen, Sie hätten es nicht getan, sowie alles, was Sie unterlassen haben, aber wünschen, Sie hätten es getan. Denken Sie daran, daß alle Entscheidungen darüber, was an einer Handlung problematisch ist und was nicht, ebenfalls Gedanken, Überlegungen sind. Gedanken und Überlegungen zu akzeptieren – einschließlich der negativen – ist ein entscheidender Schritt hin zu mehr Freude.

> Je mehr der Marmor abnimmt,
> desto mehr wächst die Statue.
> *Michelangelo*

> Es bringt nichts, mit dem Unvermeidlichen zu hadern.
> Das einzige, was gegen einen Ostwind hilft,
> ist ein Mantel.
> *James Russell Lowell*

Lernen Sie beobachten

Um uns bewußt zu werden, daß wir
wahrnehmen oder denken, müssen
wir uns unserer eigenen Existenz
bewußt werden.

Aristoteles

Seines eigenen Lebens Zuschauer zu werden
bedeutet, den Leiden des Lebens zu entrinnen.

Oscar Wilde

Beobachtung ist ein Mittel zum Akzeptieren. Zu beobachten heißt, ohne Voreingenommenheit zu denken, fühlen, schmekken, riechen, sehen und hören – ohne das Ergebnis zu manipulieren, ohne Partei zu ergreifen.

Sie beobachten nur. Nehmen Sie wertfrei auf, welche Informationen Ihnen Ihre Sinne präsentieren. Wenn Ihr Geist dabei zu Urteilen und Einschätzungen neigt, beobachten Sie auch das. Lassen Sie sich auf diese Überlegungen nicht ein. Versuchen Sie nicht, sie zu beeinflussen und zu verändern; beobachten Sie sie nur.

In dem Maße, in dem Sie beobachten lernen, werden Sie immer vertrauter mit dem Teil von Ihnen, der *Sie* sind: der Teil hinter dem Körper, hinter dem Geist und hinter den Gefühlen. Indem Sie sich neben sich stellen und beobachten, fangen Sie an zu begreifen, daß es da ein »Ich« gibt, das eben nicht Ihr Geist und seine Gedanken, nicht Ihre Emotionen und deren Gefühle und auch nicht der Körper und seine Empfindungen ist.

Es ist ein bißchen seltsam, darüber zu schreiben, da wir durch Worte miteinander kommunizieren, die nun einmal Bestandteil des geistigen Prozesses sind. Und der Verstand hat es nun einmal nicht gern, wenn seine Autorität in Frage gestellt wird. Er räumt auch nicht gern ein, daß es in Ihnen etwas Grundsätzlicheres gibt als ihn.

Sie werden durch Tun verstehen. Nach ungefähr fünfzehn Minuten bewußten Beobachtens könnten Sie unter Umständen den »Teil« erkennen, der da beobachtet. Nehmen Sie sich dazu eine Zeitspanne, in der Sie mit Sicherheit nicht gestört werden. Beschließen Sie, in diesem Zeitraum nichts anderes zu tun, als zu beobachten. Setzen oder legen Sie sich behaglich hin. Und nun werden Sie ganz ruhig und seien Sie nur »Sie«.

Ihr Verstand wird Ihnen ganz prächtige Vorschläge machen, was Sie jetzt anstellen könnten. Tun Sie gar nichts davon; beobachten Sie nur – auch die Vorschläge. Den Gefühlen wird es vielleicht langweilig werden; sie werden sich etwas Aufregenderes wünschen. Hören Sie nicht auf sie. Der Körper wird Aufmerksamkeit heischen. Achten Sie nicht darauf. Beobachten Sie nur die unterschiedlichen Forderungen.

Wenn Sie das Verlangen verspüren, die Position zu verändern, tun Sie es nicht. Beobachten Sie nur das Bedürfnis, die Lage zu ändern. Wenn es Sie juckt, kratzen Sie sich nicht. Beobachten Sie das Jucken. Ihr Verstand, Ihr Körper und Ihre Emotionen könnten Sie zu kleinen – und manchmal auch größeren – Temperamentsausbrüchen verleiten wollen. Beobachten Sie diese Ausbrüche. Beobachten Sie das Verlangen nach Ausbrüchen. Beobachten Sie die inneren »Aufstände«, das innerliche Schreien und Revoltieren. Vielleicht war es das, was Sie bereits seit einiger Zeit beherrscht hat. Versuchen Sie, es in den Griff zu bekommen. Sie bekommen es in den Griff, indem Sie nichts tun. Sie sitzen oder liegen nur da und beobachten.

Bei diesem Spiel geht es um folgendes: Körper, Geist und Gefühle behaupten: »Wir schaffen es, dich in Bewegung zu setzen, bevor die Viertelstunde (oder welche Zeit Sie sich auch gesetzt haben) um ist.« Sie erwidern: »Nein, das schafft ihr nie.« Und dann geht's los. Vielleicht sagen Sie: »Oh, es ist ganz leicht, sich fünfzehn Minuten lang nicht zu rühren.« Von der Seitenlinie aus wirkt alles immer ganz einfach. Spielen Sie das Spiel und warten Sie ab.

Sollte es tatsächlich einfach sein – herzlichen Glückwunsch!

Doch seien Sie nicht überrascht, wenn es nicht leicht ist. Die Dinge, die Sie während dieser Zeit »beunruhigen«, sind vermutlich die gleichen, die Sie im Leben beunruhigen: die »Solltes und Müßtes«, die Forderungen Ihres Geistes, Ihres Körpers, Ihrer Gefühle.

Die Lösung? Beobachtung. Beobachten Sie nur, tun Sie nichts sonst. Sie werden eine Menge über sich selbst erfahren und lernen. Und Sie werden auch eine Menge über die Teile von sich lernen, die im Grund nicht Sie sind.

Sie können, wenn Sie wollen, die »Beobachtung im Ruhezustand« zu einer »Beobachtung in der Bewegung« erweitern. Beobachten Sie alles, während Sie durchs Leben gehen. Beobachten Sie Ihre Reaktionen auf alles und jedes. Beobachtung ist ein wichtiges Instrument von Bewußtsein. Je mehr Sie das beobachten, dessen Sie sich jetzt noch unbewußt sind, desto bewußter werden Sie.

Achten Sie auf Bewußtsein.

Ich bin eine Kamera mit geöffnetem Verschluß –
ganz passiv, ohne zu denken, nehme ich auf.
Ich nehme auf, wie sich der Mann am Fenster
gegenüber rasiert und wie sich die Frau im
Kimono die Haare wäscht.
Christopher Isherwood

Geduld

In der Vorstellung, das ganze Gold der
Gans auf einmal bekommen zu können,
tötete er sie, schnitt sie auf und fand
– nichts.

Aesop

Es gibt ein Sprichwort, das mittlerweile seinen Weg auf T-Shirts, Poster, Sticker, Kaffeebecher und Luftballons gefunden hat. Eine Aussage, die so intensiven Anklang gefunden hat, muß mehr als nur ein Körnchen Wahrheit in sich bergen. Das Sprichwort heißt: »Hab Geduld, Gott hat noch viel mit mir vor.«

Geduld ist die Gnade, die uns zukommt für den Abstand zwischen dem, was wir sind und was wir sein könnten.

Weil wir eine so blühende Phantasie besitzen, können wir uns vorstellen, daß wir in einem Moment Berggipfel erstürmen, um im nächsten Ozeane zu durchschwimmen. Doch um vom Gipfel zum Strand zu kommen, braucht es eine gewisse Zeit. Wenn wir uns auf dem Berg wünschen, zum Meer hinunterzukommen, so geht das in Ordnung. Doch wenn wir mit uns darüber hadern, nicht in diesem Moment im Ozean zu sein, dann sind wir ungeduldig.

Die meisten Leser dieses Buches haben sicher bereits eine geistige Vorstellung davon, wie der »perfekte, gesunde, positiv eingestellte« Mensch »sein sollte«. Auch Sie könnten sich ein solches Bild geschaffen haben und sich als »Star« der Produktion empfinden. Das ist großartig. Auf diese Weise gelangen wir von dem, was wir sind, zu dem, was wir sein möchten.

Wenn Sie sich selbst jedoch unter ungehörigen Druck setzen, um diese Ziele von Vollkommenheit, Gesundheit und Positivem zu erreichen, dann hält Sie die Ungeduld in ihren Fängen.

Immer mit der Ruhe. Das Leben ist eine lebenslange Reise. So wie Sie sind, sind Sie ganz in Ordnung. Sie haben noch viel mit sich vor, und Sie werden damit vermutlich nie fertig werden. Wir

292

jedenfalls sind noch niemandem begegnet, der mit Fug und Recht von sich behaupten konnte: »Ich bin perfekt! Ich wünsche mir nichts mehr!« Menschen haben Wünsche, Träume und Zielvorstellungen über ihre aktuelle Realität hinaus – ganz unabhängig davon, wie wunderbar diese Realität auch sein mag. Das ist nun einmal menschlich.

Sie müssen erkennen, daß die Reise vom Hier zum Da nie endet; auf irgendeiner Ebene, in irgendeiner Beziehung werden Sie immer unterwegs sein. So ist das Leben. Haben Sie also Gnade mit sich für die Distanz zwischen dem, was Sie im Augenblick sind, und dem, was Sie sich als nächstes vornehmen. (Vergessen Sie nicht: Das, was Sie jetzt sind, ist das verwirklichte Ergebnis eines früheren Wunsches.)

Geduld ist Freude an der Reise. Es geht nicht darum, den Berg zu ersteigen, um auf dem Gipfel zu stehen; es geht darum, Freude am Aufstieg zu haben. Empfinden Sie Freude über Ihr eigenes Leben. Wie heißt es doch in der Reisewerbung: »Das Hinkommen ist schon die halbe Freude.«

Und wenn Sie schon auf dem Weg keine Freude empfinden, dann werden Sie wahrscheinlich auch am Ziel nicht viel Spaß haben. Ihre Fähigkeit, Freude zu empfinden, hat sich zurückgebildet. Sie haben es so gut gelernt, Spaß und Freude zu verschieben, daß Sie es bis zum nächsten Ziel aufschieben. (»Oh, ich kann es kaum erwarten, in Urlaub zu gehen. Oh, ich kann es kaum erwarten, wieder nach Hause zu kommen.«)

Ein anderer populärer Spruch lautet: »Immer mit der Ruhe, Gott wird's schon richten.« »Immer mit der Ruhe« ist entspannen. »Gott wird's schon richten« ist die Gewißheit, die Geduld bringt. Entspannen Sie und seien Sie geduldig. Das ist eine herrliche Beschreibung für »Leben«.

Wenn Sie lernen, mit sich Geduld zu haben, dann ist es leicht, das auf andere Menschen auszudehnen. Wenn Sie lernen, Geduld mit anderen zu haben, dann achten Sie darauf, auch mit sich selbst geduldig zu sein.

Machen Sie sich bewußt, daß schon jetzt alles so ist, wie es

»sein sollte«. Und alles, was später kommt, wird ebenfalls »perfekt« sein.

Was Geduld ist? Sich am Augenblick zu erfreuen. Wie man sich am Augenblick erfreut? Indem man geduldig ist. Ist das ein endloser Kreislauf? Sicher. Und Sie können jederzeit einsteigen. Kommen Sie – das Meer ist herrlich!

Lieber Gott, ich erflehe Geduld.
Und die will ich sofort!
Oren Arnold

Standpunkt
und Einstellung

Das Paradies ist da, wo ich bin.

Voltaire

Ein weiterer »geschlossener Kreis« (wir sehen ihn gern als nach oben gerichtete Spirale) ist der von Standpunkt und Einstellung. Wenn Sie in einer Situation feststecken, die Ihnen nicht paßt, dann können Sie entweder Ihren Standpunkt oder Ihre Einstellung ändern und – »Los geht's!«, wie Peter Pan sagen würde.

Unser Standpunkt ist unser »Aussichtspunkt«, die Perspektive, die wir haben. Je höher unser Standpunkt, desto mehr können wir sehen und erkennen. Je mehr wir erkennen, desto mehr Informationen stehen uns zur Verfügung. Je mehr Informationen wir bekommen, desto fundiertere Entscheidungen können wir treffen.

Bei der Entscheidung geht es um die Antwort auf die Frage: »Soll ich diese Situation negativ sehen oder nicht?« Wir behaupten, daß Sie von einem genügend hohen Standpunkt aus zum »oder nicht« neigen werden.

Haben Sie sich schon einmal in einer Situation befunden, die anfangs einfach schrecklich zu sein schien, die dann aber zu etwas ganz Wunderbarem geführt hat? Wenn Sie schon anfangs gewußt hätten, daß die miese Situation zu etwas Wundervollem führen würde, hätten Sie dann all die Energie aufgewandt, sich so scheußlich zu fühlen? Vermutlich nicht.

Und wenn nun *alle* Lebenssituationen so wären? Wenn es für alles einen *Grund* gäbe, einen *Plan* hinter den Geschehnissen? Was, wenn Sie von einem ausreichend hohen Standpunkt aus diesen Plan erkennen könnten? Nicht unbedingt in allen Einzelheiten, was nun genau passieren wird – wie langweilig wäre doch das Leben, wenn wir alles schon vorher wüßten –, sondern mehr in einem allgemeinen Sinn, daß »auch diese Situation zu etwas Gutem führen wird«.

Unsere Einstellung ist die Haltung, mit der wir an Dinge und Situationen herangehen. Betrachten Sie das Leben als Abenteuer, das genossen werden sollte, oder als Problem, das gelöst werden muß. Es gibt schier unendliche Möglichkeiten, entweder in Abenteuerland oder in Problemstadt zu leben. Die Entscheidung liegt, wie wir schon unzählige Male betont haben, ausschließlich bei Ihnen. Der Schlüssel ist Ihre Einstellung.

Die Verbindung zwischen Standpunkt und Einstellung liegt auf der Hand. Wenn wir eine gute Einstellung haben, wird sich unser Standpunkt erhöhen, und wenn wir über einen erhöhten Standpunkt verfügen, wird unsere Einstellung höhere Werte erreichen. (Das Gegenteil trifft übrigens gleichfalls zu. Spiralen führen nach oben oder nach unten. Sie scheinen in beiden Richtungen unendlich zu sein.)

Sie sind in der Lage, den »Drang nach oben« zu verstärken, indem Sie entweder Ihren Standpunkt oder Ihre Einstellung ändern.

Standpunkte erreichen höhere Werte durch Meditation, Überlegung, Gebete, geistige Übungen, Kreativität, Dienst am Nächsten: durch Dinge, die im gewissen Sinne direkt mit der aufbauenden Energie des Lebens verbunden sind.

Die Einstellung wird durch anregende Lektüre verbessert, durch Vorträge, Seminare, Therapien, das Zusammensein mit positiv gesonnenen Menschen, durch Filme, Fernsehsendungen: durch das Erlernen von Konzepten und Methoden, die ganz selbstverständlich zu einem aufgeklärteren Ansatz zur »Lebensbewältigung« führen.

Wenn Sie Ihre Einstellung verbessern, wird sich auch Ihr Standpunkt heben. Wenn Sie den Standpunkt erhöhen, wird sich Ihre Einstellung verbessern. So oder so – es liegt ganz an Ihnen.

Und es ist gar nicht zu vermeiden: Wenn Sie sowohl Standpunkt als auch Einstellung verbessern, geraten Sie in das, was technisch als »nach oben gerichtete Hyper-Spirale« genannt wird – besser verständlich heißt es: Freude.

Es ist vorstellbar, daß die Menschheit ein Zufall in einem sinnlosen Universum ist, daß wir unser kurzes Leben auf diesem dunklen, erkaltenden Stern ungeliebt leben – doch selbst wenn das so sein sollte: Was für wundervolle Geschöpfe wir doch sind! Welches Märchen, welche Geschichte aus Tausendundeiner Nacht der Dschinns ist auch nur ein Hundertstel so wundervoll wie dieses wahre Märchen der Affen! Es ist auch so unendlich bewegender als die Geschichten, die wir erfinden. Ein Universum, das fähig ist, so viele Unfälle zu gebären, ist – sinnlos oder nicht – ein guter Ort, ein vielversprechendes Universum. Einst haben wir geglaubt, auf Gottes Fußschemel zu leben; er könnte ein Thron sein.

Clarence Day

Streben Sie nach Gott

Meine Religion besteht aus einer
demütigen Bewunderung des unbeschränkt
überlegenen Geistes, der sich in den
geringen Kleinigkeiten offenbart,
die wir mit unserem schwachen und
hinfälligen Verstand begreifen können.

Albert Einstein

Wir haben Gottes Namen in den letzten paar Kapiteln schon recht häufig genannt. Vielleicht ist es an der Zeit, direkter von Gott zu sprechen.

Wir werden Ihnen vorschlagen, auf zweierlei Weise nach Gott zu streben.

Erstens: Gleichgültig, welche Vorstellung von Gott Sie im Moment auch haben mögen: Streben Sie noch ein wenig intensiver. Dabei ist es wirklich ohne große Bedeutung, wie Sie sich Gott vorstellen – vom allmächtigen, bärtigen Vater auf dem Himmelsthron bis hin zur Schöpferkraft der Natur. Versuchen Sie nur, ob Sie Ihre Empfindungen Gott gegenüber ein wenig intensivieren können.

Zweitens: Streben Sie nach Gott auf die Art, die Ihnen entspricht, und streben Sie nach ihm in der Form, in der er in Ihren Augen existiert. Wenn Gott für Sie die Macht ist, die Planeten erschaffen hat, erhält und bewegt – gut. Wenn Gott die Schöpferkraft hinter allem ist – gut. Wenn Gott der Bestandteil von und in uns ist, der unser Herz schlagen und uns atmen läßt – gut. Streben Sie nach dieser Macht, dieser Energie, diesem Geist. Erbitten Sie von ihr/ihm Unterstützung, Trost und Liebe.

Nehmen Sie Kontakt zu Gott auf – auf Ihre ganz eigene Weise –, aber nehmen Sie Kontakt zu ihm auf. Plaudern Sie mit ihm, bitten Sie ihn um etwas, hören Sie auf seinen Rat, machen Sie Vorschläge (Sie sind doch sicher der Meinung, manches besser zu können oder besser zu wissen als Gott im Augenblick, oder?), geben Sie Liebe, empfangen Sie Liebe, oder sagen Sie nur ganz einfach: Danke.

Versuchen Sie es. Sie haben nichts zu verlieren als Ihre Zweifel. Wie hat ein Atheist einmal gesagt, als er eine sehr unangenehme Zeit durchmachen mußte? »Wie sehr wünsche ich mir doch, an Gott glauben zu können.«

Vergessen Sie nicht: Ihre Wünsche können sich erfüllen.

Die folgenden Gedanken und Überlegungen über Gott könnten auch Sie zum Überlegen bringen.

> Diene Gott, auf daß er das gleiche für dich tun könnte.
> *Lehren für Merikare*, 2135–2040 v. Chr.

> Was ist Gott? Alles.
> *Pindar*, 518–438 v. Chr.

> Schönheit ist ein Gottesgeschenk.
> *Aristoteles*

> Selbst Gott leiht aufrechter Kühnheit seine Hand.
> *Menander*, 342–292 v. Chr.

> Spanisch spreche ich mit Gott, italienisch mit Frauen, französisch mit Männern und deutsch mit meinem Pferd.
> *Karl V.*

> Wenn Gott aus der Höhe verletzt, dann schickt er auch das Heilmittel.
> *Fernando de Rojas*

> Ich habe ihn behandelt, Gott hat ihn geheilt.
> *Ambroise Par*, 1517–1590

> Gott ist für gewöhnlich auf seiten der großen Schwadronen und gegen die kleinen.
> *Roger de Bussy-Rabutin*, 1618–1693

Der Glaube ist eine sichere Wette. Wenn man
gewinnt, gewinnt man alles; wenn man verliert,
verliert man nichts. Wette also ohne Zögern darauf,
daß es IHN gibt.

Blaise Pascal, 1623–1662

Wenn Gott nicht ein so zwangsläufiges Wesen aus sich
heraus wäre, könnte er fast zum Nutzen und
Frommen der Menschen erschaffen sein.

John Tillotson, 1630–1694

Hat Gott vergessen, was ich alles für ihn getan habe?

Ludwig XIV, 1709

(Ludwig hat auch gesagt, als eine Kutsche pünktlich
erschien: »Fast hätte ich warten müssen.«)

An Gott zu glauben ist unmöglich – nicht an ihn zu
glauben absurd.

Voltaire

Lebe unschuldig, Gott ist hier.

Carl von Linné, 1707–1778

Denn ich segne Gott in den Bibliotheken der
Gelehrten und für alle Buchhändler der Welt.

Christopher Smart

Das Universum ist die Sprache Gottes.

Lorenz Oken, 1779–1851

Selbstverständlich wird Gott mir vergeben; es ist seine
Aufgabe.

Heinrich Heine (Letzte Worte, 1856)

In den Gesichtern von Männern und Frauen sehe ich
Gott.

Walt Whitman

Besucher: Henry, hast du deinen Frieden mit Gott gemacht?«
Thoreau: »Wir haben uns nie gestritten.«

Gott verhüte, daß ich in einen Himmel komme, in dem es keine Pferde gibt.

Robert Bontine, 1853–1936

Gott versteckte die Fossilien im Gestein, um die Geologen zur Untreue zu versuchen.

Sir Edmund Gosse

Der Herrgott ist spitzfindig, aber boshaft ist er nicht.

Albert Einstein

Neben - selbstverständlich - Gott liebe ich dich, Amerika, Land der Pilger und so weiter.

E. E. Cummings

Gott ist ein Wort.

Buckminster Fuller

Ich könnte nicht sagen, ich glaube. Ich weiß! Ich hatte die Erfahrung, von etwas ergriffen zu werden, das stärker ist als ich selbst; etwas, das die Menschen Gott nennen.

C. G. Jung

Ist Gott nicht etwas ganz Besonderes?

Church Lady

Wenn Gott mir doch ein deutliches Zeichen gäbe! Beispielsweise ein großes Konto auf meinen Namen bei einer Schweizer Bank.

Woody Allen

Nichts ist zu gut,
um wahr zu sein

Es ist gut, ganz einfach glücklich zu sein;
ein bißchen besser ist es, nicht nur zu
wissen, daß man glücklich ist, sondern auch
warum und weshalb und immer noch glücklich
zu sein. Glücklich zu sein im Sein und im
Wissen – nun, das geht über Glück hinaus,
das ist Glückseligkeit.

Henry Miller

Bereit zu einem kleinen Quiz? Gut. Denken Sie über die folgende Feststellung nach: »Wenn etwas zu gut ist, um wahr zu sein, ist es so.«

Quizfrage: »Worauf bezieht sich ›Ist es so‹?«

a) Auf »zu gut«. (Wenn etwas zu gut ist, um wahr sein zu können, ist es folglich nicht wahr.)

b) Auf »wahr«. (Wenn etwas zu gut ist, um wahr sein zu können, ist es wahr.)

Ringringring. Die Zeit ist um.

Die richtige Antwort ist b. Wenn etwas zu gut ist, um wahr zu sein, ist es wahrscheinlich wahr. Doch die meisten Menschen antworten ganz spontan mit a.

Lehre: Negative Gedanken führen zu negativen Annahmen!

Punkte: Geben Sie sich fünfzig Punkte, wenn Sie a gewählt haben. Geben Sie sich fünfzig Punkte, falls Sie sich für b entschieden haben. Geben Sie sich einhundert Punkte dafür, daß Sie den Test überhaupt gemacht haben.

Bewertung: Wenn Sie mehr als zwanzig Punkte erzielt haben – Herzlichen Glückwunsch! Ausgezeichnete Arbeit. Hervorragend. Bravo. Hurra! Schön für Sie.

Das war das Quiz. Wie haben Sie abgeschnitten?

Zu gut, um wahr sein zu können?

Es ist so.

Positive Abkürzungen

Frohsinn ist wie ein Blitz,
der durch düstere Wolken bricht
und einen Moment lang leuchtet;
Fröhlichkeit bewahrt eine Art
von Tageslicht im Geist und füllt
ihn mit einer steten Heiterkeit.

Joseph Addison

Wenn wir eine lebensgefährliche Krankheit haben, kann mitunter schon der Klang ihrer Bezeichnung (MS für Multiple Sklerose, AIDS, Tb und so weiter) große Angst verbreiten.

Also ändern Sie einfach die Bedeutung der Abkürzungen. Sie sind nur Buchstaben. Ordnen Sie ihnen andere Bedeutungen zu, positive Bedeutungen. Dann können Sie lächeln, wenn andere Menschen die Abkürzungen erwähnen. Für diese haben sie die eine Bedeutung, für Sie eine ganz andere.

MS könnte »Mächtig stark« heißen, »Munter-Sein« oder auch »Mehr Stehvermögen«.

AIDS könnte zu »Aber ich darf singen« werden, zu »Alles ist dennoch segensreich« oder »Alles ist dennoch steuerbar«.

Sie können sich auch Abkürzungen für Behandlungen einfallen lassen, die Sie nicht besonders schätzen, und positive Bedeutungen dafür erfinden.

Sie können das Spielchen sogar mit allen Worten oder Abkürzungen machen, die Ihnen nicht gefallen. Es sind nur Buchstaben. Buchstaben können alles darstellen, was Sie wollen. Und da das so ist, können Sie sich auch gleich etwas Positives einfallen lassen.

Veranschaulichung

Ohne dieses Spiel mit der Phantasie wäre nie
eine kreative Arbeit zustande gekommen.
Unsere Schuld gegenüber dem Spiel der
Vorstellungskraft ist unbezahlbar.

C. G. Jung

Kreative Veranschaulichung schafft eine Vorstellung der Richtung, in die wir gehen wollen, dessen, was wir erreichen wollen, der Dinge und Menschen, mit denen wir uns umgeben wollen, sowie dessen, was wir werden wollen. Sie bedient sich so vieler Sinne wie nur möglich.

Wir stellen uns ohnehin dauernd etwas vor – entweder positiv oder negativ. Es ist ein Plan, den wir uns machen. Und dann richten wir danach unser Leben aus.

Wenn wir Sie auffordern würden, ein Quadrat, ein Dreieck oder einen Kreis zu zeichnen, dann wären Sie vermutlich dazu in der Lage, ohne auch nur nachzudenken. Fast unverzüglich erscheint vor Ihrem inneren Auge die verlangte Form. Dieses Bild kommt von der Veranschaulichung.

Der Begriff »Veranschaulichung« greift eventuell etwas zu kurz. Sicher, manche Menschen können deutliche Technicolor-Bilder sehen, doch andere setzen zu diesem »Sehen«, zum Erkennen, andere Sinne ein – sie hören, fühlen, spüren. Veranschaulichung kann mit Hilfe aller fünf Sinne geschehen.

Vielleicht ist »Einbildung« ein besseres Wort. Wir »bilden« uns etwas »ein«, prägen es in unser Inneres ein. Doch welches Wort Sie auch benutzen – alle treffen irgendwie den Kern. Wir haben uns für Veranschaulichung entschieden, weil dieses Wort am besten beschreibt, wie man mit Geist und Emotionen bewußt eine physische Realität, eine »Gegenwart« schafft.

Wir sagen bewußt »bewußt«, weil wir allzu häufig die Veranschaulichung unbewußt dazu benutzen, unser Leben zu beeinflussen. Bei fast allen unseren Handlungen haben wir vermutlich zunächst »nachgedacht«, bevor wir aktiv wurden. Und dieses »Nachdenken« schloß Veranschaulichung mit ein. Wir haben in unserer Imagination etwas in die Zukunft projiziert. Wir stellen uns vor, wie die Situation sein wird. Wir stellen uns vor, was wir gern hätten. Wir stellen uns all die Dinge vor, die schiefgehen könnten.

Und das ist der Haken. Viele Menschen schaffen sich ihre eigene negative Wirklichkeit, indem sie ausschließlich Negatives vergegenwärtigen. Wir haben das Sprichwort »Was man am meisten fürchtet, trifft auch ein« schon mehrfach zitiert. Negative Veranschaulichung ist der sicherste Weg dazu. Wir machen uns über etwas so intensiv Sorgen, daß wir ein Bild von Scheitern, Schrecken und Grauen entwickeln. Und dann machen wir uns daran, diese Vision auch in die Wirklichkeit umzusetzen.

Und dieser Prozeß verläuft durchaus erfolgreich. Schließlich behalten wir »recht«. »Ich habe es doch gewußt!« sagen wir fast triumphierend. »Das waren keineswegs Hirngespinste. Es war weise Voraussicht.«

»Wenn man glaubt, etwas zu können oder nicht zu können, hat man recht«, hat Henry Ford gesagt. Die gute Nachricht ist die Feststellung, daß es selten so furchtbar kommt, wie man es sich vorgestellt hat. Wir sind erleichtert, wenn sich das Desaster als mittlere Katastrophe herausstellt.

Wir raten Ihnen selbstverständlich dazu, das machtvolle Werkzeug der Einbildung lediglich zu Ihrem Besten anzuwenden, zu Ihrer Heilung und Freude. Wir raten Ihnen, es als Methode zu nutzen, mehr von dem zu erreichen, was Sie sich wirklich wünschen, ohne dabei natürlich irgendeinem anderen zu schaden.

Positive Veranschaulichung bewirkt ebenso Positives wie negative Veranschaulichung Negatives bewirkt. Sie trägt dazu bei, daß wir uns unsere Ziele »ausmalen« können, daß uns die Realität gefällt, die wir uns schaffen, sie versetzt uns in die Lage, ja oder nein zu sagen, wenn sich Chancen ergeben (jene, die unserer Vision entsprechen, ergreifen wir, die anderen, die unseren Vorstellungen widersprechen, lassen wir vorübergehen). Und irgendwie scheinen unsere Gedanken die Realitäten anzuziehen, die unsere Phantasie erschafft.

Im Sinne der Ausgeglichenheit dieses Buches beziehen wir uns beim Begriff Veranschaulichung selbstverständlich nur auf die positive Veranschaulichung. Wir wollten Ihnen lediglich deutlich machen, daß alles Denken auch Vergegenwärtigung einschließt und daß alles Veranschaulichte die Neigung hat, sich in physischer Realität zu manifestieren.

Wie veranschaulichen *Sie* etwas? Welche Sinne setzen Sie ganz persönlich ein? Wie ist es? Das ist leicht festzustellen. Stellen Sie sich den Eiffelturm vor. Und nun die Freiheitsstatue. Jetzt eine Zitrone. Und nun eine Rose. Welche Farbe hat die Rose? Wenn Sie rot ist, lassen Sie sie gelb aussehen; wenn Sie gelb ist, machen Sie sie rot. Stellen Sie sich einen See vor. Und nun ein Glas Wasser.

Indem Sie sich diese Bilder vorstellen, veranschaulichen Sie sie.

Eine wichtige Sache im Hinblick auf die Veranschaulichung: Seien Sie dabei nie auf der Verliererseite. In Ihrer Vorstellung können Sie alles so haben, wie Sie es sich wünschen. Und genau so soll es auch sein. Wenn Sie etwas vergegenwärtigen, sind Sie darin durch keinerlei »physische« Realität gehindert. Sie können fliegen. Sie können stets und ständig froh und glücklich sein. Sie können absolut gesund sein. Sie können von allen geliebt werden. Sie können alle Welt umfassend lieben. So soll es sein.

In den nächsten Kapiteln werden wir die vielen Anwendungsmöglichkeiten der Veranschaulichung diskutieren.

> Die Einbildungskraft kann mit
> Adams Traum verglichen werden:
> Er erwachte und stellte fest,
> daß er Wahrheit war.
>
> *John Keats*

Zum Besten
aller Beteiligten

Häufig würde es uns leid tun,
wenn unsere Wünsche erfüllt würden.

Aesop

Wenn Sie um etwas bitten (und Veranschaulichen ist durchaus eine Art von Bitten), könnten Sie es durchaus für angebracht halten, Ihre Forderung mit einer »Versicherung« abzustützen.

Als Versicherung schlagen wir vor, daß Sie allen Bitten und Forderungen die Formulierung »zum Besten aller Beteiligten« voranstellen oder folgen lassen.

Wir sind durchaus mächtige Schöpfer. Wir können etwas in die Wege leiten, und wenn es dann Wirklichkeit wird, hängen damit mehr Probleme zusammen als das eigentliche »Problem«, das es eigentlich lösen sollte: Es hat nicht »die richtige Farbe« (oder eine ähnliche Kleinigkeit), wir brauchen es im Grunde nicht mehr, wir haben bereits zwei andere, oder wir wollen es ganz einfach nicht mehr.

Manchmal sind unsere Forderungen und ihre Verwirklichung mit dem Zimmer-Service eines schlechtgeführten Hotels zu vergleichen. Um zehn Uhr erteilen wir einen Auftrag. Um Mitternacht ist noch immer niemand aufgetaucht, also resignieren wir und legen uns schlafen. Gegen drei Uhr morgens klopft es an der Tür. »Zimmer-Service.«

»Ich brauche Sie nicht mehr.«

»Aber Sie haben eine Bestellung aufgegeben.«

»Das war um zehn Uhr.«

»Wir hatten heute abend sehr viel zu tun.«

»Nun, jetzt brauche ich es nicht mehr.«

»Haben Sie Ihre Bestellung widerrufen?«

»Nein. Der Telefonanschluß war besetzt.«

»Wie oft haben Sie es versucht?«

»Dreimal.«

»Das war zuwenig.«

»Nun, ich möchte das Zeug nicht mehr.«

»Sie haben es bestellt. Sie werden es essen müssen.«

»Nein, muß ich nicht.«

»Ich stelle es hier draußen vor der Tür ab. Sie werden am Morgen darüber stolpern.«

»Gut. Und nun lassen Sie mich bitte in Ruhe.«

»Und Sie müssen es bezahlen.«

»Das werde ich keinesfalls tun.«

»Dann werden wir Ihnen kein Frühstück bringen.«

»Auch gut. Und nun gehen Sie bitte.«

»Was ist mit meinem Trinkgeld?«

»Mit welchem Trinkgeld?«

»Es ist üblich, sich erkenntlich zu zeigen, wenn der Zimmer-Service serviert. Besonders um drei Uhr morgens.«

»Aber ich habe den Zimmer-Service nicht um drei Uhr morgens bestellt.«

»Haben Sie ihnen das gesagt, als Sie Ihre Bestellung aufgegeben haben?«

»Nein.«

»Dann ist es nicht *unsere* Schuld. Mit Sicherheit ist es nicht *meine* Schuld. Ich habe meine Aufgabe getan. Ich denke, ich habe ein Trinkgeld verdient.«

»Sie bekommen kein Trinkgeld. Und nun gehen Sie endlich.«

»Das Zimmermädchen ist meine Freundin. Ich werde ihr sagen, daß Sie morgen Ihr Zimmer nicht aufräumen soll.«

»Ich reise morgen ab.«

»Der Gepäckträger ist ebenfalls ein Freund von mir. Sie werden Ihr Gepäck selbst schleppen müssen.«

»Schreiben Sie sich ein Trinkgeld auf die Rechnung. Und jetzt lassen Sie mich wenigstens ein bißchen schlafen.«

»Könnten Sie bitte die Rechnung abzeichnen?«

»Was?«

»Wenn Sie ein Trinkgeld geben, müssen Sie die Rechnung unterschreiben.«

»Warum?«

»Gepflogenheit des Hauses.«

Kommt Ihnen das bekannt vor?

Wenn wir haben wollen, was wir uns wünschen – nur das, was wir uns wünschen und alles, was wir uns wünschen – , sollten wir so präzise wie möglich sein. Es hat jedoch den Anschein, daß – ganz gleich, wie viele Einzelheiten wir auch bedenken – die Launenhaftigkeit des Schicksals immer noch ein paar hinzufügen kann, an die wir nicht einmal im Traum gedacht hätten.

Und das ist der Punkt, an dem »zum Besten aller« ins Spiel kommt. Tun Sie Ihr Möglichstes, und bitten Sie dann zusätzlich »zum Besten aller Beteiligten«. Auf diese Weise wird – ganz gleich, was auch geschieht – alles zu Ihrem Besten ausfallen, und die Zeitplanung wird einfach perfekt sein.

Das trifft besonders dann zu, wenn Sie etwas für andere Menschen erbitten. Wir wissen noch nicht einmal, was für uns das Beste ist, woher sollen wir dann wissen, was das Beste für andere ist?

Wir hörten von einer alten Dame, die im Koma lag. Ihre Familienangehörigen und Freunde beteten für ihr Leben und stellten sich intensiv vor, daß sie weiterlebte. Schließlich erwachte die alte Dame aus ihrem Koma und sagte in völlig klaren und deutlichen Worten zu den um ihr Bett Versammelten: »Laßt mich gehen. Ich habe gesehen, wie es auf der anderen Seite ist. Ich möchte dorthin. Ihr haltet mich hier fest. Ich liebe euch alle sehr. Und wenn ihr mich auch liebt, dann laßt mich gehen.« Sie schloß die Augen, fiel wieder ins »Koma« und starb wenige Stunden später – nachdem sich ihr Wunsch unter allen Verwandten und Freunden herumgesprochen hatte.

Hätten ihre Verwandten und Freunde in ihre Gebete und Wünsche »zum Besten aller Beteiligten« eingeschlossen, wäre sie vielleicht in der Lage gewesen, kampfloser in die Ewigkeit einzugehen.

Das ist natürlich ein sehr extremes Beispiel. Doch wie oft haben wir uns nicht schon für unsere Freunde gewünscht: »Hoffentlich bekommt sie/er diesen Job«, »hoffentlich bleiben sie zusammen« oder »hoffentlich kann sie/er das Haus günstig verkaufen«. Vielleicht wäre es gar nicht zu ihrem Besten, den neuen Job zu bekommen, zusammenzubleiben oder das Haus zu verkaufen. Vielleicht würden sie später sagen: »Ich verabscheue diesen Job«, »wir hätten uns längst trennen sollen« oder »ich wünschte, ich hätte mein Haus noch«. Und dann können wir uns nur damit trösten, daß sie *gesagt* haben, sie hätten es gern.

Was Menschen über ihre Wünsche sagen und was sie sich tatsächlich wünschen, wenn es soweit ist, sind oft zwei ganz verschiedene Paar Stiefel.

Wir kennen die Zukunft nun einmal nicht. Wir haben keine Ahnung, was geschehen wird, wie sich Dinge verändern oder welchen Veränderungen wir selbst unterliegen. Was wir uns für heute ersehnen, könnten wir schon morgen gar nicht mehr wollen. Deshalb ist es ein sehr guter Vorschlag, eine Liste der Dinge zu machen, die Sie sich »erbitten« – die Liste Ihrer Zielvorstellungen. Wenn Sie etwas davon nicht mehr wünschen (vielleicht, weil Sie inzwischen etwas Besseres haben), streichen Sie es. Sagen Sie sich: »Vielen Dank, aber das wünsche ich mir nicht mehr.«

Wenn sie sich etwas wünschen, fügen manche Menschen gern hinzu: »das oder etwas Besseres«. Wenn wir uns zehn Millionen Dollar wünschen, dann aber zwanzig Millionen bekommen, wäre das schwer in Ordnung, oder? Andere Menschen setzen schon durch die Form ihrer Bitten der Erfüllung eine obere Grenze. »Das oder etwas Besseres, zum Besten aller Beteiligten« umfaßt alle Möglichkeiten, Veränderungen, Extreme und Bedingungen.

Nachdem Sie Ihren Wunsch geäußert haben, können Sie entspannen. (Das heißt, Sie brauchen sich keine Sorgen mehr zu machen. Mit Sicherheit werden Sie gewisse Aktivitäten vornehmen müssen, um dem Ziel Ihrer Wünsche näher zu kommen.)

»Zu meinem Besten und dem aller Beteiligten« ist eine Feststellung des Vertrauens. Mit ihr vertraut man darauf, daß es eine höhere Macht gibt – Mutter Natur, Gottvater oder wie Sie sie auch immer nennen mögen –, die für uns Sorge trägt, die uns hält und unterstützt, die weiß, was wir uns wünschen, noch bevor wir es selbst wissen, und die es uns bereitwillig gewährt.

Im Leben gibt es zwei Tragödien:
Eine besteht darin, seinen Herzenswunsch
zu verlieren. Die andere, ihn erfüllt zu
bekommen.

George Bernard Shaw

Was geschehen wird,
sinnst du nicht aus!

Johann Wolfgang von Goethe

Licht

Am Anfang schuf Gott Himmel und Erde.
Und die Erde war wüst und leer,
und es war finster auf der Tiefe,
und der Geist Gottes schwebte auf dem Wasser.
Und Gott sprach: Es werde Licht.
Und es ward Licht.

Moses 1,1-3

Die Vorstellung vom Licht als einem Geschenk an die Menschheit von »irgendeinem größeren Ort« scheint zeitlos und universal zu sein. Sie überschreitet Zeiten, Religionen und Überzeugungen. Man findet sie in fast jeder Religion, in fast jeder Glaubensrichtung.

Lassen Sie uns einmal in historischer Reihenfolge untersuchen, welche Rolle Licht in den bedeutenden Religionen dieser Welt spielt.

Der *Hinduismus*, die älteste und verbreitetste Religion der Erde (2,5 Milliarden Gläubige) wurde um 1500 vor Christus gegründet. In der Brihadaranjaka Upanischad, einer heiligen Lehre der Hindus, heißt es (1,3,28):

Geleite mich vom Unwirklichen zum Wirklichen!
Geleite mich von der Dunkelheit ins Licht!
Geleite mich vom Tod in die Unsterblichkeit!

Das Licht wird also mit der Wirklichkeit und der Unsterblichkeit gleichgesetzt. »Erleuchtung« ist das höchste Ziel der Hindus.

Das *Judentum* wurde um 1300 vor Christi Geburt begründet. Heute gibt es rund 17 Millionen Juden auf der Welt, fast die Hälfte davon lebt in Nordamerika. In der heiligen Schrift der Juden taucht das Licht immer wieder auf, beginnend mit »Am Anfang . . .« (1. Buch Mose, Vers 1).

Das Alte Testament der Bibel enthält einige der schönsten Texte, die je über das Licht geschrieben wurden.

»Und der Herr zog vor ihnen her, des Tages in einer Wolkensäule, daß er sie den rechten Weg führte, und des Nachts in einer Feuersäule, daß er ihnen leuchtete zu reisen Tag und Nacht.« (2. Mose, 13,21).

»Herr, erhebe über uns das Licht deines Antlitzes!« (Psalm 4,7).

»Der Herr ist mein Licht und mein Heil; vor wem sollte ich mich fürchten! Der Herr ist meines Lebens Kraft; vor wem sollte mir grauen!« (Psalm 27,1).

»Mache dich auf, werde licht; denn dein Licht kommt, und die Herrlichkeit des Herrn geht auf über dir!« (Jesaja 60,1).

»Dem Gerechten muß das Licht immer wieder aufgehen und Freude den frommen Herzen« (Psalm 97,11).

»Und erwählet sie mir zum Licht, denn der Glanz so von ihr (der Weisheit) gehet, verlischet nicht« (Weisheit 7,10).

Der *Buddhismus*, von Gautama Buddha um 525 vor Christi Geburt begründet, hat weltweit etwa 460 Millionen Anhänger. Buddha wird häufig als »Licht Asiens« bezeichnet. Durch »Erleuchtung« wurde Siddharta Gautama nach langen Meditationen zu »Buddha« (der Erleuchtete, der Erwachte).

Das *Christentum* wurde im Jahre 0 von Jesus Christus begründet. (Eigentlich von Christi Jünger nach dessen Tod am Kreuz.) Die vielen Variationen des Christentums haben etwa eine Milliarde Anhänger in der ganzen Welt. Jesus hat von sich gesagt: »Ich bin das Licht der Welt; und wer mir nachfolgt, der wird nicht wandeln in der Finsternis, sondern wird das Licht des Lebens haben« (Johannes 8,12).

Zu seinen Jüngern sagte er: »Es ist das Licht noch eine kleine Zeit bei euch. Wandelt, dieweil ihr das Licht habt, daß euch die Finsternis nicht überfalle« (Johannes 12,35). (Das klingt ein bißchen so wie unsere wiederholten Ermahnungen zum Handeln, zur Aktivität . . .)

Nachdem sein Körper die Erde verlassen hatte, schickte Jesus einen »Anwalt« in Form des Lichtes des Heiligen Geistes, das den Jüngern zunächst als Flammenzungen (Licht) erschien.

Der *Islam* wurde vom Propheten Mohammed 622 begründet

und hat weltweit rund 500 Millionen Anhänger. Die Heilige
Schrift des Islam ist der Koran. Die folgende Passage aus dem
Koran (24,35) läßt kaum Zweifel am islamischen Glauben an das
Licht:

»Gott ist das Licht der Himmel und der Erde. Sein Licht ist
einer Nische vergleichbar, in der eine Lampe ist. Die Lampe ist
aus einem Glas. Das Glas ist, als wäre es ein funkelnder Stern. Es
wird angezündet von einem gesegneten Baum, einem Ölbaum,
weder östlich noch westlich, dessen Öl fast schon leuchtet, auch
ohne daß das Feuer es berührt hätte. Licht über Licht. Gott führt
zu seinem Licht, wen Er will, und Gott führt den Menschen die
Gleichnisse an.«

Die Indianer in Nord- und Südamerika hatten viele Religionen, glaubten jedoch in den meisten Fällen an den Großen Geist,
Mutter Erde sowie die verschiedenen Farben des Lichts. Ein
nordamerikanisches Indianerlied macht letzteres deutlich.

Die Kette sei das weiße Licht des Morgens,
Der Schluß das rote Licht des Abends,
Die Fransen der fallende Regen,
Der Rand der stehende Regenbogen.
So webe uns ein Gewand des Leuchtens.
Aus dem Gedicht »Der Flug des Quetzalcoatl« stammt:
»Er endete . . .
Sein Körper in Licht verändert,
Ein Stern, der für immer an diesem Himmel brennt.«

Aber wenn all das über Gott und Licht nicht ganz unser Bier
ist, wie wäre es denn dann mit den Philosophen des Altertums?

Die Griechen liebten das Licht. Pindar (518–438 v. Chr.)
schrieb: »Lebewesen des Tages, was ist ein Mensch? Was ist er
nicht? Die Menschheit ist ein Schattentraum. Doch wenn eine
gottgegebene Helligkeit kommt, legt sich ein strahlendes Licht
auf die Menschen und ein angenehmes Leben.«

Die Römer mochten das Licht ebenfalls. »Zu einem dunklen
Thema«, schrieb Lucretius (99–55 v. Chr.) »male ich Verse voller
Licht, die den ganzen Zauber der Musen berühren.«

Selbst die antiken Götter benutzten das Licht. »Der Abend ist gekommen; auf, ihr Jungen«, sagte Catull (87–54 v. Chr.). »Vom Olymp hat der Abendstern endlich sein langersehntes Licht erhoben.«

Auch nicht mit Griechen, Römern und antiken Göttern zufrieden? Wie wäre es dann mit Dichtern?

Anfang des 14. Jahrhunderts erklärte Dante, daß Beatrice »ein Licht zwischen der Wahrheit und dem Intellekt« sein solle. 350 Jahre später informiert uns Henry Vaughn gelassen:

Neulich habe ich die Ewigkeit erblickt,
Als großen Ring aus reinem, endlosen Licht.
Alles war ruhig, als es schien;
Und darunter die Zeit in Stunden, Tagen und Jahren,
Von den Sphären getrieben,
Wie ein riesiger, ziehender Schatten;
In den die Welt und all ihr Gefolge
Geschleudert wurden.«

Ungefähr 150 Jahre später rät uns William Wordsworth: »Kommt heraus in das Licht der Dinge, laßt die Natur euer Lehrer sein.« Und Lord Byron hatte entweder ein Lied von draußen oder (wie wir gern glauben würden) ein Geräusch in seinem Inneren gehört, als er schrieb:

Ein Licht drang ein in mein Gehirn –
Es war der Jubelsang eines Vogels,
Er verklang und kam dann wieder,
Das süßeste Lied, das Ohren je gehört.

Emily Dickinson erfreute sich einer der besonderen Qualitäten des Lichts: »Phosphoreszenz. Nun, das ist ein Wort, den Hut davor zu ziehen«, schrieb sie. »Diese Phosphoreszenz zu finden, dieses innerliche Leuchten, das ist der Genius der Poesie.«

Unserer Zeit näher führte Theodore Roethke aus: »Das Wort überspringt die Welt, und Licht ist alles.« Erdverbundener meinte er: »Das Licht lauschte, wenn sie sang.«

Das bringt uns zu einer der beliebtesten poetischen Anwendungen des Lichts. Man beschrieb damit die Geliebte/den Geliebten. Am berühmtesten wurde damit vielleicht Shakespeare: »Doch still, was schimmert durch das Fenster dort? Es ist der Ost, und Julia die Sonne!«

Robert Burns war da schon ein bißchen mehr, nun ja, schottisch, als er über das Licht der Liebe folgendes sagte:

Die gold'nen Stunden flogen
Auf Engelsschwingen über mich und meine Dearie;
Denn so lieb wie Licht und Leben
War mir die süße Highland Mary.

Im zarten Alter von 33 Jahren stellte Alfred Lord Tennyson beim Anblick der Gärtnerstochter fest:

Halb im Licht, halb im Schatten
Stand sie da – ein Anblick,
Einen alten Mann wieder jung zu machen.

Gut. Genug der Dichter. Wie wäre es mit Künstlern? »Ich lebe und liebe in Gottes Licht«, schrieb Michelangelo. Und während eines Interviews machte Marc Chagall einst diese, nun ja, ein bißchen seltsame Bemerkung: »Man nehme meiner Hand nicht das Licht.«

Und wie ist es mit Licht im Zusammenhang mit dem Tod? Goethes letzte Worte lauteten: »Mehr Licht!«, während Theodore Roosevelt forderte: »Macht das Licht aus.« Johann Gottfried Herder faßte als Grabinschrift zusammen: »Licht, Liebe, Leben.« Henry Wadsworth Longfellow schien die Meinung zu vertreten, daß das Licht diesseits und jenseits des Todes zu finden ist: »Das Grab ist nichts als eine überdachte Brücke, die durch kurze Dunkelheit von Licht zu Licht führt.«

Ist das alles zu geisterhaft für Sie? Wie wäre es dann mit der guten alten Psychologie? C. G. Jungs Worte aus *Die Praxis der Psychotherapie* werden Sie vielleicht erleuchten:

»Das Unbewußte ist nicht nur von Natur aus böse, es ist auch die Quelle des höchsten Guten: Nicht nur dunkel, sondern auch licht, nicht nur bestialisch, halbmenschlich und dämonisch, sondern auch übermenschlich, geistig und im klassischen Sinn des Wortes ›göttlich‹.«

Wenn Sie weder an Religion noch an Poesie, Philosophie, Kunst, letzten Worten oder Psychologie interessiert sind, müssen wir einfach an den (US-amerikanischen) Patriotismus appellieren:

Oh, say, can you see	Sag, kannst du
by the daw'ns early light,	im ersten Morgenlicht seh'n,
what so proudly we hailed	was wir im letzten Leuchten
at the twilight's last gleaming?	des Abends gehißt haben?

(»Manche miese Show ist durch die Flagge gerettet worden«, bemerkte George M. Cohan – und der sollte sich auskennen.)

Warum wir uns diese ganze Mühe gemacht haben? Ob das Buch nicht ohnehin schon umfangreich genug ist? Nun, es war nur unsere umständliche Art, Ihnen deutlich zu machen, daß es unendlich viele Arten von Licht gibt. Unser Vorschlag? Von welcher Art Sie auch immer überzeugt sein mögen – nutzen Sie sie.

Wenn Sie wollen, stellen Sie sich vor, daß Sie ein reines, weißes Licht umgibt, erfüllt und beschützt, alle Ihre Handlungen, alles und jedes in Ihrer Umgebung. Bitten Sie um dieses Licht zum Besten aller Beteiligten.

Ebenso wie Dunkelheit lediglich die Abwesenheit von Licht ist, also nichts eigenständig Reales, ist das Negative, eine andere Form der Dunkelheit, einfach die Anwesenheit einer anderen Form von Licht.

Was wird aus der Dunkelheit, wenn Sie das Licht einschalten? Was wird aus Ihrer Faust, wenn Sie die Hand öffnen? Was wird aus Ihrem Schoß, wenn Sie aufstehen? Wenn Sie sich des Lichtes bedienen (und das Licht bitten, Ihnen zu Diensten zu sein), könnten Sie sich vielleicht die Frage stellen: »Was wird aus dem Negativen, wenn ich das Licht erbitte?«

Wenn das Licht eine Macht besitzt, auf die Sie sich verlassen können, dann können Sie diese auch nutzen. Wenn es diese Macht nicht gibt, dann verlieren Sie nicht mehr als die paar Sekunden, die es braucht, um die Bitte zu äußern: »Ich bitte darum, daß das Licht mich umgibt, erfüllt und beschützt; mich sowie alles und alle in meiner Umgebung. Zu meinem eigenen Besten und dem aller Beteiligten.« Im Notfall können Sie auch zu »Licht! Höchstes Gut!« verkürzen.

Es ist einer dieser »Sie-haben-nichts-zu-verlieren-aber-alles-zu-gewinnen-Vorschläge«. Versuchen Sie es. »Spielen« Sie damit. Sehen Sie, was geschieht. Wir fordern keineswegs, daß Sie irgend etwas *glauben*. Wir bitten Sie lediglich, ein bißchen zu experimentieren. Ihre persönlichen Erfahrungen werden Ihnen zeigen, ob etwas dran ist oder nicht.

Die Farben des Lichts

Laß edlen Mut den weißen Alltag gründen,
hoch Phantasie in Purpurflammen wehen,
und Liebe wirst du bald im Zentrum sehen,
wo grün die Feuersäulen sich entzünden.

Friedrich Schlegel

Wenn wir Ihnen vorschlagen, daß Sie mit Licht experimentieren, dann lassen Sie uns Ihnen auch von den Farben des Lichts erzählen. Menschen, die derartigen Dingen gegenüber sensibel genug sind, haben festgestellt, daß bestimmte Farben bestimmte Wirkungen haben.

Das ist vermutlich keineswegs überraschend. Sie haben sicherlich schon bemerkt, daß es ein Unterschied ist, ob man beispielsweise in einen gelb gehaltenen oder einen durchweg blauen Raum kommt. Inzwischen werden die Farben und ihre Wirkungen auf Menschen in durchaus ernst zu nehmenden wissenschaftlichen Studien untersucht.

Weißes Licht enthält alle Farben. Wenn Sie Farben mischen, ergeben alle Töne zusammen eine Art schmutziges Braun. Wenn Sie aber farbige Lichter mischen, ergibt das Weiß. Erscheint beispielsweise auf einem Farbfernseher der Bildschirm weiß, dann sind darauf alle Primärfarben enthalten. Die »Abwesenheit« aller Farben ist Schwarz.

Sicherlich haben Sie schon einmal gesehen, wie Licht in einem Prisma gebrochen wurde und die Farben des Regenbogens zu erkennen waren. Regenbögen werden übrigens von Wassermolekülen in der Luft gebildet, die als Milliarden winziger Prismen agieren.

Wenn Sie die Vorteile aller Farben nutzen wollen, dann entscheiden Sie sich für Weiß. Geht es Ihnen um besondere Ergebnisse, dann wählen Sie bestimmte Farben. Hier eine Zusammenfassung der Farben des sichtbaren Spektrums und einige ihrer möglichen Nutzanwendungen.

319

Rot ist die Farbe intensiver physischer Energie. Sollte es Sie nach einem kräftigen Schuß Energie verlangen, dann stellen Sie sich Rot vor, oder betrachten Sie etwas Rotes. Coca-Cola reichert seine Cola nicht aus Jux und Tollerei mit Coffein an und gibt den Dosen eine knallrote Farbe. Sie verkaufen Energie – ungebremste, physische Energie. »*Mach mal Pause* – trink Energie!«

Diese kraftvolle physische Energie kann, im Übermaß genossen, mitunter zu Anfällen von Größenwahn führen. »Ich fiel verblüfft zurück, sah alles rosigrot. Ich, ich selbst, hatte die Sonne aufgehen lassen«, stellte Edmond Rostand fest.

Wenn das Rot übermütig wird, assoziiert man es oft mit Unfug: »Drei angeheiterte Gentlemen in roten Röcken ritten mit ihren Pferden direkt ins Bett« (Walter de la Mare). Die intensive physische Energie ist auch der Grund dafür, daß Rot so oft mit Sexualität in Verbindung gebracht wird. »Die rote Rose flüstert von Leidenschaft, und die weiße Rose haucht Liebe; oh, die rote Rose ist ein Falke, die weiße eine Taube«, schrieb John Boyle O'Reilly.

Orange ist die nächste Farbe des Spektrums. Auch Orange ist eine Farbe der Energie, aber einer ruhigeren, anhaltenderen Energie. Rot sollten Sie nutzen, wenn Sie einen Energieschub brauchen, Orange aber, wenn es Ihnen um dauerhaftere Energie geht.

Die »rote Erde« des nordamerikanischen Südens ist eigentlich mehr orangefarben als rot. (Aber »die orangefarbene Erde von Tara« hört sich nun einmal nicht allzu romantisch an . . .) Edwin Markhams Beschreibung von Abraham Lincoln hält die Eigenschaft der Farbe Orange eindrucksvoll fest: »In ihm war etwas von der Farbe des Bodens, der roten Erde, der Geschmack und Klang elementarer Dinge.«

Gelb ist die Farbe des Geistes, einer unbeschwerten, reinigenden, mentalen Energie. Es ist die Farbe von Zitronen (einer fröhlichen Frucht), »Smilies« und etlicher Geschirrspülwässerchen (in den USA von »Joy« – Freude). »Eine Freundin fragte ihre vierjährige Tochter, ob die wisse, was ›Joy‹ sei«, erzählte Lily Tomlin. »Und die Tochter erwiderte: ›Ja. Damit kriegt man das

Geschirr so blitzsauber, daß man sich drin spiegeln kann.‹ « Ja, es stimmt schon, Gelb bringt Klarheit . . .

Bei Gelb denken wir am häufigsten an die Sonne. Sie ist als »herrlich« (von Shakespeare und Coleridge) beschrieben worden, aber auch als »kolossal« (Wallace Stevens). Das sind Eigenschaften, die wir selbstverständlich auch dem Geist zuschreiben würden (an einem guten Tag).

»Wissen ist wahrlich die großartige Sonne am Firmament. Leben und Macht werden von ihren Strahlen beschienen«, stellte Daniel Webster fest. Oder, wie Theodore Roethke in der leidenschaftlichen Inbrunst von sich gab, der man leicht unterliegt, wenn einen die mentale Begeisterung überkommt: »Die Sonne! Die Sonne! Und was uns alles möglich ist!«

Grün ist die Farbe des Heilens und die Farbe des Lernens: strahlendes Smaragdgrün. »Der Herr ist mein Hirte, mir wird nichts mangeln. Er weidet mich auf einer grünen Aue und führet mich zum frischen Wasser« (Psalm 23,1–2). »Dieser glückselige Ort, die grünen Haine, in denen die Seligen weilen« (Virgil).

Und Andrew Marvell schwärmte 1651: »Alles Gemachte vernichten – für einen grünen Gedanken in grünem Schatten.« »Vernichtet« wird die Krankheit, wenn die Ruhe des Grün auf erregtes Leiden trifft oder wenn das Grün des Lernens die Ignoranz besiegt. »Pflege einen grünen Baum in deinem Herzen, vielleicht wird dann ein Singvogel kommen« (chinesisches Sprichwort).

Selbstverständlich sind Heilen und Lernen aktive Prozesse. Wenn Sie an Grün denken, dann denken Sie auch daran, sich selbst durch aktives Handeln und lebhafte Veranschaulichung zu heilen. Denken Sie daran, eifrig alles zu lernen, was Sie über sich selbst und Ihr Leben in Erfahrung bringen können. »Der April schaltet seine Ampel auf Grün, und alle Welt denkt: Los!« (Christopher Morley)

»*Blau* ist von Gott auf ewig zur Quelle der Wonnen erkoren worden«, erklärte John Ruskin 1853 besser, als wir es heute könnten. Blau ist eine Farbe des Geistes, der Ruhe, des Friedens. »Blau, dunkles, tiefes, herrliches Blau« (Robert Southey).

Wie die Sonne gelb ist und für gewöhnlich mit sonnigen Gedanken assoziiert wird, so ist der Himmel weit und blau, ist das Meer tief und blau. Weit und tief: zwei gute Beschreibungen für den Geist. »Das weite Firmament in der Höhe, mit all dem ätherblauen Himmel« (Joseph Addison). »Das Meer. Das Meer! Die offene See! Das Blau, die Frische, die Freiheit« (Barry Cornwall).

»Großer Geist der Blauen Berge, in deinem Heim blauer Wolken, ich bin dankbar für die Güte, die sich da zeigt«, singen die Apachen. Das Schlußwort zum Thema Blau geben wir an Coleridge (den verehrungswürdigen Coleridge), der uns ins Gedächtnis ruft: »Die Heiligen werden zur Hilfe kommen, wenn der Mensch sie ruft, denn der blaue Himmel wölbt sich über alle!« (Man sollte meinen, er hätte das eigens für uns geschrieben, nicht?)

Violett ist eine königliche Farbe des inneren Adels, den Ihr wirkliches Ich aufweist, sowie des äußerlichen Adels des Göttlichen. Wir bringen Violett gern mit Königen, Königinnen und der Hauptfarbe in Kirchenfenstern in Verbindung.

Nutzen Sie Violett, wenn Sie sich in den Schutz des großartigen, herrlichen, edlen, majestätischen Herrschers des Universums begeben oder sich in das Großartige, Herrliche, Edle, Majestätische Ihres wahren Ichs hüllen wollen.

Es kann auch Spaß machen, die Farben zu mischen. Wenn Sie sich beispielsweise in einer »blauen Stunde« melancholisch fühlen, fügen Sie die physische Energie des Rot dazu, um so ein aktiveres Violett zu erhalten. Sie könnten dem Blau Ihrer Stimmung natürlich auch ein bißchen mentale Energie hinzufügen (Gelb), um so das Grün des Heilens und Lernens zu bekommen.

Falls Sie das Rot körperlicher Leidenschaft empfinden, könnte ein bißchen beruhigendes, geistiges Blau die Energie in ein gelasseneres Violett verwandeln. Oder wenn Sie sich physisch allzu aktiv fühlen - »hyper« nennt man es in den Praxen der Therapeuten oder am Strand -, würde Ihnen eine gewisse Portion Gelb die stabilere Energie des Orange zuteil werden lassen.

Wenn Sie aber ein bißchen zu »gelb« sind, wenn Sie ein wenig zu sehr über die Kosten des Handelns grübeln, könnten Sie etwas »energisches« Rot zur Hilfe nehmen. Das würde Ihnen ein beständiges, verläßliches Orange schenken, um Ihre physischen Aufgaben zu bewältigen. Sie könnten aber auch Blau dem Gelb hinzufügen, um daraus Grün zu machen und bereit zu sein zum Heilen und Lernen.

Falls Sie zu viele Farben hinzufügen – keine Sorge: Im Gegensatz zum Mischen von Farben erhalten Sie beim Mischen von farbigen Lichtern schlimmstenfalls Weiß.

Nutzen Sie die Farben, zu denen Sie sich hingezogen fühlen. Stellen Sie sich vor, daß sie Sie mit ihrer Energie umgeben und erfüllen. Sie können auch farbige Papierbögen betrachten oder Kleidung in den Farbtönen tragen, in die Sie eintauchen wollen.

Doch wie immer: Bitten Sie darum, daß die Farben ihre Energie zu Ihrem Besten und dem aller Beteiligten vermitteln.

> Denn die Erinnerung hat diesen vollkommenen Tag
> in Farben gemalt, die nie vergehen,
> und am Ende des vollkommenen Tages finden
> wir die Seele eines neuen Freundes.
> *Carrie Jacobs Bond*

> Und Gott trat hinaus in den Raum,
> und Er blickte um sich und sprach:
> »Ich bin einsam –
> ich will mir eine Welt machen.«
> Und so weit das Auge Gottes sehen konnte,
> bedeckte Dunkelheit alles,
> schwärzer als hundert tiefe Nächte
> in einem Zypressensumpf.
> Dann lächelte Gott, und das Licht brach auf,
> und die Dunkelheit rollte zur einen Seite,
> und das Licht stand leuchtend auf der anderen,
> und Gott sprach: »Das ist gut!«
> *James Weldon Johnson*

Schaffen Sie sich
eine Zufluchtstätte

Mein Lieblingsplatz
ist ein Ort, den weder Schmerz noch Leid
entstellen können.
Wenn ich mit meinen Sorgen dorthin zurückkomme,
wird alles gut,
an meinem Lieblingsplatz.
Meinem Lieblingsort.

Joni Mitchell

Wenn Sie die Holzschnitzerei lernen wollen, werden Sie höchstwahrscheinlich nicht nur Werkzeuge anschaffen, sondern auch nach einem Arbeitsraum Ausschau halten. Wenn Sie Maler werden wollen, werden Sie sich vermutlich nicht nur Farben, sondern auch ein Atelier wünschen. Wenn Sie ein Meisterkoch werden möchten, werden Sie sicher nicht nur für Töpfe und Pfannen sorgen, sondern auch für eine Küche.

Wenn Sie ein Meister im Veranschaulichen, ein Meister der Vorstellung, werden wollen, dann werden Sie vermutlich nicht nur die Methoden der Vergegenwärtigung kennenlernen, sondern auch einen Raum haben wollen, in dem Sie sie anwenden können. Einen solchen Ort nennen wir Zufluchtstätte.

Eine Zufluchtstätte ist ein Raum, den Sie sich in Ihrer Phantasie schaffen. Es ist ein innerer Hort, in den Sie sich zurückziehen, um Ihren Vorstellungen nachzuhängen, um nachzudenken, zu meditieren, um Probleme zu lösen, sich Rat zu holen, sich selbst zu heilen, zu entspannen, um Spaß und Freude zu empfinden, um mit sich selbst und anderen zu kommunizieren.

Wir nennen ihn Zufluchtstätte, weil dieses Wort die Vorstellung von Ruhe vermittelt, von Schutz und Sicherheit. Sie können Ihren inneren Hort jedoch nennen, wie es Ihnen gefällt. Manche nennen ihn Arbeitsraum, andere Schrein oder inneres Heiligtum. Doch der Name ist nebensächlich. Wichtig ist es, ihn einzurichten und zu benutzen.

Sie bauen sich Ihre Zufluchtstätte in Ihrer Phantasie auf. Das Gute daran ist, daß zwischen Entwurf und Bau Zeitfragen unwichtig sind. Ihre Zufluchtstätte kann in Null Komma nichts fertig sein. Sie können aber auch jederzeit Veränderungen vornehmen. Probieren Sie etwas aus, und wenn es Ihnen nicht gefällt, wenn es Ihren Bedürfnissen nicht entspricht, dann bauen Sie einfach um. Und das immer wieder.

Um Ihnen vor Augen zu führen, wie schnell so etwas geht: Stellen Sie sich die Freiheitsstatue vor. »Sehen« Sie, wie ihr rechter Arm die Fackel hält und der linke die Tafel. (Auf die Tafel der Freiheitsstatue im New Yorker Hafen ist übrigens der 4. Juli 1776 graviert, das Datum der Unabhängigkeitserklärung, während auf der kleineren Freiheitsstatue in Paris das Datum 14. Juli 1789 steht, der Tag der Erstürmung der Bastille. Wünschen Sie sich jetzt nicht, daß »Trivial Pursuit« wieder modern wäre?)

Stellen Sie sich also vor, Lady Liberty wäre es nach all den Jahren leid, ständig den rechten Arm zu recken. (Es ist eine »sie«: Die Mutter des Künstlers stand Modell für die Statue.) Stellen Sie sich vor, daß sie »wechselt«, daß sie die Fackel in die linke, die Tafel in die rechte Hand nimmt. Und nun »sehen« Sie, wie Lady Liberty die Tafel in der rechten Hand hält, die Fackel aber mit der linken emporreckt.

Das hat nicht lange gedauert. Können Sie sich vorstellen, wie lange es in Wirklichkeit dauern würde? Himmel, Sie und Lee Iacocca bräuchten zwei Jahre, nur um sie zu *putzen* . . .

Wie wir schon erwähnten, sehen manche Menschen ganz klare, deutliche Bilder, während andere nicht viel erkennen, dafür aber sorgsam »lauschen« und »wissen«, daß irgend etwas passiert ist.

Wenn wir Sie auffordern würden, eine grobe Skizze der Freiheitsstatue mit der Fackel in der linken Hand zu zeichnen, könnten Sie das vermutlich tun, obwohl Sie noch nie eine linkshändige Lady Liberty gesehen haben. Sie würden Ihre Vorstellung zeichnen, aus Ihrer kreativen Phantasie heraus.

Bevor Sie Ihre Zufluchtstätte konstruieren, werden Sie vielleicht erst einmal dieses Kapitel zu Ende lesen wollen. So bekommen Sie eine Vorstellung davon, welche Größe die Zufluchtstätte haben sollte, welche Form, welchen »Standort« und so weiter.

Wenn Sie sich schließlich zum Bau Ihrer Zufluchtstätte entschließen, sollten Sie das vielleicht mit geschlossenen Augen tun, sich dabei aber bewegen. Diese physische Betätigung gibt dem Körper das Gefühl, daß die Stätte, die Sie gerade errichten, wirklich und real ist.

Sie können so viele Arbeiter einstellen, wie Sie wollen. Sie können aber auch nur mit den Fingern schnippen – und die Arbeit wird getan. Wollen Sie Ihrer Zufluchtstätte eine andere Farbe geben? Schnippen Sie mit den Fingern: fertig. Sie wollen sie doppelt so groß? Gut, schnippen Sie mit den Fingern: schon gemacht.

Wenn Sie Ihre Zufluchtstätte bauen, behalten Sie folgende Geschichte im Gedächtnis. Moss Hart, der Bühnenautor und Regisseur, kaufte sich außerhalb von New York City ein Grundstück und ging daran, die Landschaft zu verändern. Er verlegte einen Hügel von einer Stelle zu einer anderen, er veränderte den Verlauf eines Flusses und verpflanzte Bäume, damit die ästhetisch besser wirkten. Als George S. Kaufman zu Besuch kam und die Veränderungen sah, die Moss veranlaßt hatte, meinte er: »Genauso hätte Gott es gemacht, wenn er das nötige Geld hätte.«

Beim Bau Ihrer Zufluchtstätte sollten Sie tun, als wären Sie Gott mit dem nötigen Geld: weil Sie es in Ihrer Phantasie auch sind.

Nutzungsmöglichkeiten der Zufluchtstätte werden wir später diskutieren; jetzt beschränken wir uns erst einmal darauf, Grundsätzliches zu erläutern: ihre Größe, ihre Form, ihre Gestalt bleiben ganz Ihnen überlassen. Fertig? Also los:

Standort. Zunächst müssen Sie sich für den Standort entscheiden. Wo hätten Sie Ihre Zufluchtstätte gern? Es kann an jedem
Ort sein, sei der nun real oder eingebildet: auf einem Berg, mitten
im Ozean, auf dem Mond, in einem Tal. Gestalten Sie die Umgebung ganz nach Ihren Wünschen: Fügen Sie Bäche hinzu, Fel-
sen, Galaxien, Bäume, Sträucher, Pflanzen.

Das Äußere. Wie soll Ihre Zufluchtstätte aussehen? Wählen
Sie die Größe (von kolossal über bescheiden bis gemütlich), die
Form (von Kathedrale über Bauernhaus bis Stahlkonstruktion),
die Farbe (das ganze Spektrum einschließlich der Farben, die wir
nicht sehen können) und so weiter.

Eingang. Der Eingang zu Ihrer Zufluchtstätte ist etwas Besonderes. Er gestattet lediglich Ihnen den Zutritt. Woher »weiß« er,
daß Sie hinein wollen? Haben Sie einen besonderen Schlüssel?
Reagiert er auf Ihre Fingerabdrücke? Benutzen Sie Codewörter?
Oder »erkennt« er Sie ganz automatisch?

Weißes Licht. Installieren Sie gleich hinter dem Eingang ein
ständiges weißes Licht. Wenn Sie Ihre Zufluchtstätte betreten
oder verlassen, müssen Sie stets eine Säule reinen weißen Lichtes
durchschreiten. Sie wissen, daß Sie so dafür sorgen, daß Sie von
diesem Licht umhüllt, geschützt und erfüllt werden, daß alles,
was in Ihrer Zufluchtstätte geschieht, nur zu Ihrem Besten und
dem aller Beteiligten ist.

Hauptraum. Wie hätten Sie den Hauptraum denn gern? Groß?
Klein? Mit Teppichboden ausgelegt? Mit Dielen? Grasbewach-
sen? Was ist mit den Wänden, der Decke, den Fenstern? Wie soll
Ihre Zufluchtstätte eingerichtet sein? Schnippen Sie mit den
Fingern, und lassen Sie alles so sein, wie Sie es sich wünschen.
Wenn es Ihnen wider Erwarten nicht gefällt, schnippen Sie noch
einmal.

Informationszentrum. Das kann im Hauptraum untergebracht
werden, aber auch einen eigenen Raum erhalten. Im Informationszentrum erhalten Sie das Wissen, das Sie haben möchten.
Die Quelle könnte ein Computerterminal sein, ein Stab wissen-
schaftlicher Mitarbeiter, ein Telefon – was Sie wollen. Sie brau-

chen nur die richtige Methode, um Fragen zu stellen, und – die Antworten zur Kenntnis zu nehmen.

Videoschirm. Auch der kann im Hauptraum stehen oder ein eigenes Zimmer erhalten. Er kann jede Größe aufweisen – vom transportablen Gerät bis zum Umfang einer Zimmerwand. Stellen Sie sich ein paar behagliche Sessel davor, damit Sie entspannt fernsehen können. Wie Ihr Programm aussieht? In den meisten Fällen ist das Thema Ihr Leben. Sie sind Hauptdarsteller, der Star. Alle anderen sind nur Chargen. Sie können natürlich auch Videos betrachten, die Sie aus dem Informationszentrum erhalten. Den Bildschirm sollte ein weißes Licht umgeben, das ein- und ausgeschaltet werden kann.

Requisite. Dabei handelt es sich um einen Raum oder einen Schrank voller Kostüme. Für jeden Anlaß, jede Rolle, die Sie gerade gern spielen würden. Wollen Sie malen, fliegen, reich sein, Klavier spielen? Für all das gibt es Kostüme, die Ihnen die entsprechende Fähigkeit verleihen, wenn Sie es anziehen. Wenn Sie Ihre Rolle gespielt haben, ziehen Sie das Kostüm aus, und lassen Sie es zu Boden fallen. Es hängt sich von selbst wieder auf einen Bügel und in den Raum/Schrank. Das ist nur eine der Fähigkeiten Ihrer »Fähigkeits-Kostüme«.

Übungsgelände. Das ist ein Ort, an dem Sie die verschiedensten Fähigkeiten ausprobieren können, ob diese nach Ihrem Geschmack sind. Sie ziehen beispielsweise Ihr Kostüm als Meisterkoch an, dann wird das Übungsgelände zur Küche eines Meisterkochs/einer Meisterköchin. Sie können diesen Ort natürlich auch zum Üben von Fähigkeiten nutzen, die Sie selbst entwikkeln.

Beförderungsmittel. Damit können Sie andere Menschen in Ihre Zufluchtstätte einladen. (Vergessen Sie nicht: Nur Sie können den Haupteingang benutzen.) Es kann sich um eine Rolltreppe handeln, einen Fahrstuhl oder einen von diesen Beamern aus *Raumschiff Enterprise* – was Sie wollen.

Weißes Licht an den Beförderungsmitteln. Installieren Sie ein ständiges weißes Licht am Zugang zu den Beförderungsmitteln.

Auf diese Weise wird jeder/jede, der/die die Zufluchtstätte betritt, automatisch von einem reinen, weißen Licht umhüllt, das ihn/sie erfüllt und beschützt und das lediglich zu seinem/ihrem Besten und dem aller Beteiligten ist. Stellen Sie sicher, daß das Licht so installiert wird, daß Besucher es ausnahmslos passieren müssen.

Gesundheitszentrum. Das kann ein mehrräumiger Flügel Ihrer Zufluchtstätte sein. In ihm werden alle Künste innerer Heilung praktiziert. Ihnen stehen alle bekannten und imaginierten Heiler zur Verfügung – aus Vergangenheit, Gegenwart und Zukunft. Die neuesten wissenschaftlichen Erkenntnisse sind für Sie nutzbar – ebenso wie künftige Erfindungen.

Der innere Bereich. Das ist ein ganz besonderer Raum in Ihrer Zufluchtstätte. Er ist für Ihre Kommunikation mit sich selbst da – um zu meditieren, nachzudenken, geistige Übungen zu vollziehen, um sich etwas und alles vorzustellen sowie einfach – zu sein. Sie können aber auch besondere Freunde in dieses Innerste einladen.

Meisterlehrer. Eine besondere Ausstattung Ihrer Zufluchtstätte ist die Anwesenheit eines besonderen Lehrers, eines Freundes, der einfach alles über Sie weiß, der sich um Sie sorgt, der Sie bedingungslos liebt. Wie Sie Ihren Meisterlehrer erkennen? Ganz einfach. Stelen Sie sich an die Transportmöglichkeit und sagen Sie: »Würde sich mein Meisterlehrer bitte zeigen?« Aus der Säule weißen Lichts vor der Transportmöglichkeit wird Ihr Meisterlehrer auftauchen. Lassen Sie sich Zeit. Machen Sie sich mit ihm vertraut. Zeigen Sie ihm Ihre Zufluchtstätte. Verbringen Sie einige Zeit mit ihm in Ihrem Innersten.

Das sind ein paar grundsätzliche Vorschläge für Ihre Zufluchtstätte. Vergessen Sie nicht, daß es sich um *Ihre* Zufluchtstätte handelt. Sie können Ihren Vorstellungen entsprechend Dinge hinzufügen oder weglassen. Es gibt nur Beschränkungen, für die Sie sich selbst entscheiden. Wir plädieren allerdings für den Verzicht auf alle Beschränkungen.

In den folgenden Abschnitten werden wir Ihnen ein paar gute Szenarien für Ihre Zufluchtstätte vorschlagen.

Wir müssen uns ein Hinterstübchen ganz für
uns bewahren, in dem unsere echte Freiheit
Platz hat, unsere Zuflucht und unsere
Einsamkeit.

Michel Eyquem de Montaigne

Wenn Du ihn anrufst, wird dein Herr dich hören.
Sieben Riegel an der Tür können ihn nicht hindern,
sieben brennende Feuer nur entzücken.
Du kannst das Leben leben, das du dir erträumst.

Judy Collins

Das Heilen
von Erinnerungen

Mancher wird nur deshalb kein Denker,
weil sein Gedächtnis zu gut ist.
Friedrich Nietzsche

Wer ein schlechtes Gedächtnis hat,
erspart sich viele Gewissensbisse.
John Osborne

Die meisten von uns erinnern sich an frühere Verletzungen, Enttäuschungen und Ängste, die immer wiederkehren, um Schmerz, Ärger, Schuldgefühle oder Angst zu verursachen. Die entsprechenden Vorfälle können Stunden oder aber auch Jahre zurückliegen. Wenn das geschieht, lassen wir zu, daß etwas *damals* Negatives uns *jetzt* beeinflußt. Glücklicherweise können Erinnerungen – wie alles andere an und in Ihnen – geheilt werden.

Hier eine ganz simple Methode zur Heilung von Erinnerungen. Gehen Sie in Ihre Zufluchtstätte, achten Sie darauf, beim Eintritt das weiße Licht zu passieren. Setzen Sie sich in einen bequemen Sessel vor Ihren Bildschirm. Vielleicht möchten Sie Ihren Meisterlehrer dazu bitten. Wenn ja, dann halten Sie kurz am Beförderungsmittel inne und nehmen Sie ihren ML mit.

Lassen Sie das weiße Licht um den Bildschirm ausgeschaltet. Holen Sie sich die Situation auf den Bildschirm, die Ihnen solche Sorgen macht. Lassen Sie sie von Anfang bis Ende durchlaufen. Sehen Sie zu, als würden Sie einen Film ansehen. Wenn es vorbei ist, fahren Sie den Film bis zu dem Punkt zurück, den Sie besonders entnervend finden. Halten Sie ihn einen Moment lang fest.

Stellen Sie sich vor, Sie hätten einen großen Pinsel mit schwarzer Farbe in der Hand. Malen Sie damit ein großes schwarzes Kreuz über die entnervende Szene. Lassen Sie das Bild und die Farbe verblassen.

Schalten Sie jetzt das weiße Licht rund um den Bildschirm ein. Betrachten Sie die Situation noch einmal, sorgen Sie jedoch diesmal dafür, daß sie sich abspielt, wie Sie es gern gehabt hätten. (Denken Sie daran: In Ihrer Phantasie verlieren Sie nie!)

Dieser Prozeß macht aus der schmerzlichen und beängstigenden Situation eine unbeschwerte, erfreuliche. Bei manchen Situationen werden Sie die Prozedur vielleicht wiederholen müssen. Bei anderen jedoch wird bereits ein Durchlauf genügen.

Die Heilung
Ihres Körpers

Weder hochtrabende Intelligenz noch Phantasie
oder beides zusammen machen ein Genie aus.
Liebe, Liebe, Liebe – das ist die
Seele des Genies.

Wolfgang Amadeus Mozart

Das Gesundheitszentrum Ihrer Zufluchtstätte ist außerordentlich effektiv. Heilung ist dort unverzüglich möglich. Manche nehmen gern ihren Meisterlehrer mit, wenn sie ins Gesundheitszentrum gehen. (Manche haben ihren Meisterlehrer sogar ständig bei sich. In Ihrer Zufluchtstätte hat der Meisterlehrer unbeschränkt Zeit für Sie.)

Die Heilung des Körpers in Ihrem Gesundheitszentrum ist so unbegrenzt möglich, wie es Ihre Vorstellungskraft zuläßt. Sie können die Wunderspritze bekommen (selbstverständlich schmerzlos) oder die Wunderpille nehmen. Wenn Sie es wollen, können Ihnen Heiler die Hand auflegen und Sie so gesundmachen. Sie können sich unter diverse Lichtfarben stellen und sich auf diese Weise heilen lassen.

In Ihrem Gesundheitszentrum stehen alle »Ersatzteile« für Ihren Körper zur Verfügung, speziell auf Ihre Bedürfnisse zugeschnitten. Sie können sich jederzeit von einem Ihrer Körperteile trennen, der nicht optimal funktioniert, und ihn durch einen perfekten ersetzen. Das nimmt nur Sekunden in Anspruch. Sie können die »Operation« selbst vornehmen oder die Aufgabe von einem Team erledigen lassen.

Wenn Sie wissen, daß Ihnen beispielsweise Ihre Leber gewisse Probleme bereitet, dann reißen Sie einfach die alte Leber heraus und ersetzen Sie sie durch eine neue. Das Herz? Rausreißen, einsetzen. (Sie können auch Ihr ganzes Kreislaufsystem ersetzen, wenn Sie gerade dabei sind.) Das Immunsystem? Simpel. Sie tauschen es einfach aus.

Bevor Sie zur Tat schreiten, werden Sie sich vielleicht auf ein paar Farbfotos ansehen, wie die verschiedenen Organe aussehen und wo sie sich befinden. Je genauer Ihre Kenntnisse von dem auszutauschenden Körperteil, desto besser. Vielleicht werden Sie ein besonders widerspenstiges Organ hundertmal austauschen müssen, doch das macht nichts. Tun Sie, was immer nötig ist.

Sie können über die Beförderungsmittel die größten medizinischen Experten der Welt (jeder Welt) einladen, damit sie eine Diagnose stellen und Sie beraten. Sie stehen stets zur Verfügung, haben immer Zeit und verlangen nie auch nur einen Pfennig. Sie können Heiler aus Vergangenheit, Gegenwart und Zukunft – tatsächliche oder nur in Ihrer Vorstellung bestehende – bitten, Ihnen Ratschläge zu geben und Sie zu behandeln.

Manche Menschen engagieren einen Meisterheiler, damit er das Kommen und Gehen der anderen Heiler ein bißchen organisiert. Einige stellen sich gern ihren Meisterheiler im weißen Kittel und mit Stethoskop vor. Anderen gefällt gerade die Vielfalt neuer und unterschiedlicher Experten.

Jedesmal, wenn Sie von einer neuen Heilmethode hören, die Sie interessiert, gehen Sie in Ihr Gesundheitszentrum und probieren Sie sie aus. Erfinden Sie auch neue Techniken, um alles zu heilen, was Sie quält. Und nehmen Sie das Gesundheitszentrum auch dann in Anspruch, wenn Sie sich nicht krank fühlen. Auf diese Weise brauchen Sie nicht erst krank zu sein, um sich daran zu erfreuen, daß es Ihnen besser geht.

Wie wir bereits betont haben, sollte keine Ihrer inneren Heilungsmethoden äußerliche medizinische Behandlung ersetzen. Wenn jedoch Ihre äußere Therapie in eine Sackgasse kommt, könnte ihr die innere wieder auf die Sprünge helfen.

Manche Menschen bitten ihre inneren Ärzte um Hilfe bei der Diagnose bestimmter »mysteriöser« Leiden. Wenn sie dann das nächste Mal zu ihrem (äußeren) Arzt gehen, sagen sie: »Untersuchen Sie doch bitte mal, nur, um ganz sicherzugehen, ...« Es ist erstaunlich, wie oft ... etwas damit zu tun hat.

Wenn Sie ganz bestimmte geistige oder religiöse Überzeugungen haben, dann bitten Sie die zu diesen Traditionen gehörenden Heiler – über das Beförderungsmittel – in Ihre Zuflucht. Und geben Sie sich nicht mit irgendeinem Assistenten zufrieden – verlangen Sie den Chefarzt, die Spitze, den großen Zampano. Sie sind ihn wert.

Es reicht nicht aus, einen guten Verstand zu haben. Das Wichtigste ist, ihn gut zu gebrauchen.
René Descartes

Veranschaulichen Sie Gesundheit

Wenn sich schlechte Menschen vereinen,
müssen sich die guten zusammentun;
sonst fallen sie einer nach dem anderen,
unbeweinte Opfer in einem
lächerlichen Kampf.

Edmund Burke, 1770

Zusätzlich zu der »äußeren« Behandlung, die Sie Ihrem Körper im Gesundheitszentrum zukommen lassen (uns ist bewußt, daß sich das alles in Ihrer Phantasie abspielt), können Sie Ihrem Körper auch von innen heraus helfen.

Die Methode wurde von Dr. Carl Simonton* bekanntgemacht. Jahrelang hat Dr. Simonton Krebspatienten, die die Schulmedizin »aufgegeben« hatte, mit unorthodoxen Methoden behandelt. (Kamen neue Patienten zu einer ersten Konsultation in seine Klinik, sah ihnen Dr. Simonton zum Beispiel in die Augen und fragte: »Wann haben Sie beschlossen zu sterben?«)

Die Methode der Veranschaulichung, die wir gleich erklären werden, kann in Ihrem innersten Bereich durchgeführt werden, wenn Sie wollen, oder in einem eigenen Raum Ihres Gesundheitszentrums. Wie stets, können Sie allein dorthin gehen oder Ihren Meisterlehrer mitnehmen. (Der ML hat selbstverständlich die Fähigkeit, Sie auf allen inneren Reisen zu begleiten, die Sie unternehmen. Er gibt sogar einen ganz ausgezeichneten Begleiter ab.)

Vor allem geht es darum, sich all das, was an Ihnen *nicht* gesund ist, als »die Bösen« vorzustellen, und Ihre gesunden Körperteile als »die Guten«. Und dann stellen Sie sich vor, daß sie miteinander kämpfen. Die Guten siegen *immer.*

---

* Eine Liste von Dr. Simontons Büchern kann über die Telefonnummer 001 817 677 5171 angefordert werden.

Falls Sie Krebszellen im Organismus haben sollten, dann können Sie die beispielsweise als Schurken mit schwarzen Hüten sehen, während Sie Ihre weißen Blutkörperchen als Helden mit weißen Hüten betrachten. Sie treffen um *Zwölf Uhr mittags* zum entscheidenden Gefecht aufeinander. Viel Getöse und Geknalle, Pulverdampf steigt auf – aber wenig später sind die mit den schwarzen Hüten alle hinter Gittern, während die mit den weißen dem Sonnenuntergang entgegenreiten, mit Miss Kitty nach oben gehen oder einfach tun, worauf die mit den weißen Hüten bei Ihnen gerade Lust haben.

Sie können sich auch vorstellen, daß die widerwärtigen Zellen Hundekuchen und die guten Zellen Hunde sind. Wenn ein Hund einen Hundekuchen erblickt, kann er einfach nicht widerstehen: Er frißt ihn auf.

Oder betrachten Sie die guten Zellen als Pac-Man (oder Ms. Pac-Man) und die bösen Zellen als die kleinen weißen Punkte, die von den Pac-Leuten verschlungen werden.

Der Begründer der Wellness Community, Harold Benjamin, hält Veranschaulichung für einen wichtigen Faktor bei der Behandlung lebensgefährlicher Krankheiten. Sein Buch *From Victim to Victor* (Vom Opfer zum Sieger) über die Heilung von Krebsleiden ist ein Klassiker.

Die negativen Emotionen, die häufig mit lebensbedrohlichen Erkrankungen einhergehen (Angst, Erbitterung, Schuldgefühle, Zorn und so weiter) können durch Veranschaulichung zum Verschwinden gebracht werden.

Man kann die Erbitterung beispielsweise als Feuer betrachten (oder als glühende Kohlen oder feuerspeienden Drachen). Dann lassen Flüsse (oder Feuerwehrschläuche oder Wasserfälle) ihr Wasser in die Flammen fließen und löschen es am Entstehungsort. Schließlich können Sie das Wasser zu einem herrlichen inneren See zusammenströmen lassen, der von friedlich rauschenden Bäumen, grünen Wiesen und Hügeln gesäumt ist – sehen Sie, wie phantastisch Ihre Phantasie sein kann?

Angst kann man auch als Eiswürfel (oder Eisberg oder Eiszapfen) ansehen, der unter der Hitze der Sonne (oder einem Flammenwerfer oder in der Sauna) dahinschmilzt.

Wenn die Vorstellung »schief« zu gehen scheint (der Eisbär, den Sie jagten, dreht sich um und ist nun Ihnen auf den Fersen), ändern Sie sie *sofort*. (Sie können sich in den Schutz des alljährlichen Treffens der Clubs der Eisbärjäger begeben, dessen rund tausend Mitglieder seit einer Woche verzweifelt Ausschau nach einem Eisbären gehalten haben.)

Denken Sie daran: Verlieren Sie nie Ihre Vorstellungskraft.

Sie können sich auch vorstellen, daß sich die schädlichen Zellen in Ihrem Körper in harmlose verwandeln. Die mutierten Zellen könnten dann vielleicht eine leichtere Krankheit auslösen und verschwinden. Sie könnten aber auch bis zu dem Punkt mutieren, an dem sie gar nicht mehr in einem menschlichen Körper sein wollen und ihn einfach verlassen. (Es gibt jede Menge Viren und Bakterien, die mit dem menschlichen Körper absolut nichts zu tun haben wollen.)

In jedem Jahr tauchen etliche neue Grippe-Viren auf. Das liegt daran, daß die Viren mutiert sind. So könnte der HIV-1-Virus durchaus zu einem harmlosen Virus mutieren, bevor eine »Heilmethode« gefunden wurde. Bevor das weltweit geschieht, kann es sehr gut den HIV-Zellen in jedem individuellen Körper passieren, der mit ihnen infiziert ist.

Sollte eines Ihrer Organe nicht ordentlich funktionieren – beispielsweise das Herz –, stellen Sie sich vor, daß es perfekt funktioniert. »Sorgen« Sie dafür, daß es seinen Job anständig macht. Hören und fühlen Sie in Ihrer Phantasie, daß es kräftig, regelmäßig und energisch schlägt. Haben Sie zum Beispiel verstopfte Arterien, dann »sehen« Sie sie offen, durchlässig und gesund.

Es gibt, wie Sie vielleicht bemerkt haben, unendlich viele Möglichkeiten. Seien Sie kreativ. Haben Sie Spaß an der Sache. Wenn Sie lernen, sich am Prozeß des Heilens zu freuen, werden Sie feststellen, daß auch Ihre Gesundheit erfreulicher ist.

Sie sehen etwas und fragen: »Warum?«
Ich träume von etwas, das es nie geben wird,
und frage: »Warum nicht?«

George Bernard Shaw

Hören Sie auf
Ihre Schmerzen

Es wäre großartig,
Schmerzen in all ihren
Bedeutungsformen erkennen zu können.

Peter Mere Latham

Was wäre, wenn Schmerzen in Wahrheit Ihre Freunde wären? Was, wenn Sie Ihnen wichtige Informationen über Ihr Leben vermitteln würden, um – nachdem Sie aus den Informationen die Konsequenzen gezogen haben – wieder zu verschwinden?

Wir haben gelernt, daß Schuldgefühle und Ärger »Engel am Tor« sein können, die uns davor bewahren, auf den sinnlosen und verhängnisvollen Pfaden negativen Denkens zu wandeln. Das gleiche trifft auf Schmerzen zu.

Wir definieren Schmerz als etwas in Ihrem Geist, Körper oder in Ihren Gefühlen, von dem Sie wünschen, es wäre nicht vorhanden. Das kann ein körperlicher Schmerz sein (Kopfschmerzen, Muskelkater, überreizter Magen), ein emotionaler Schmerz (Kränkung, Zorn, Angst) oder ein geistiger Schmerz (Verwirrung, Zweifel, Härte).

Um ihn zu überwinden, brauchen Sie nur mit Ihrem Schmerz zu sprechen. Stellen Sie ihm ein paar Fragen, und hören Sie auf die Antworten. Wenn Ihnen die Antworten sinnvoll erscheinen, dann folgen Sie den Ratschlägen, die Ihnen Ihre Schmerzen geben.

Begeben Sie sich in Ihre Zufluchtstätte – nehmen Sie Ihren Meisterlehrer mit, wenn Sie mögen –, und betreten Sie Ihren inneren Bereich. Stellen Sie sich vor, daß der Schmerz Ihren Körper verläßt und in einem Sessel Ihnen gegenüber Platz nimmt. Geben Sie dem Schmerz ein paar menschliche Züge. Wie würde ihn Walt Disney zeichnen und damit zum Leben erwecken? Welche Muppet-Puppe würde Jim Henson daraus anfertigen?

340

Dann stellen Sie dem Schmerz ein paar Fragen. Sie können sie auch aus dem Gesprächsverlauf heraus entwickeln. Hier sind ein paar Eingangsfragen: Ist es dir peinlich, wenn ich dich anspreche? Was bringt es mir, daß ich dich habe? Wie mache ich das Beste aus dir? Kann ich durch irgend etwas verhindern, dich um mich zu haben? Lieferst du mir irgendeine Entschuldigung? Welche anderen Informationen hast du für mich? Um was in meinem Leben muß ich mich kümmern, damit du verschwindest? Hast du irgendeinen Rat für mich?

Stellen Sie ungefähr solche Fragen. Sie werden vielleicht verblüfft sein, wie viele kluge Antworten der Schmerz parat hat. Nachdem Sie die Informationen erhalten haben, verabschieden Sie sich von dem Schmerz, und stellen Sie sich vor, daß er von einem weißen Licht umgeben ist. Sehen Sie zu, wie er in diesem Licht verblaßt und verschwindet: lächelnd, winkend und offenbar höchst zufrieden, sich endlich anderen Aufgaben zuwenden zu können.

Dann setzen Sie die Ratschläge in die Wirklichkeit um. Wenn Sie das tun, was Sie bisher vermieden haben, werden Sie vermutlich feststellen, daß der Schmerz Sie nicht noch einmal durch sein Auftreten »erinnern« muß.

Haben Sie die Lektion gelernt, die der Schmerz Sie lehren wollte, dann vergeht er für gewöhnlich. Woher Sie wissen, daß Sie Ihre Lektion gelernt haben? Sie wissen es, wenn der Schmerz fort ist. Sollte er noch da sein, müssen Sie wahrscheinlich noch eine Lektion oder ein Seminar hinter sich bringen.

Falls der Schmerz chronisch ist, haben Sie höchstwahrscheinlich kleinere Schmerzen ignoriert, die Ihnen die gleiche Information vermitteln wollten. Wenn wir etwas ändern müssen, dann funktioniert das entsprechende Nachrichtensystem wie ein Wecker, der immer lauter schrillt, bis wir endlich aufwachen.

Wenn Sie lernen, auf Ihren Schmerz zu hören und die notwendigen Maßnahmen rechtzeitig zu ergreifen – wenn lediglich Unbehagen, Gereiztheit oder kleinere Schmerzen zu bemerken sind –, dann können Sie für gewöhnlich das lauteste Schrillen des Weckers vermeiden.

Es kann entscheidend sein zu lernen, daß Schuldgefühle, Ärger und Schmerzen im Grunde unsere Freunde sind. Heißt das, daß alles, was in unserem Leben geschieht, zu unserem Besten ist?

Eine gute Frage.

> Ein Wort befreit uns von
> allen Lasten und Schmerzen des Lebens:
> Das Wort heißt Liebe.
>
> *Sophokles*

Meditieren Sie,
denken Sie nach
oder sitzen Sie einfach nur da

Manchmal sitze ich und denke,
manchmal sitze ich auch nur.

Außer der Veranschaulichung werden Sie vielleicht noch eine Reihe anderer meditativer Methoden ausprobieren wollen – vielleicht wollen Sie sich aber auch nur ganz ruhig irgendwohin setzen und entspannen.

Wenn Sie meditieren, nachdenken oder »einfach nur dasitzen« wäre es gut, das weiße Licht zu bitten, Sie zu umgeben, zu erfüllen und zu beschützen, damit alles, was sich während Ihrer Meditationen ereignet, ausschließlich zu Ihrem Besten und dem aller Beteiligten ist.

Bevor Sie beginnen, sollten Sie Ihre Umgebung entsprechend gestalten. Sorgen Sie dafür, daß Sie nicht gestört werden. Stöpseln Sie das Telefon aus, oder legen Sie ein Kissen drauf. Hängen Sie eine entsprechende Notiz an die Wohnungstür. Benutzen Sie Oropax, wenn Sie geräuschempfindlich sind. Sorgen Sie für Ihre körperlichen Bedürfnisse vor. Stellen Sie ein Glas Wasser in Reichweite, vielleicht auch ein paar Papiertaschentücher.

Beim Nachdenken denken Sie über irgend etwas nach, häufig ist das erfreulicher Natur. Manchmal handelt es sich aber auch um eine scheinbar simple Frage mit entscheidenden Konsequenzen – beispielsweise jene, die wir am Ende des vorhergehenden Kapitels gestellt haben.

Sie können auch über die Hunderte von Zitaten in diesem Buch nachdenken. »Darüber muß ich nachdenken«, sagen wir oft, wenn wir mit einer neuen, ungewöhnlichen Idee oder Vorstellung konfrontiert werden. »Das muß ich mir durch den Kopf gehen lassen.« Nachdenken ist eine gute Möglichkeit, sich etwas »durch den Kopf gehen zu lassen«, den Sinn zu erforschen und sich die Veränderungen und Verbesserungen vorzustellen, die die neue Idee in Ihrem Leben bewirken könnte.

Sie können aber auch über anderes nachdenken, über eine Blume etwa oder über eine Vorstellung von Gott. Beim Nachdenken geht es vor allem darum, sich eine gewisse Zeitspanne der Ruhe zu gönnen und sich irgendeinem Thema zu widmen, es zu ergründen, zu betrachten, auszuloten.

Es werden so viele Meditationsmethoden von so vielen Organisationen gelernt, daß es schwierig ist, das Wort richtig zu definieren. Wir geben eine Zusammenfassung aus John-Rogers Buch *Inner Worlds of Meditation*. Sie werden vermutlich verschiedene Methoden ausprobieren wollen, um zu sehen, wie Sie in Ihrem speziellen Fall wirken. Vergessen Sie beim Thema Meditation nie, daß man nie weiß, wie sie funktionieren, bevor man sie ausprobiert hat. Wir denken vielleicht, wir wüßten, wie diese oder jene Meditation wirkt, indem wir die Beschreibung lesen. Wir denken, die Beschreibung entspräche genau dem, was dann geschieht. Wir *glauben* es zu wissen, wir wissen es nicht wirklich. Wir schlagen vor, daß Sie es ausprobieren, um dann aufgrund der Erfahrung und einer breiteren Wissensgrundlage zu entscheiden, was für Sie zum gegebenen Zeitpunkt das Beste ist. Bitte denken Sie daran, um das weiße Licht zu bitten, bevor Sie beginnen. Wir raten Ihnen dringend, diese Meditationen keineswegs am Steuer eines Autos oder beim Bedienen komplizierter Maschinen durchzuführen oder in Zeiten, in denen Sie besonders wach sein sollten.

Atem-Meditation. Setzen Sie sich bequem hin, schließen Sie die Augen, und achten Sie ganz einfach auf Ihre Atmung. Verfolgen Sie, wie Ihr Atem in Ihren Körper dringt und ihn wieder verläßt. »Bemühen« Sie sich nicht zu atmen; verfolgen Sie Ihren Atem ganz ruhig, wie er ein- und ausgeht. Falls Sie auf »andere« Gedanken kommen, konzentrieren Sie sich wieder auf Ihre Atmung. Das kann eine sehr erfrischende Meditation sein – zwanzig Minuten können so erholsam sein wie ein nächtlicher Schlaf. Diese Meditationsmethode ist auch sehr wirksam, wenn Sie emotional besonders erregt sind.

Töne. Manche Menschen suchen sich gern ein besonderes Wort oder einen Laut, um sich damit besser darauf konzentrieren zu können, wie der Atem den Körper verläßt und erneut in ihn eindringt. Einige Menschen entscheiden sich dabei für Eins, Gott, »Aum« oder Liebe. Gegen kein Wort, für das Sie sich entscheiden, ist etwas einzuwenden. Sagen Sie bei Einatmen innerlich zu sich: »Liebe.« Und beim Ausatmen erneut. Vielleicht wollen Sie auch ein paar andere Töne ausprobieren.

HU. HU ist ein uralter Ton für die höhere Macht. Einer der ersten Namen, die Menschen je einem höheren Wesen gaben, war HU. Eine ganze Reihe guter Wörter beginnt mit HU: Humor, human, Humus, Huld, Hub (die Aufwärtsbewegung). Sie können HU leise für sich beim Ein- und beim Ausatmen sagen. Sie können aber auch nur das H beim Einatmen von sich geben und sich das U für das Ausatmen aufsparen. Sie können auch HU ganz laut nur beim Ausatmen sagen – doch machen Sie das letzte nicht länger als 15 Minuten für eine Sitzung. Die daraus resultierende Energie könnte zu mächtig sein.

ANI-HU. Diese Tonkombination bewirkt Mitgefühl, Mitleid und Einigkeit. Sie können sie leise singen (ANI beim Ein- und HU beim Ausatmen) oder laut sagen (ANI-HU beim Ausatmen). Man kann das sehr hübsch für einen Gruppen-»Gesang« nutzen, es neigt dazu, eine Gruppe zu harmonisieren – auf vielfältige Weise.

RA. RA ist ein Ton, der im Körper große Mengen physischer Energie freisetzt. Sie können es damit im Stehen oder Sitzen probieren. Im Stehen ist es in den meisten Fällen noch effektiver. Holen Sie tief Atem und singen Sie beim Ausatmen laut »ER-RRRRRRRAAAAAAAAA«, bis Ihnen die Luft ausgeht. Atmen Sie erneut tief ein und wiederholen Sie das Ganze. Und dann noch einmal. Nach dreimal RA sollten Sie ein paar Sekunden lang ganz normal atmen. Dann können Sie es erneut mit drei RAs versuchen. Wir raten Ihnen jedoch nicht mehr als dreimal drei RAs hintereinander zu praktizieren.

SSO-HONG. Die SSO-HONG-Meditation eignet sich für Situationen, in denen sich Ihr Verstand mit einer und Ihr Gefühl mit einer anderen beschäftigen will. SSO-HONG harmonisiert die beiden, bringt sie aufs selbe Gleis. Diese Tonfolge wird tonlos praktiziert. Sie atmen bei SSO ein und bei HONG aus. Versuchen Sie es mit geschlossenen Augen fünf Minuten lang und stellen Sie fest, wie Sie sich fühlen. Sie könnten durchaus in der Lage sein, eine Aufgabe anzupacken, die Sie schon lange vor sich hergeschoben haben.

SSSO. Das SSSO ist ein Ton des Heilens, bei dem die korrekte Aussprache wichtig ist. Holen Sie tief Atem und »zischen« Sie beim Ausatmen »SSSOOOOOO«. Der Buchstabe S sollte betont und gelispelt werden, dann folgt das langgezogene OOOO. Bei der SSSO-Meditation sollten Sie mit geschlossenen Augen sitzen, zweimal ein- und ausatmen, ein drittes Mal tief einatmen und beim Ausatmen »SSSOOOOOO« sagen. Wiederholen Sie diese Folge dreimal. Das reicht, denn es ist äußerst wirksam. Fühlen Sie, wie die heilenden Energien Ihren Körper durchströmen. Sie können SSSO als Meditationsform auch jederzeit innerlich vor sich hinsingen, selbst wenn Sie mit einer anderen Sache beschäftigt sind. (Aber, wie bei allen Meditationen, nicht am Steuer eines Autos oder beim Hantieren mit potentiell gefährlichen Gerätschaften.)

Flammen-Meditation. Diese Meditationsform nutzt die Kraft des Feuers, um Negativität aufzulösen. Stellen Sie eine Kerze auf den Tisch, und setzen Sie sich so, daß Sie gerade in die Flamme sehen, nicht auf sie hinunter. Übertragen Sie Ihre Energie auf die Kerze, damit sie mit der Flamme »verbrennt«, wenn Sie sich niedergeschlagen fühlen oder negative Gedanken haben. Schenken Sie den Gründen keine Aufmerksamkeit, überantworten Sie sie nur der Flamme. Wenn Sie spüren, daß Ihre Energie in Ihnen abfällt, als würden Sie in Trance geraten, blasen Sie die Kerze aus und beenden Sie die Meditation. Es geht darum, daß die Energie Sie verläßt und auf die Flamme übergeht. Praktizieren Sie diese Meditation anfangs nicht länger als fünf Minuten. Stellen Sie fest, wie Sie sich etwa einen Tag lang danach fühlen. Es könnte sein, daß Sie lebhafter träumen. Wenn Sie sich sonst wohl fühlen, können Sie diese Meditation auf einen längeren Zeitraum ausdehnen. Zwanzig Minuten am Tag wäre schon sehr viel.

Wasser-Meditation. Füllen Sie Wasser in ein unbemaltes und ungeschliffenes Glas, nehmen Sie es in die Hände (ohne daß sich Ihre Finger berühren) und blicken Sie einfach in das Glas. Achten Sie genau auf das, was Sie sehen. Vielleicht sehen Sie Farben. Sie könnten auch beobachten, wie von Ihren Händen Energie ausgeht. Sie könnten sogar sich selbst sehen, wie Sie ein Glas Wasser halten. Beobachten Sie das Wasser fünf Minuten lang, dehnen Sie diese Spanne dann nach und nach auf fünfzehn Minuten aus. Am Ende der Meditation trinken Sie das Wasser. Ihre Energien haben es in ein »Tonikum« verwandelt, das Ihnen alles gibt, was Sie im Moment gerade brauchen. Füllen Sie einmal zum Beweis zwei Gläser jeweils halb mit Wasser. Stellen Sie eins zur Seite, und praktizieren Sie mit dem anderen die Wasser-Meditation. Dann kosten Sie von beiden. Seien Sie nicht verblüfft, wenn das Wasser, das Sie »aufgeladen« haben, anders schmeckt.

I. Der I-Ton wird nach Meditationen laut gesungen, um Sie wieder auf den Boden der Tatsachen zurückzubringen. Es ist ein beständiges »IIIIII«, als würden Sie den Buchstaben I buchstabieren. Es beginnt im unteren Bereich Ihrer Stimme, schwingt sich hinauf in die Höhe und dann wieder hinunter – alles in einem Atemzug. Sie beginnen als Baß, gehen zum Tenor über, zum Sopran, um dann wieder als Baß zu enden. Wenn Sie diesen Ton singen, stellen Sie sich vor, daß der Ton am Anfang in Ihren Füßen »ist« und mit höher werdender Stimme bis hoch in den Kopf steigt, um dann wieder abzufallen. Wenn Sie es praktizieren, werden Sie feststellen, daß es wesentlich leichter zu bewerkstelligen als zu erklären ist. Praktizieren Sie zwei oder drei I nach jeder Meditationssitzung.

Diese Töne und Meditationen haben schon vielen Menschen geholfen. Wir verlangen von Ihnen nicht, daß Sie uns *glauben*, daß sie funktionieren. Wir bitten Sie lediglich darum, sie auszuprobieren, wenn Sie mögen, und dann zu sehen, was geschieht.

Wenn sie funktionieren, brauchen Sie nicht zu glauben, dann wissen Sie es. Ihre Erfahrungen werden bestimmen, ob und wie oft Sie sie anwenden. Manche können für Sie besser sein als andere – das ist nur natürlich. Nutzen Sie die Meditationen, die Ihnen am meisten bringen, versuchen Sie es aber dann und wann mit anderen, um zu sehen, ob die Ihnen inzwischen mehr zu bieten haben.

Diese Töne und Tonfolgen können Ihnen auch helfen, wenn Sie sich in negativen Gedanken »gefangen« fühlen, wenn Ihnen absolut nichts Positives einfallen will. Versuchen Sie es in solchen Fällen mit einem dieser Töne. Die positive Energie wird dazu beitragen, die abwärts führende Spirale der Negativität »anzuheben«.

> Ich weiß nicht recht: War ich ein
> Mensch, der träumte, ein Schmetterling zu sein,
> oder bin ich jetzt ein Schmetterling, der träumt,
> ein Mensch zu sein.
>
> *Tschuang-Zu, 396–289 v. Chr.*

Bekräftigungen

Die Strömungen des Ewigen kreisen in mir;
ich bin ein wesentlicher Bestandteil Gottes.
Ralph Waldo Emerson

Eine Bekräftigung ist die Feststellung einer Tatsache. Bekräftigungen sind dazu da, positive Erkenntnisse über sich selbst zu verstärken.

Bekräftigung mögen einen höheren Wahrheitsgehalt für die Zukunft haben, sie werden jedoch stets für das Hier und Heute geäußert. Bekräftigungen können überall für sich gesagt oder laut ausgesprochen werden. Je häufiger sie geäußert werden, desto »wahrer« und sicherer werden sie.

Es ist durchaus ratsam, für Bekräftigungen gewisse Zeitspannen einzuplanen. Gehen Sie in Ihre Zufluchtstätte, setzen Sie sich in Ihren innersten Bereich und sprechen Sie eine Bekräftigung Ihrer Wahl wieder und wieder aus. Begeben Sie sich nach gewisser Zeit an Ihren Bildschirm und sehen Sie sich an, wie Sie sich der Bekräftigung entsprechend verhalten.

Dann gehen Sie in Ihre Requisite und ziehen das Kostüm an, das zu der entsprechenden Bekräftigung paßt. Begeben Sie sich in die Übungszone, und leben Sie die Bekräftigung voll aus.

Bekräftigungen sind äußerst wirksam, wenn Sie sie vor einem Spiegel wiederholen und sich dabei in die Augen sehen. Vermutlich werden dann alle Einwände und negativen Gedanken, die Sie in bezug auf die Bekräftigung haben, zum Vorschein kommen. Lassen Sie das zu, und bemühen Sie sich darum, sie zum Verschwinden zu bringen. Unter all diesem »Zeug« ist der Teil Ihres Selbst, der die Wahrheit und die Berechtigung der Bekräftigung erkennt.

Formulieren Sie für jede Situation, die Sie ändern wollen, die passende Bekräftigung. Achten Sie darauf, daß Sie sie als Gegenwart formulieren. »Ich bin gesund, erfüllt und glücklich« und nicht etwa: »Ich möchte gesund, erfüllt und glücklich sein« oder »Sehr bald werde ich gesund, erfüllt und glücklich sein«.

Hier sind ein paar Bekräftigungen, um Sie auf Trab zu bringen. Lesen Sie sie durch, denken Sie darüber nach, und schaffen Sie sich dann ihre eigenen.

Bekräftigungen von anderen:

»Ich bin rein an Worten, rein an Taten.« (*Anrufung der Götter, 1700–1000 v. Chr.*)

»Ich bin den Göttern am nächsten.« (Sokrates)

»Wenn es Fortuna gefällt – ich bin bereit.« (Dante)

»Ich bin nicht klug von mir aus, die Ursache der Klugheit liegt in den anderen Menschen.« (Shakespeare)

»Ich komme in diesen heiligen Bereich.« (John Donne)

»Ich liebe die Welt.« (Swift)

»Ich bin zufrieden.« (John Quincy Adams)

»Ich bin meines Glückes Schmied. Ich denke an den Großen Geist, der dieses Universum regiert.« (Tecumseh)

»Ich bin auf seiten der Engel.« (Benjamin Disraeli)

»Ich bin Herr meines Geschicks; ich bin Kapitän meiner Seele.« (William Ernest Henley, 1888)

»Ich bin stark wie ein Elchbulle.« (Theodore Roosevelt)

»Jeden Tag geht es mir auf vielfältige Weise immer besser.« (Emile Coue, 1857–1926)

»Ich bin fasziniert vom Wunder der Erde und des Lebens auf ihr.« (Pearl S. Buck)

»Ich bin der Größte.« (Muhammed Ali)

»Ich bin stark, ich bin unbesiegbar, ich bin eine Frau.« (Helen Reddy)

Und hier einige Bekräftigungen, mit denen Sie es versuchen können:

»Ich empfinde mir selbst gegenüber Zuneigung und Liebe.«

»Ich habe all das Gute in meinem Leben verdient.«

»Ich bin eins mit dem Universum und habe mehr, als ich brauche.«

»Ich tue stets das meines Wissens Beste und nutze alles zu meiner Vervollkommnung.«

»Ich verzeihe mir bedingungslos.«

»Ich bin dankbar für mein Leben.«

»Ich liebe und akzeptiere mich und andere.«

»Ich sehe in allen Problemen Möglichkeiten, mehr zu wissen, mehr zu lieben.«

»Ich bin gelassen und vertraue darauf, daß es für mich einen Plan gibt.«

»Ich konzentriere mich ganz automatisch und freudig auf das Positive.«

»Ich erlaube mir zu leben, zu lieben und zu lachen.«

»Ich formuliere und nutze Bestätigungen zur Schaffung eines freudvollen, reichen und erfüllten Lebens.«

Worte der Ermutigung

Vertrau nur auf dich,
dann weißt du, wie man leben muß.

Johann Wolfgang von Goethe

Suchen Sie Ihre Zufluchtstätte auf, und laden Sie Ihren Meisterlehrer ein. Gehen Sie beide in den innersten Bereich. Setzen Sie
sich, schließen Sie die Augen, und entspannen Sie sich. Stellen
Sie sich vor, daß Ihr Meisterlehrer hinter Ihrem Sessel kniet
und Ihnen leise einige Worte der Ermutigung ins Ohr flüstert –
Worte, die Sie oft auf Ihrem Weg von Krankheit zu Gesundheit
brauchen werden, vom negativen zum positiven Denken, vom
Todessehnen zum Lebenswunsch.

Es sind nur wenige Worte: drei, vier, fünf. Hören Sie aufmerksam zu. Ihr Meisterlehrer wiederholt sie wieder und wieder.
Lauschen Sie. Was sind diese Worte? Seien Sie ganz entspannt,
während Ihr Meisterlehrer sie wiederholt, lassen Sie sie tief in
sich einwirken. Hören Sie, wie sie wieder und wieder gesagt
werden. Nach gewisser Zeit kann man kaum unterscheiden, ob
sie aus dem Mund Ihres Meisterlehrers oder aus Ihrem eigenen
Kopf kommen.

Danken Sie Ihrem Meisterlehrer für diese Worte. Sie begleiten
Ihren Meisterlehrer zum Beförderungsmittel zurück, und wenn
Sie sich umdrehen, sehen Sie Ihre Worte in goldenen Buchstaben an der Wand Ihres Hauptraumes. Sie erkennen, daß es nicht
nur Worte der Ermutigung sind, sondern zutreffende Aussagen
zu Ihrer momentanen Situation.

Auf einer Säule vor den goldenen Lettern der Ermutigung
liegt ein Geschenk Ihres Meisterlehrers. Was ist es? Es repräsentiert Ihre ermutigenden Worte auf symbolische und doch
reale Weise.

Immer dann, wenn Sie Ihre Zufluchtstätte betreten, wenn Sie
vor dem weißen Licht des Eingangs stehen, halten Sie einen
Moment inne, und lesen Sie Ihre Worte der Ermutigung. Lassen

Sie sie tief in Ihr Herz sinken. Und immer dann, wenn Sie auf Ihrem Weg zu straucheln scheinen, erinnern Sie sich daran, daß es nicht nur Worte sind, sondern grundsätzliche Wahrheiten über Sie selbst.

Verzeihen

Vergib stets deinen Gegnern –
nichts reizt sie mehr.

Oscar Wilde

Ja, das Beste haben wir uns für den Schluß aufgehoben. Die Informationen in diesen letzten drei Kapiteln sind mehr als ausreichend zum Heilen – wenn sie in dem aufrichtigen Wunsch genutzt werden, daß es einem besser geht.

Das erste der drei ist das Verzeihenkönnen. Verzeihen ist wahrscheinlich der größte Heiler.

Wir haben so unendlich viele Vorbehalte gegen uns und gegen andere; und dann werfen wir uns auch noch vor, daß wir uns und anderen Menschen etwas vorwerfen . . . Uns und andere dafür zu verurteilen, daß sie einem von uns selbst geschaffenen Bild nicht entsprechen, ist ein höchst schmerzhafter Prozeß.

Der Ausweg? Verzeihen und Vergeben. Dieser Prozeß ist ein sehr simpler. Er ist so einfach, daß sich die Menschen gar nicht klarmachen, wie wirksam er sein kann. Daher versuchen sie es gar nicht und erfahren so auch nicht, wie gut es funktioniert.

Um zu verzeihen, brauchen Sie lediglich zu sagen: »Ich vergebe mir, daß ich . . .« oder »Ich verzeihe . . ., daß er/sie . . .« und die Lücken auszufüllen.

Denken Sie daran, daß Verzeihen an keine Bedingungen geknüpft ist. Um vergeben zu können, muß man alle Kränkungen, Schuldgefühle, Vorbehalte »vergessen«, die man sich selbst oder anderen Menschen gegenüber empfindet, die man erlitten haben mag.

Das ist Teil eins.

Teil zwei besteht aus den Sätzen: »Ich vergebe mir, daß ich mich dafür verurteilt habe, . . . gedacht oder gehandelt zu haben« und »Ich verzeihe mir dafür, daß ich . . . wegen . . . verurteilt habe.«

Die Tatsache, daß wir oder ein anderer irgend etwas getan haben, ist ohne Belang. Das eigentliche Problem beginnt an dem Punkt, an dem wir das Geschehene als falsch, schlecht, unpassend, schmerzlich, kränkend, gemein, ungeheuerlich und so weiter beurteilen. Die Handlung war nur eine Handlung. Unsere Beurteilung der Handlung verursacht unsere Probleme.

Bevor Sie ein Urteil fällen, warten Sie erst einmal ab, bis Sie alle Fakten beisammen haben. Sicher, Soundso hat Sie schnöde verlassen, aber zwei Jahre später lernen Sie Denundden/Dieoderdie kennen und sind Soundso dankbar für das Verlassen, da Sie so frei wurden, eine Beziehung zu Denundden/Dieoderdie zu beginnen, die wesentlich erfreulicher und erfüllter ist. Also war der Abschied von Soundso im Grunde ein getarnter Glücksfall, und hätten Sie damals gewußt, was Sie heute wissen, hätten Sie Soundso wahrscheinlich noch den Koffer gepackt.

Wie lange es dauert, bis alle Fakten beisammen sind? Rechnen Sie mit mindestens fünf Jahren. Warten Sie fünf Jahre, bis Sie irgend etwas beurteilen.

»Aber in fünf Jahren weiß ich doch gar nicht mehr, daß es überhaupt passiert ist.« Na, fein. Dann vergessen Sie es. Wenn etwas nicht wert ist, fünf Jahre lang in Erinnerung zu bleiben, dann ist es auch nicht wert, sich darüber zu erregen. Wie Sie wissen, ob es eine Sache wert ist, fünf Jahre lang erinnert zu werden? Warten Sie fünf Jahre ab. Bis dahin schicken Sie die Geschworenen in Urlaub.

Was ist, wenn wir unser Fünf-Jahres-Moratorium über Urteile vergessen (und da wir nun mal Menschen sind, werden wir es vermutlich vergessen)? Sollte das der Fall sein, dann verzeihen Sie sich auf der Stelle, es vergessen zu haben. Verzeihen Sie sich Ihre Beurteilung, da Sie ja wissen, daß es das Urteil war, nicht die Handlung an sich, das Kränkung, Schmerz und Trennung verursacht hat.

Sagen Sie sich unsere Sätze über das Verzeihen innerlich auf. Versuchen Sie es. Beobachten Sie, was geschieht. Es handelt sich um eine dieser Methoden, die rein mechanisch funktionieren.

Sie tun es, und es klappt. Wann Sie es tun sollen? Immer dann, wenn Sie sich erregen. Alle Erregung wird durch unsere Beurteilung einer Situation verursacht. Verzeihen Sie sich Ihr Urteil, und die Erregung wird abklingen.

Vielleicht müssen Sie die Sätze des Verzeihens etliche Male wiederholen, weil Sie etliche Male geurteilt haben. Wie oft Sie sie wiederholen müssen? Sie kennen die Antwort inzwischen längst: Wenn die Erregung verschwindet, war es ausreichend.

Mit dem Verzeihen hängt ein anderes Element eng zusammen: das Vergessen. Was vergeben ist, ist vergessen. Es ist es nicht wert, sich daran zu klammern. Manche Menschen halten lieber an der Berechtigung ihrer Vergeltung fest, als gesund zu sein. Das ist ihre eigene Entscheidung.

Nutzen Sie das weiße Licht, Ihren innersten Bereich und Ihren Meisterlehrer für diesen Prozeß des Verzeihens. Lernen Sie, voll und ganz zu vergeben.

Wenn Sie gesund, erfüllt und glücklich sein wollen, dann können Sie sich den Luxus all dieser unvergebenen, unvergessenen Ereignisse der Vergangenheit nicht leisten. Verabschieden Sie sich von ihnen.

Setzen Sie täglich Zeitpunkte der Generalamnestie fest. Verzeihen Sie sich und anderen alle »Vergehen« seit der letzten Generalamnestie. Setzen Sie sie alle paar Stunden fest. Nichts aus der Vergangenheit ist es wert, sich dadurch die Gegenwart länger als wenige Stunden vergiften zu lassen.

Beim Verzeihen geht es schlicht und einfach darum, sich selbst für »begnadigt« zu erklären. Das kann sehr schnell Fragen des Selbstwertes an die Oberfläche bringen. Sagen Sie sich, daß Sie die »Begnadigung«, das Verzeihen, verdient haben, daß Sie es wert sind. Denn Sie sind es wert. Und selbst wenn Sie davon nicht ganz zu überzeugen sein sollten – verzeihen Sie sich trotzdem. Zeigen Sie es Ihren Minderwertigkeitsgefühlen, daß sie sich irren.

Und dann verzeihen Sie ihnen.

Verzeihen ist der Schlüssel
zu Taten und Freiheit.
Hannah Arendt

Unrecht zu erleiden ist bedeutungslos,
bis man sich immer wieder daran erinnert.
Konfuzius

Dankbarkeit

Gott sei dank für den Tee!
Was würde die Welt ohne Tee anfangen?
Wie würde sie existieren?
Ich bin froh, nicht vor der Zeit des Tees
geboren zu sein.

Sydney Smith, 1771–1845

Während Sie lernen, sich auf das Positive in Ihrem Hier und Heute zu konzentrieren, gehen Sie gleich noch einen kleinen Schritt weiter: Seien Sie für alles in Ihrem Leben *dankbar.*

Fangen Sie mit den außerordentlichen Dingen an, und fahren Sie fort mit den guten, den alltäglichen, den weniger guten, den gar nicht guten und schließlich mit den schrecklichen Dingen.

Warum Sie auch für die schrecklichen Dinge dankbar sein sollten? Erstens: Weil Dankbarkeit ein so gutes Gefühl ist. Zweitens: Auch die schrecklichen Dinge sind Bestandteil Ihres Lebens, also muß es einen Grund dafür geben, daß sie geschehen. Vielleicht kennen Sie diesen Grund im Moment noch nicht, aber früher oder später werden Sie ihn erfahren. Also seien Sie schon jetzt dankbar, und wenn der Grund klar wird, haben Sie sich an die Dankbarkeit bereits gewöhnt.

Negatives Denken kann in einem Bewußtsein der Dankbarkeit einfach nicht gedeihen, nicht existieren. Wenn ein mieser Gedanke sich in Ihnen festsetzen will, sagt Ihre Dankbarkeit! »Vielen Dank für diese Überlegung!« Eine derartige Wertschätzung läßt den negativen Gedanken fast sofort verschwinden.

Vergessen Sie nicht, für Dinge dankbar zu sein, die wir sooft für selbstverständlich halten: unser Bewußtsein, unsere Sinne, unseren Körper, unser Leben. Sicher, wir alle haben bestimmte Dinge, über die wir uns beklagen könnten, aber wir haben auch so vieles, für das wir dankbar sein können.

Wem Sie dankbar sein sollen? Das spielt keine Rolle. Wählen Sie selbst. Sie können den Elektrizitätswerken für den Strom dankbar sein, Edison für die Erfindung der Glühbirne, dem Lampenhersteller, Ihrem Arbeitgeber, daß Sie das Geld haben, den Strom zu bezahlen, Gott für die Energie oder auch einer Mischung aus allem Genannten. Und das alles für eine kleine Lampe ...

An welche Adresse die Dankbarkeit gerichtet wird, ist belanglos. Wichtig ist das Gefühl der Dankbarkeit. Die Haltung der Dankbarkeit ist genau das: eine Haltung. Und es ist eine so freie, reiche, glückliche Einstellung. Deshalb raten wir Ihnen, sich Dinge zu suchen, für die Sie dankbar sein können – nicht, damit die Elektrizitätswerke von Ihnen Dankschreiben erhalten, sondern damit Sie die Freude empfinden können, die es mit sich bringt, dankbar zu sein.

In seinem Buch *Meditation of Gratitude: A Key to Receptivity* geht Roger Lane so weit, seine Leser zu bitten, sich vorzustellen, sie wären ein Pullover, ein einfacher Wollpullover. Und dann beschreibt er alles, wofür ein Pullover dankbar zu sein hat: die Schafe, die Spinner, die Stricker, die Menschen, die die Nahrung für die Stricker anbauen, und so weiter.

Und für wieviel mehr haben wir doch dankbar zu sein als ein Pullover! Wenn wir für alles in unserem Leben wirklich dankbar sein würden, bliebe uns gar keine Zeit für auch nur einen negativen Gedanken.

Veranstalten Sie eine innere Dankbarkeits-Party. Laden Sie dazu die Menschen aus Ihrer Vergangenheit und Gegenwart in Ihre Zufluchtstätte ein, und danken Sie ihnen für alles, womit sie zu Ihrem Leben beigetragen haben: Lehrer, Freunde, Geliebte, Brüder, Schwestern, Ehepartner, Kinder und – natürlich – Eltern. Sehen Sie sie alle hereinkommen, einen nach dem anderen das weiße Licht an dem Beförderungsmittel durchschreiten. Drükken Sie Ihnen gegenüber Ihre Dankbarkeit aus. Dann deuten Sie auf Bar und Buffet, und wenden Sie sich den nächsten Gästen zu. (Ihr Meisterlehrer wird mit Sicherheit eine gute Stadtküche kennen.)

Dankbarkeit macht Sie empfangsbereit. Wem überreichen Sie

lieber Geschenke? Menschen, die Ihre Aufmerksamkeit zu schätzen wissen, oder anderen, die an jedem Geschenk etwas auszusetzen haben? Das Universum denkt höchstwahrscheinlich ähnlich wie Sie: Geben wir den Dankbaren.

Und so verhält es sich auch.

Aber wenn ein Mensch zufällig zu sich selbst findet,
stellt er fest, daß er da ein Haus besitzt, das
er sein Lebtag lang mit Würde bewohnen kann.

James Michener

Lieben

Und ich will euch noch einen köstlicheren Weg
zeigen. Wenn ich mit Menschen- und mit
Engelszungen redete und hätte der Liebe nicht, so
wäre ich ein tönend Erz oder eine klingende Schelle.
Und wenn ich weissagen könnte und wüßte alle
Geheimnisse und alle Erkenntnis und hätte allen
Glauben, also daß ich Berge versetzte, und hätte der
Liebe nicht, so wäre ich nichts. Und wenn ich alle
meine Habe den Armen gäbe und ließe meinen Leib
brennen und hätte der Liebe nicht, so wäre mir's
nichts nütze. Die Liebe ist langmütig und freundlich,
die Liebe eifert nicht, die Liebe treibt nicht Mutwillen,
sie blähet sich nicht. Sie stellt sich nicht ungebärdig,
sie suchet nicht das Ihre, sie läßt sich nicht erbittern,
sie rechnet das Böse nicht zu. Sie erfreuet sich nicht
der Ungerechtigkeit, sie freuet sich aber der Wahrheit.
Sie verträgt alles, sie glaubet alles, sie hoffet alles, sie
duldet alles. Die Liebe höret nimmer auf . . . Nun aber
bleibt Glaube, Hoffnung, Liebe, diese drei; aber die
Liebe ist die größte unter ihnen.

1. Korinther, 13

Für das Heilen gibt es drei magische Worte: Ich liebe dich. Sie zu
sagen – zu einem anderen Menschen oder zu sich selbst –, heilt
alles.

Wir haben »Lieben« dem Wort Liebe vorgezogen. »Lieben«
drückt das notwendige Handeln aus, um die Eigenschaften der
Liebe wirksam werden zu lassen. Liebe ist gut und schön, aber
tätiges Lieben bringt wesentlich mehr zustande.

Lieben ist ein wunderbares Gefühl, aber auch wesentlich mehr
als nur ein Gefühl: Liebe ist eine *Entscheidung*. Wir entscheiden
uns, uns selbst und andere zu lieben. In diesem Augenblick
entscheiden wir uns. Und im nächsten entscheiden wir uns
erneut. Wir haben immer die Wahl.

Wir können uns in der Schwere unserer schlechten Gewohn-

361

heiten und unseres negativen Denkens verlieren, doch mit jedem neuen Moment gibt es eine neue Chance, sich für das Lieben zu entscheiden. Jetzt und jetzt und immer wieder.

Üblicherweise ist es keine große Affäre, die mit goldenen Trompeten und einem Herold folgendermaßen angekündigt würde: »Entscheiden Sie sich für die Freuden des Liebens, oder entscheiden Sie sich für den Sumpf negativen Denkens?« Üblicherweise geht es um eher kleine Entscheidungen: Wie reagiere ich auf diese Information? Soll ich mich auf das Positive oder auf das Negative konzentrieren? Ist es gut für mich, das zu essen? Bin ich gut zu mir, wenn ich meine Übungen ausfallen lasse?

In vielen Entscheidungen zu liebevollen Handlungen mag nicht gerade ein »liebevolles Gefühl« zu entdecken sein, dennoch entschließen wir uns zum Handeln. Das gehört zu der *Entscheidung* zu lieben. Das liebevolle Handeln produziert oft erst das liebevolle Gefühl. Wenn wir liebevoll handeln – uns selbst oder anderen gegenüber –, beginnen wir häufig liebevoll zu empfinden. Würden wir auf liebevolle Gefühle warten, bevor wir liebevoll handeln, würden wir nicht mehr als zwei oder drei liebevolle Taten pro Woche zustande bringen.

Wen in Ihrem Leben Sie lieben sollen? Letzten Endes sich selbst. »Sich selbst lieben zu lernen ist die größte Liebe«, heißt es in einem Lied. Sie sind der einzige Mensch, mit dem Sie für den Rest Ihres Lebens dauernd zusammensein werden. Warum sollten Sie das nicht zu einer von Liebe erfüllten Zeit machen?

Beschließen Sie, sich selbst zu lieben. *Tun* Sie liebevolle Dinge für sich selbst. Behandeln Sie sich auf liebevolle Art und Weise. *Verzeihen* Sie sich *alles*. Gehen Sie *gnädig* mit sich selbst um. *Lieben* Sie sich *bedingungslos*. Wenn Sie lernen, sich selbst zu lieben – mit Warzen, Macken, Haarausfall, Gewohnheiten, negativen Einstellungen, Krankheiten und allem –, können Sie auch jeden und alles »da draußen« lieben.

Haben wir gesagt, Sie sollen die Krankheit lieben? Ja. Liebe ist so groß, daß es ihr nicht einmal im Traum einfallen würde, Ihnen zu schaden. Lieben Sie Ihre Krankheit so sehr, daß sie »da und da hin« gehen würde, wenn Sie ihr sagten: »Ich liebe dich, aber ich könnte dich noch mehr lieben, wenn du da und da hin gehen würdest.« Lieben Sie sie so sehr, daß in Ihnen keinerlei Haß auf irgend etwas noch Raum hat.

»Ich bin so beschäftigt, alles zu lieben, daß ich gar nicht die Zeit habe, irgend etwas zu hassen«, hat Dale Evans gesagt.

Wie lautet die Antwort: lieben. Wie war die Frage? Unerheblich. Die Antwort lautet dennoch immer wieder: lieben.

Es ist das Wort, das wir Ihnen anvertrauen wollen – unser letztes Wort, aber das »erste« beim Heilen, das Gegenmittel für Streß, das Medikament, das von Leiden befreit, die Zauberkugel der Freude, das Serum gegen Haß, die positive Reaktion auf negatives Denken – das, wofür wir stets dankbar sein können, ein unabweisbarer Beweis, daß wir gesegnet sind, der Kern des Verzeihens:

Lieben.

> Weil ich der einzige Mensch bin, der eine lebenslange Beziehung mit mir selbst hat, entscheide ich mich: Mich so zu lieben wie ich bin. Mir stets zuzugestehen, daß ich so wie ich bin, genau richtig bin. Mich zu lieben, zu ehren und für mich zu sorgen. Mein bester Freund/meine beste Freundin zu sein. Der Mensch zu sein, mit dem ich den Rest meines Lebens verbringen möchte. Stets für mich zu sorgen, damit ich für andere sorgen kann. Meine Liebe und mein Leben ständig weiterzuentwickeln und zu teilen.
>
> Bleibe in deinem Geist zu Hause.
> Wiederhole nicht die Meinungen anderer Menschen.
> Ich hasse Zitate.
> Sag mir, was du weißt.
>
> *Ralph Waldo Emerson*

Beachten Sie auch die folgenden Seiten

John-Roger und Peter McWilliams

Das 1 × 1 des Lebens

496 Seiten mit zahlreichen Zeichnungen
Ullstein Taschenbuch 22844

Alles über das Leben, was wir in der Schule gern gelernt hätten, aber nicht gelernt haben. Doch es ist nicht zu spät für vergnügliche Nachhilfestunden.

Fortan werden Sie sich mit all Ihren Macken akzeptieren, Ihre Zeit nicht verplempern und das Leben einfach so nehmen wie es ist...

»Geh los. Kauf es. Lies es. Lebe es!«

The Los Angeles Times

ULLSTEIN TASCHENBUCH

Lailan Young

Was Gesichter verraten
Chinesische Physiognomik

208 Seiten, gebunden

Das Gesicht verrät alles über den Charakter eines Menschen – man muß es nur zu deuten wissen.

Wer sich mit Lailan Youngs Hilfe die zweitausend Jahre alte chinesische Geheimwissenschaft des Gesichterlesens aneignet, kann von nun an sein Gegenüber mit einem Blick durchschauen, Stärken und Schwächen, geheime Sehnsüchte und Ängste erkennen.

Ullstein

Christine Kaufmann

Lebenslust
Die Pflege der erwachsenen Schönheit

192 Seiten, 24 Seiten Abbildungen

»Erst mit vierzig fühlte ich mich wohl in meiner Haut«, bekennt
Christine Kaufmann und offenbart die Geheimnisse der erwachsenen Schönheit. Ihr engagiertes Plädoyer gegen einen starren
Begriff von Schönheit und Attraktivität macht Frauen Mut zum
eigenen Stil. Ziel der Autorin ist ein kreatives Selbstbewußtsein
der modernen Frau: Freiheit gegenüber den gesellschaftlichen
Rollenzwängen, Freiheit gegenüber aufgezwungenen Lebensfor-
men. So entwickelt sie ein ganzheitliches, sehr persönliches
»Attraktivitätsprogramm« der erwachsenen Schönheit.

Ullstein